齐鲁金融法律评论

（2022 年卷）

赵信会　　王德勇　　于朝印　主编

中国人民公安大学出版社

·北　京·

图书在版编目（CIP）数据

齐鲁金融法律评论.2022年卷／赵信会，王德勇，于朝印主编.—北京：中国人民公安大学出版社，2023.3
ISBN 978-7-5653-4624-8

Ⅰ.①齐… Ⅱ.①赵…②王…③于… Ⅲ.①金融法—中国—文集
Ⅳ.①D922.280.4-53
中国版本图书馆 CIP 数据核字（2022）第 234551 号

齐鲁金融法律评论（2022年卷）
赵信会　王德勇　于朝印　主编

出版发行：中国人民公安大学出版社
地　　址：北京市西城区木樨地南里
邮政编码：100038
经　　销：新华书店
印　　刷：三河市荣展印务有限公司

版　　次：2023 年 3 月第 1 版
印　　次：2023 年 3 月第 1 次
印　　张：16
开　　本：787 毫米×1092 毫米　1/16
字　　数：200 千字

书　　号：ISBN 978-7-5653-4624-8
定　　价：60.00 元

网　　址：www.cppsup.com.cn　www.porclub.com.cn
电子邮箱：zbs@cppsup.com　zbs@cppsu.edu.cn

营销中心电话：010-83903254
读者服务部电话（门市）：010-83903257
警官读者俱乐部电话（网购、邮购）：010-83903253
综合分社电话：010-83901670

学术指导委员会

编辑委员会

主　编

前言

　　2022年初，当人们还沉浸在北京冬奥会成功举办的兴奋与喜悦中时，2月24日俄乌冲突的枪炮声响彻欧洲上空。新冠肺炎疫情的阴霾还未散去，俄乌冲突的爆发使整个世界又笼罩在战争的乌云中。

　　战事爆发以来，战争的双方俄乌两国自不必说，其他政治势力如美国、北约及欧盟也成为本年度热点新闻的主角。虽然战火仅限于乌克兰境内，但这场局部战争却影响了整个世界。以美国为代表的西方国家，一方面给予乌克兰大量的军事援助；另一方面通过经济、金融手段对俄罗斯实施不断加码的制裁。截至2022年10月6日，欧盟对俄罗斯实施了8轮制裁，制裁的广度及深度前所未有。战争双方互有攻守，状态胶着，战事既没有像一些人所预料的那样，俄罗斯会在短期内以摧枯拉朽之势结束战争，也没有像另一些人期望的那样，在美国及欧盟的军事援助和经济制裁下俄罗斯会被迅速拖垮，俄乌冲突在短期内不见结束的曙光。

　　俄乌冲突不仅是一场军事力量的比拼，它还引发相关当事方在其他领域的争夺与对抗，其中能源就是一个重要领域。在俄乌冲突爆发前的2021年，俄罗斯在欧盟的能源供应中几乎占据半壁江山，天然气占比约为45%，原油占比约为27%，煤炭占比约为46%。俄乌冲突爆发后，欧盟与俄罗斯双方都以能源为重要工具控制对方，欧盟以壮士断腕般的决心舍弃俄罗斯能源供应以逼其就范；而俄罗斯也时常以维修之名进行停气断供的试探。而 2022 年 9 月 26 日北溪一号管线被炸，无疑助推了欧盟与俄罗斯之间能源的脱钩。在俄罗斯与欧盟的能源角力过程中，美国成功地扩大了在欧盟能源供给中的占比，美国的能源供应商赚得盆满钵溢。

俄乌冲突爆发以来，世界范围内就很快出现了能源价格攀升、粮食供应不足等问题。在诸多问题综合作用下，世界各国出现了近几十年未曾出现的通货膨胀。据统计，美国自 2022 年 1 月至 11 月中旬，通货膨胀率一直维持在 7.5% 的高位以上，6 月的通货膨胀率高达 9.1%，创下近 40 年来的新高。与美国年内通货膨胀率的倒"U"形分布不同，欧盟通货膨胀率在年内呈现出阶梯式的上升，从 1 月的 5.6% 一直上升到 10 月的 11.5%。在高通胀率的压力下，美国联邦储备委员会年内进行了 6 次加息，累计加息 300 个基点。欧洲央行也自 2022 年 7 月以来 3 次大幅上调利率，累计加息达 200 个基点。由于美联储不断加息，美元指数持续攀高，刷新 20 年来的高点，强势美元使得世界上很多非美元货币惨遭"收割"，欧元、英镑、日元对美元的汇率也刷新了几十年来的低位。高企的通货膨胀率和激进的加息政策，使世界经济陷入衰退的概率在逐步加大。

一场战争，不仅打破了交战两国人民原本平静的生活，也深深搅动着世界政治、经济发展的格局。

聚焦国内，包商银行事件影响还未消散，现在又出现了村镇银行的风险事件。本年度最引人关注的金融事件莫过于河南、安徽多家村镇银行出现的取款难问题。银保监会向社会公开回应称，河南、安徽 5 家村镇银行受不法股东操控，通过内外勾结、利用第三方平台以及资金掮客等方式，吸收并非法占有公众资金。村镇银行账外吸收的资金既未缴纳存款准备金，也未缴纳存款保险费。根据《存款保险条例》的规定，存款保险机构对存款人进行偿付应当以存款被投保为前提，即吸收存款的商业银行对存款缴纳了保险费。基于此，对河南、安徽等多家村镇银行的储户不能用存款保险基金进行偿付。在此次村镇银行的风险处置中，采取对储户分期、分批垫付的方式，自 7 月 11 日以来，河南、安徽先后发布 4 期公告，截至 8 月 11 日晚，已累计垫付 43.6 万户、180.4 亿元，客户、资金垫付率分别为 69.6%、66%。虽然 5 家村镇银行在全国 1600 多家村镇银行中的占比很小，但金融本身的脆弱性使我们不能小视个别少数银行所暴露的问题。

在包商银行与河南村镇银行这两起风险事件中，我们可以发现一个共同的原因：银行受到控股股东或实际控制人的不法控制。包商银行的股东中有明天集团的 35 家公司，持股多达 89.27%，"明天系"企业通过虚构业务等方式占用包商银行 1500 亿元且无法归还。河南新财富集团通过控股的多家公司持有河南多家农商行的股权，从而形成股权集中，达到了控制目的。问题银行中存在的首要问题是实际控股人通过隐蔽持股、交叉持股达成控股后架空村镇银行的公司内部治理，规避了外部监管。在大数据等现代信息广泛应用的今天，类似的问题一再出现，监管的效能及其作用无疑会引发社会的重新审视。监管部门业已意识到问题的严重性，因此在银保监会 11 月 11 日发布的《银行业监督管理法（修订草案征求意见稿）》中，在新增的 40 个条文中，有 1/4 以上的条文涉及银行股东、控股股东、实际控制人的资格、出资义务、股权信息报告义务、股东监管强制措施、股权强制转让等内容，相信该法修订案通过后，会对银行业的经营起到重大的规范化引领作用。加上 2020 年发布的《商业银行法（修改建议稿）》和《中国人民银行法（修订草案征求意见稿）》，我国的银行法逐步步入了大修的程序。回顾过去，展望未来，大修后的银行法将会更好地满足我国新时代社会主义市场经济发展的需求，在促进经济发展的同时，保持稳定的金融发展环境。

除了修改原有立法以外，中国人民银行在 4 月公布《金融稳定法（草案征求意见稿）》。《金融稳定法》草案就金融风险防范、金融风险化解、金融风险处置、法律责任等问题作了针对性的规定，将来该法获得人大通过后，会在健全国家金融法制体系、维护国家金融安全和社会稳定方面发挥积极作用。

希望我们的金融法制在经历一次次的风险事件冲击后能变得更加完善，也希望我们的金融业能在以后或顺利或困难的环境中成长得更加顽强和坚韧，以保障国民经济的平稳发展，助力实现民族复兴的伟大梦想！

于朝印
2022 年 11 月于泉城燕子山脚下

CONTENTS

第三专题　信托、破产法治

第一专题　金融监管法治

农村金融监管态势及其法治化实施路径探索

——以中国银保监会监管框架下的农村中小金融机构监管为例

刘伟明*

　　摘　要： 自 2003 年以来，农村金融监管成效有目共睹，然而由于体制和机制等多方面的原因，在当前也面临着亟须改变的困局。农村金融的所有问题必须纳入法治化视野，农村金融体制和机制改革、农村金融产品和服务创新以及对农村金融监管权运行的监督都有着强烈的法治化需求。作者在对严肃监管与包容性监管、风险监管与合规性监管以及行政管制与竞争性监管等农村金融监管运行过程中的三组关系进行理性化分析后，认为可以采取分步走的策略具体构建农村金融监管法治化实施路径。

　　关键词： 农村中小金融机构　法治化　农村金融监管　监督

　　截至目前，金融和法学理论界、实务界研究金融监管、金融法治、农村金融的文章可谓浩如烟海。① 然而专门研究农村金融监管法

　　＊ 刘伟明，河南固始人，上海市协力（贵阳）律师事务所律师，研究方向：商业银行公司治理、金融合规与风险防控。

　　① 据笔者在中国知网系统检索，截至 2021 年 6 月 30 日，以金融监管为主题的期刊文献有 30000 余篇、学位论文 8000 余篇，其中以金融监管为主要主题的文献有 4000 余篇；以农村金融为主题的期刊文献有 40000 余篇、学位论文 9000 余篇，其中以农村金融为主要主题的文献有 5000 余篇；以农村金融监管为主题的期刊文献有 1400 余篇、学位论文 800 余篇，其中以农村金融监管为主要主题的文献有 400 余篇；以金融法治为主题的期刊文献有 300 余篇、学位论文 30 余篇，其中以金融法治为主要主题的文献有 95 篇。

治的文章却寥寥无几，现有的专业文献存在过于注重对农村金融法治的宏观描述和评论以及农村金融监管制度的构建和分析，而疏于从农村金融监管权力现实运作中存在的细节问题以及法治化的需求出发进行深度剖析，进而未能根据当前农村金融机构和市场运行的实际情况设计出契合当前农村金融监管实践的具体制度。在以习近平同志为核心的党中央和国务院作出实施乡村振兴战略重大部署的时代背景下，农村金融服务工作异常重要，而作为支农服务主力军的农村金融机构的健康稳健发展却是农村金融服务保持长期可持续发展的关键因素。因此，农村金融监管工作的重要意义就凸显出来。中国农村金融问题的解决，必须充分意识到法律制度在权利配置和市场培育中的基础地位和核心作用，逐步将农村金融真正纳入法治化轨道。而作为配套体系的农村金融监管工作更要运行在法治化的"阳光"下。笔者试结合近十年的农村金融一线监管工作体验，在对当前农村金融监管成效及其背后的困局进行深入分析的基础上，构建符合实际情势的农村金融监管法治化实施路径。农村金融体系磅礴繁杂，① 鉴于现行金融监管体制下中国银保监会监管的农村中小金融机构法人机构数量和业务规模在我国目前农村金融机构体系中占绝对性优势，因而更具代表性和典型性。因此，本文主要围绕农村中小金融机构监管展开论述。

一、农村金融监管成效及其背后的困局

众所周知，中华人民共和国成立 70 多年以来，中国农村金融发展波澜壮阔，取得了举世瞩目的成绩，这既得益于宏观上中国共产党领导下的新中国经济建设特别是改革开放以后取得的巨大经济成就，也与中观上中国农村金融改革发展方向顶层设计的成功有关，当然更

---

① 广义上的农村金融机构不仅包括中国银保监会监管的农村中小金融机构、农村政策性银行、其他涉及农村业务的商业银行、农村保险公司等，还包括中国证监会监管的农村证券、期货机构，以及隶属于地方金融监管部门直接监管的农村融资担保公司、小额贷款公司、典当行以及其他民间金融领域涉及的机构等。

与微观上农村金融市场各类经营主体的有效经营和农村金融监管的有效监管存在巨大关系。中国农村金融从最初的农村信用社体系逐渐发展到农村合作金融机构和新型农村金融体系并存的正规农村金融市场，农村信用社的监管主体也从早期隶属于人民银行、农业银行的内部管理，发展到人民银行、银（保）监会的外部监管。即使在中国银（保）监会内部，农村中小金融机构的对口监管部门也发生了多次变化，中国银监会成立之前由中国人民银行 1998 年 6 月设立的合作金融机构监管司专门负责农村合作金融机构的监管工作，中国银监会成立之后，先后由中国银监会合作金融机构监管部（2003—2015）、农村中小金融机构监管部（2015—2018）、中国银保监会农村中小金融机构机构监管部（2018 年至今）履行农村中小金融机构监管工作职责。经过农村中小金融机构监管部门多年的不断努力，农村金融监管工作取得了不少成绩，然而由于体制和机制等多方面的因素，在当前也面临着亟须改变的困局。

（一）农村金融监管成效

一是农村中小金融机构监管政策体系逐渐完善。自中国银监会成立以来，在"管法人、管风险、管内控、提高透明度"的科学监管理念指引下，农村中小金融机构监管部门逐步厘清了农村中小金融机构监管的工作思路和工作重点，克服我国专门性金融法律和金融行政法规数量不足的困难，出台了一批体现农村中小金融机构作为"小法人"经营特点的审慎监管规则。这些审慎监管规则包括以中国银（保）监会令命名的部门规章，以银（保）监发、以银（保）监办发、银监合（银监农金、银保监农银）命名的呈现不同效力等级的规范性文件，内容涵盖了市场准入、非现场监管、现场检查、风险防范和处置等农村中小金融机构几乎从设立、运营到退出的所有环节。另外，中国银（保）监会各派出机构（省级、地市级）在各自的监管辖区内针对当地农村中小金融机构经营管理及风险特点也出台了数量不少的规范性文件。经过农村中小金融机构监管部门的不断努力，农村中小金融机构监管政策体系不断完善。

二是农村中小金融机构依法依规监管在形式上已成为常态。在党和国家大力推进法治社会建设的宏观背景下，随着农村中小金融机构监管政策体系的完善，深入研究和分析审慎监管规则已成为农村中小金融机构监管部门日常监管工作与农村中小金融机构日常经营管理工作的"基础性动作"，依法依规监管已深入人心。基于此种监管氛围，农村中小金融机构逐渐摒弃过去那种基于个人私下良好关系的非正式沟通方式，开始习惯于根据审慎监管规则与农村中小金融机构监管部门博弈。特别是在第五次全国金融工作会议之后，防范和化解农村中小金融机构风险成为各级金融监管部门的工作重点，严肃监管农村中小金融机构已成为监管工作常态，上述趋势表现得更为明显。在2017 年以来连续推动的市场乱象整治工作基础上，中国银保监会2021 年又启动了银行业保险业"内控合规管理建设年"活动，对农村中小金融机构的依法依规监管再上新台阶。

三是农村中小金融机构经营管理实效逐年提高。经过长时间的有效监管，农村中小金融机构经营管理实效得到了明显提升，主要表现在以下几个方面。第一，农村中小金融机构市场定位逐渐清晰，支农支小服务能力明显增强。农村中小金融机构监管部门通过建立完善的支农支小服务监测、考核和评价体系并在日常监管工作中致力于构建多层次、广覆盖、有差异的金融机构体系，农村中小金融机构支农支小服务能力明显增强。第二，在资产负债规模持续增长的基础上，农村中小金融机构风险防控能力得到了实质性的提升。自中国银监会成立以来，农村中小金融机构无论是机构数量，还是资产负债规模，都得到了持续快速增长。同时，农村中小金融机构监管部门在股东股权、公司治理、内控体系、合规管理等方面持续夯实农村中小金融机构的风险防控基础，农村中小金融机构风险防控能力也有了实质性的进步。第三，农村中小金融机构从业人员素质明显提升。农村中小金融机构监管部门通过任职资格审查制度，在准入关口保证了农村中小金融机构董事和高级管理人员的质量。在商业银行员工行为管理等相关制度的配合下，具有优秀品质以及相当工作经验和能力的董事和高级管理人员又间接带动了农村中小金融机构其他从业人员素质的普遍提升。

（二）农村金融监管困局

第一，宏观上体制和机制改革进展缓慢。近年来，农村中小金融机构风险累积情况较为严重且不断暴露，信用风险问题表现尤为突出。其既与实体经济转型、农村中小金融机构自身经营管理有关，也与监管部门推进的涉及农村中小金融机构宏观体制机制改革上的阻力重重有关。

一是省联社体制改革进展"步履维艰"。随着全国农村信用社改制组建农村商业银行工作的逐步完成，农村信用社背后的省联社管理体制越发呈现出与农村商业银行现代公司治理要求不相适应的特点，农村信用社改革渐已迈入深水区。党中央国务院虽然在历年出台的中央一号文件中早就多次提出要淡化省联社行政管理职能的要求，但作为推动该项工作主要力量的农村中小金融机构监管部门仍未提出具有实际操作价值的指导意见，即使如省联社办事处改制为审计中心等已经完成的阶段性改革工作也存在"形式上虽然换牌、实质上仍然如故"的尴尬局面。① 而且，在当前金融风险防范和化解攻坚战处于关键期的当口，中国银保监会农村中小金融机构机构监管部之下的省级

---

① 在2021年7月14日国务院新闻办公室召开的新闻发布会上，中国银保监会官员介绍说，截至目前，大多数省区已经报送了深化改革的方案，各省区按照问题导向，把省联社改革、农村信用社小法人改革和风险处置三方面工作有机地结合起来。银保监会对各省区报送的方案进行了认真梳理，并进行了多种形式的调研、座谈，积极配合相关省区修改完善方案。下一步，银保监会将充分考虑各省区的实际情况，尊重地方党委、政府的合理意愿，实事求是、因地制宜探索省联社改革。

农村中小金融机构监管部门借助于当地省联社推动高风险农村合作金融机构处置的趋势非常明显，因而对省联社的角色和定位认知与自身实际利益关联相当耐人寻味，势必进一步加剧省联社体制改革的困难性和复杂性。

二是公司治理与内控合规机制建设"形似而神不至"。当前农村中小金融机构公司治理与内控合规机制的严重形势实质上并未彻底改观，形式上看似完美的公司治理与内控合规制度与实践中的运行情况发生严重脱节。农村中小金融机构监管部门虽年年检查、年年处罚，农村中小金融机构却"屡查屡犯"，始终未能根除诸如"贷款三查"等最常见的业务违规问题，部分农村中小金融机构甚至频繁出现案件风险。可以说，公司治理与内控合规机制建设"形似而神不至"是造成当前农村中小金融机构公司治理与内控合规机制失效、风险高企的最根本原因，也是农村中小金融机构监管部门不能根据我国农村中小金融机构中小股东数量众多、持股分散、话语权微弱以致于机构经营和管理事务被执行董事和高级管理人员等少数"内部人"控制的特点进行法治化监管所致。当前各级农村中小金融机构监管部门普遍重视高风险机构的处置工作，对于常态化的风险预防措施却仍未寻找到合适的"抓手"。

三是市场退出机制执行上"原地踏步"。若严格按照国际上通行的商业银行市场退出标准，当前我国个别农村中小金融机构的经营管理状况早已达到市场退出的要求。然而截至目前，我国尚未出现农村中小金融机构因经营管理不善被采取行政接管、重组、并购、撤销、关闭清算等市场退出措施。① 究其原因，表面上看来是地方政府不愿破坏本地金融生态环境且自我评估能够通过"输血"似的行政手段

---

① 与农村中小金融机构不同，部分城商银行如包商银行等因经营管理问题被金融监管部门采取接管措施，包商银行最终被北京市第一中级人民法院于 2021 年 2 月 7 日裁定破产。

解决机构风险问题，本质上却是农村中小金融机构监管部门缺乏法治观念，无法正确认识竞争性监管的制度价值，即使在农村中小金融机构市场退出政策法规相当健全的背景下，也不愿与地方政府博弈进而带头"吃第一个螃蟹"。"原地踏步"式的市场退出监管消融了市场竞争机制对农村中小金融机构经营管理形成的倒逼压力，无法对董事和高级管理人员形成有效的激励约束作用，直接破坏了金融竞争秩序，使农村中小金融机构市场退出的规范化、程序化、市场化机制难以有效落地，并最终对金融法治的形成产生了极为负面的影响。

第二，中观上监管体系和程序问题不少。与其他金融机构相比，我国农村中小金融机构在法人机构上数量最多，因而在每一家农村中小金融机构在监管上都和属地农村中小金融机构监管部门形成独立的监管法律关系。而反观现实，农村金融监管从监管规则制定到监管权力运行，都存在不少问题。

一是监管规则制定需要"晨兢夕厉"。农村中小金融机构监管部门每年出台大量的规章之下的审慎监管规则，而大多数规则在制定程序上即时性较强，即针对新出现的问题通过临时"添补丁"的方式，规则的内容呈现出体系性较差的特点。因而，经常出现下位规范突破上位规范要求且未得到有权部门授权的现象，有违监管规则制定的法治化要求。例如，针对高风险农村中小金融机构设置的特殊的股东资格标准经常散见于部门规章之下的各类通知中，效力层次较低，突破了作为农村中小金融机构股东资格审核基准文件的《农村中小金融机构机构行政许可事项实施办法》的相关规定且未取得其明确授权，相关要求的合法合规性值得质疑，也无法给金融监管部门市场准入工作人员提供明确清晰的操作路径。若进一步深入研究，农村中小金融机构监管部门偏好在农村中小金融机构某些重点风险问题上反复强调，不断用新出台的规则替代之前适用的规则，却又未明确之前适用的规则是否继续有效，此举大大增加了农村中小金融机构研究分析相关审慎监管规则的积极性和有效性。另外，实务中，对审慎监管规则的外部监督相当薄弱，无论是立法机关，还是司法机关，都不能有效履行监督职责，对审慎监管规则内容合法合规合理性的监督全靠农村中小金融机构监管部门的"自律"。

二是机构监管权力运行尚需"十目所视"。农村中小金融机构监管部门作为典型的机构监管部门，主要承担农村中小金融机构机构的市场准入管理，开展非现场监测、风险分析和监管评级等非现场监管工作，并根据风险监管需要，开展现场检查活动等。实务中，上述权力运行过程透明度较低，程序化机制不足，不可否认的现实情况是，农村中小金融机构监管部门的行政自由裁量权过大，以至于农村中小金融机构以及股东、董事和高级管理人员等其他相关利益主体在监管关系中无法对其进行有效制衡。以本轮金融严监管周期开始后，加强对股东入股资金来源的审核及管理工作为例，农村中小金融机构监管部门强调入股资金的穿透审查，不仅要求拟入股的境内非金融机构法人提供证明材料，而且在审核过程中还通过运用 EAST 系统分析判断企业的账户流水情况，以辨别其真实的入股资金来源。客观而言，此种沿袭于证券监管部门的穿透审查理念对核实股东入股资金来源的真实性和合法性方面大有裨益，大幅度增加了非自有资金入股被发现的概率。但实务中不可避免存在农村中小金融机构难以制衡监管穿透的"度"的问题。一方面，相关金融监管规则及行政许可事项申请材料目录没有为穿透审核提供明确的行为指引和操作步骤，在监管一线操作中容易误入为"穿透"而穿透的权力行使误区，进而耽误了行政许可审核时限的要求；另一方面，大量的账户流水核查材料在工作中也无法有效证明入股资金来源的真实性和合法性，因此，过度地穿透核查除了在表面上证明工作人员认真履行监管审查职责外，似乎并不能真正解决入股资金来源判断的实质性问题。然而如此简单明了的道理，农村中小金融机构在监管实务中却无力对抗，外部的监督力量同样也显得束手无策。

三是亟待与行为监管"同心合力"。与重视审慎监管的机构监管相比，对农村中小金融机构的行为监管明显存在不小的差距。农村中小金融机构语境下的行为监管指的是农村中小金融机构监管部门对农村中小金融机构及其从业人员经营行为的监管，侧重于信息披露、反欺诈和误导、个人金融信息保护、反不正当竞争、弱势群体利益保护以及经营行为规范等。① 实务中，由于与机构监管部门分开设立且行为监管针对所有金融机构，行为监管部门自然在工作中未把农村中小金融机构作为主要监管对象。而高度重视农村中小金融机构风险防范和处置问题的农村中小金融机构监管部门对于行为监管涉及的农村中小金融机构经营表层问题背后反映的金融消费者权益保护和市场竞争机制等金融市场化、法治化过程中的根本性问题则有意或无意地不予重视。究其原因，一方面是由于局限于自身监管部门利益，在监管问责压力下，抱着"多一事不如少一事"的心态；另一方面则是未从全局层面考虑问题，在深层次上表现为缺乏法治理念的结果。2021年7月12日，中国银保监会消费者权益保护局发布的《关于2021年第一季度银行业消费投诉情况的通报》（银保监消保发〔2021〕13号）指出，2021年第一季度，中国银保监会及其派出机构共接收并转送银行业消费投诉78414件，环比增长2.9%。其中，涉及农村中小金融机构4498件，环比上升36.1%，占投诉总量的5.7%。增速之快说明在新形势下，若再考虑农村中小金融机构信用风险充分暴露的现实情况，行为监管和机构监管之间的"裂缝"已经严重影响农村中小金融机构监管效能，从根本上来说也不利于农村中小金融机构风险的防范和处置。

第三，微观上监管者履职监督和动力不足。在金融领域持续高压

---

① 孙天琦.金融秩序与行为监管——构建金融业行为监管与消费者保护体系〔M〕.中国金融出版社，2019：17.

反腐的背景下，强化内部监督治理的有效性业已成为金融监管部门内部管理的主基调。在如此严肃监管氛围下，① 农村中小金融机构监管部门工作人员的履职动力以及对其履职行为的监督均存在需要进一步改进的空间。

一是一线监管履职"官僚主义"。不同于其他金融机构，农村中小金融机构法人机构数量众多且在公司治理机制方面又存在诸多问题，整体合规管理水平较低，重大违规问题和案件时有发生。在"有风险没有及时发现就是失职、发现风险没有及时提示和处置就是渎职"的金融严监管背景下的监管问责制对农村中小金融机构监管部门的工作压力可想而知。由此造成的可能现状是人浮于事，监管工作僵化，生搬硬套上级部门的工作安排，缺乏根据监管辖区内农村中小金融机构的区域性特点发挥监管工作的主动性和积极性，进而丧失农村中小金融机构监管原则性和灵活性相结合的传统优势。甚者，为追求自以为的免责效果而过度形式化地"留痕"，监管工作表面上看是所谓"严格"按照政策法规监管，实际上却是偏离了金融监管工作的宗旨，造成了一种形式的监管"官僚主义"。如前文所述，在现场检查之外，运用 EAST 系统分析辅助非现场工作和市场准入工作，在核准农村中小金融机构董事和高级管理人员任职资格时，过度"穿透"拟任人员及其配偶个人征信报告所涉债务信息即为典型的例子。在农村中小金融机构监管条线事多、责任重、压力大的现实情况下，不合理的监管资源配置政策和监管系统内相对均衡的人事晋升以及薪酬分配体系等体制因素导致传统的主监管员模式已不适应对农村中小金融机构的日常非现场监管，一线监管工作人员的权利义务不对等，自然造成履职动力严重不足。

---

① 近几年，多名农村中小金融机构监管条线的厅局级干部主动投案或被移送司法机关，说明了农村中小金融机构监管部门反腐形势的严峻性。无怪乎中国银保监会党委在2021 年年初召开的全系统全面从严治党和党风廉政建设工作会议强调继续紧盯高风险农村中小金融机构风险防范处置以及监管中的问题线索。

二是监督精细化程度"不尽如人意"。在履职动力不足情形下，现有内外部监督体系对农村中小金融机构监管工作的监督精细化程度也值得探讨。由里及外，详述如下：在农村中小金融机构上下级监督之间，普遍重视条线年初工作安排，却出于种种原因而疏于年末考核和追责，日常监管工作中除了市场准入需要上级部门最终审核决定外，现有政策法规也并未厘清条线上下级之间的业务领导或指导关系。在党委巡视巡查和行政执法监察方面，基于临时性和随机性的特点，且又过于偏重党务以及检查人员专业性和经验性方面的问题，对农村中小金融机构监管权力实际运行的关注度不高，过于形式化的证明材料和解释说明让监督失去了应有的意义。在司法监督方面，考虑到农村中小金融机构机构的地域属性，农村中小金融机构及其董事、高级管理人员几乎不敢因监管部门的行政行为提起行政诉讼，① 司法部门在个案中发挥监督作用极其有限。在刑事责任方面，近几年农村中小金融机构监管条线监管人员"东窗事发"，基本上都是因另案牵涉被发现或主动投案自首，几乎没有在正常监督工作中主动发现的。"越规者，规必惩之；逾矩者，矩必匡之。"失职渎职隐形化的农村中小金融机构监管是最需要精细化监督的监管领域，监督精细化程度的不足，进一步加剧了农村中小金融机构监管困局。

　　三是监管俘获概率"大大增加"。从前述农村中小金融机构监管权力运行过程中自由裁量权幅度过大且缺少有效监督角度来看，农村金融监管领域极易导致监管俘获。金融监管腐败问题体现在农村中小金融机构监管领域尤为明显。农村中小金融机构属于地域小法人机构，相关从业人员关系错综复杂，在多年与监管部门不规范博弈过程中，其养成了与监管人员私下沟通、联系的习惯。这种习惯直接或间

---

　　① 截至目前，中国银（保）监会及其派出机构作为行政诉讼被告的案件数量不少，但主要集中在商业银行借款人或其他相关利益主体因政府信息公开、信访、投诉、请求依法履行监管职责等方面的事由提取，尚未出现农村中小金融机构作为行政诉讼原告的，背后原因以及反映出的深层次问题值得深思。

接地突破监管底线，严重损害了金融监管的权威性，也销蚀着农村金融法治的根基。而个别监管人员由于缺少法治观念，自持对农村金融监管政策的熟悉，行使监管权力时经常有意、无意越过政策法规边界，甚至为一己私利主动与农村中小金融机构勾结。农村中小金融机构在被监管人员俘获后获得暂时的短期利益，放松对自身经营及风险管理背后根本性问题的解决，进而更加忽视对监管规则的遵从。

二、农村金融监管法治化需求

打破农村金融监管面临的上述困局，仅靠农村中小金融机构监管部门的自身努力是远远不够的，需要站在时代环境下进行统筹设计和推进。理论界通常认为经济发展需要法治保障，法治能够为市场主体提供稳定、可预期的市场环境，保障市场秩序，而经济发展水平较高也会对法治建设产生促进作用。从改革开放后我国现实情况来看，法治的崛兴，充分表现出商品经济大潮和市场经济体制对于形式规则的内在需要；另外，法治也从市场经济那里最终找到安身立命的深厚根基和作用施展的广阔空间。[1] 因此，从某种意义上讲，市场经济就是法治经济。而反观我国的农村金融市场，长期以来市场化程度严重不足。由于国家政策方面的原因以及商业性金融机构逐利性特征的影响，农村金融市场长期被农村信用社相对或绝对垄断，即使从 2003 年开始国家重新启动了农村金融改革，特别是引入了村镇银行等新型农村金融机构和要求国有大型商业银行重新在农村地区设立营业网点，农村金融市场的垄断性状况仍未得到根本性的改观。在农村中小金融机构在县域农村金融市场"一家独大"的情形下，市场化利率定价、机构公平竞争、消费者权益保护以及公司治理等市场化竞争机制难以有效发挥作用，因而农村金融市场的法治化水平也令人担忧。在中央大力推进全面依法治国的大背景下，法治作为一种与传统治理

---

① 胡水君．作为国家治理深刻革命的法治［J］．理论视野，2021（4）：60.

方式明显不同的现代普遍治理方式，将对我国经济和金融的发展产生关键性的作用。农村金融法治化是降低农村金融市场交易成本、维护农村金融市场交易秩序，促进农村金融市场健康发展，并最终使农村资金高效转化为农村生产资本，加快农村经济发展、实现城乡统筹的必由之路。① 因此，农村金融的所有问题必须纳入法治化视野，实际上，农村金融监管背后的农村金融体制和机制改革、农村金融产品和服务创新以及对农村金融监管权运行的监督都有着极强的法治化需求。

（一）农村金融体制和机制改革需要法治护航

我国农村金融体制和机制改革必然是一项长期的系统工程，然而，在改革已步入"深水区"的当前，必须下决心破除各种制约我国农村金融发展的各类体制和机制障碍，农村金融改革才能持续健康推行下去。众所周知，任何一项改革必然触及既得利益者的利益，农村金融体制和机制改革亦是如此。以前述省联社体制改革为例，农村商业银行和农村信用社与代表省政府行使行业管理权的省联社之间，持续存在经营管理自主权与实际控制权之间的公开或隐藏的矛盾，且此种矛盾随着金融监管部门推动的公司治理监管改革和机构自身规模、实力的发展壮大越发呈现出显性化态势，导致《公司法》意义上的公司治理责任主体无法有效履职。近几年中央一号文件中年年提及的省联社改革要求无疑就是吹响了地方中小银行体制改革的号角，但却一直没有实质性的工作进展，其背后就深刻反映了中央政府和地方政府在农村合作金融机构监管权和管理权方面的矛盾和冲突。此外，基于现实考量，农村金融体制机制改革涉及面十分广泛，必须考虑历史和现实层面的多重因素。仅以农村中小金融机构公司治理与内控合规机制建设"形似而神不至"为例，就可以看出农村金融体制

---

① 温涛，王煜宇. 改革开放 40 周年中国农村金融制度的演进逻辑与未来展望［J］. 农业技术经济，2018（1）：29.

机制改革的复杂性和长期性。在国内现代企业制度建设已经推进了这么多年的情况下，我们的农村中小金融机构仍然缺乏公司治理原则的基本概念，公司治理形同虚设，制衡机制基本是零。农村中小金融机构的公司治理结构，除了股东大会，还杂糅了中国特色的党委会治理模式、董事会下设专业委员会以及独立董事的美国模式、监事会下设职工监事的德国模式和设外部监事的日本模式，结果"大而全，却混而乱"。多年以来，农村中小金融机构监管部门年年推、天天讲，实质性问题却仍旧未能解决，农村中小金融机构既未形成有效率的董事会，也未形成刚性的监事会，更没有体现出作为中小法人机构的公司治理特点。因此，可以说旨在解决"痼疾"的农村金融体制和机制改革单靠农村中小金融机构监管部门的一己之力去推动必然困难重重。法治在现代市场经济中的一个重要作用即是通过引入相关机制协调新旧市场主体的利益关系和约束新旧市场主体的市场行为，从而维护市场公平竞争。我国农村金融体制机制改革的方向是在构建具有市场竞争机制的农村金融市场，而纵观国内外成功的金融改革经验，有效的金融改革必须依靠完善的法治护航。① 在法治框架下，农村金融体制机制改革既有充分详细的立法依据及授权规范，又有权责明晰的行政执法体系和公平公正的司法裁判体系，故农村金融改革的行动构筑在牢固的基石之上。

（二）农村金融产品和服务创新需要法治保障

我国农村金融服务长期处于低水平徘徊状态，要想改变这一现状，必须将农村金融发展的决定权交给市场，优化农村金融发展的顶层制度、体系以及产品和服务创新。② 在国家大力推进乡村振兴和强化支农支小服务的政策指引下，农村金融产品和服务创新对于提升农

---

① 陈岱松.试论农村金融的法治建设 [J].河南师范大学学报（哲学社会科学版），2009（11）：166.

② 聂勇，李清波.可持续发展背景下农村金融创新与农村金融监管研究 [J].农村金融研究，2020（9）：19.

村中小金融机构服务能力异常重要。中国人民银行、中国银保监会等金融监管部门经常通过出台指导意见的形式鼓励包括农村中小金融机构在内的商业银行创新工作机制、产品体系和服务模式，推出更多差异化金融产品和服务，持续提升农村金融服务质效。因此，农村金融产品和服务创新的政策化趋势较为明显。实务中，就农村中小金融机构而言，其可以创新的范围极其有限，不外乎借款主体、用途、利率、担保方式、用还款方式以及信贷流程等金融借款合同的诸要素，其中以担保方式创新最为典型。以金融监管部门有关金融服务乡村振兴的三份政策性文件中关于农村抵质押物创新为例，[①] 所鼓励的以农村承包土地经营权、集体经营性建设用地使用权、林权、自然资源产权等作为抵押物，并不受一线信贷人员的青睐，为数不少的农村中小金融机构在信贷业务中并未把监管部门的上述政策指导当作自身创新的契机，抵押物长期主要以可流通的不动产为主。个中缘由就是农村中小金融机构监管部门在引导农村金融产品和服务创新方面政策性有余而法治化不足，一方面，鼓励农村中小金融机构大胆创新；另一方面，却缺乏监管容忍度，当农村中小金融机构因创新出现风险时未能及时得到监管支持甚至被监管问责。而对监管部门来说，其最为担心的是农村金融产品和服务创新的风险防范问题，一旦创新带来的风险处置不好，巨大的创新风险积聚不仅可能严重冲击农村金融监管体制，还可能形成农村金融危机，对农村金融市场和农村经济造成沉重打击。[②] 这是农村中小金融机构监管部门无法承受的重大责任。法治

---

① 这三份政策性文件分别为中国人民银行、银保监会、证监会、财政部、农业农村部联合印发的《关于金融服务乡村振兴的指导意见》（银发〔2019〕11号）；中国人民银行、银保监会、证监会、财政部农业农村部、乡村振兴局联合发布的《关于金融支持巩固拓展脱贫攻坚成果　全面推进乡村振兴的意见》（银发〔2021〕171号）；中国银保监会办公厅发布的《关于2021年银行业保险业高质量服务乡村振兴的通知》（银保监办发〔2021〕44号）。

② 聂勇，李清波. 可持续发展背景下农村金融创新与农村金融监管研究［J］. 农村金融研究，2020（9）：19.

规范和促进农村金融产品和服务创新，能够激发农村中小金融机构的创新动力，创造公平、包容的创新法治环境，为农村中小金融机构从业人员进行创新去除法律层面的不当阻碍。因此，农村金融产品和服务创新需要法治保障，农村中小金融机构监管部门应通过公开的政策文件对农村中小金融机构的业务创新给予适当鼓励和包容并在监管实际中真正得以贯彻，不仅能够为农村金融产品和服务创新提供宽松适当的监管空间，而且也为监管行为提供了免责依据。唯有如此，农村金融创新才能长期健康持续下去。

（三）农村金融监管权运行需要法治监督

相较于一般意义上的行政执法行为，金融监管具有相机抉择的特殊性。这主要是因为金融行业是需要国家全面掌控的特殊的战略性领域，事关国家安全以及国民经济的健康发展。因此，国家需要授予金融监管部门特别的事先处置权力。考虑到我国农村市场垄断性的现实状况以及农村中小金融机构公司治理和内控合规机制形式与实效严重分离的僵化局面，农村金融市场更是迫切需要有效的金融监管。实际上，我国农村金融市场和农村中小金融机构的管制程度一直较为严格。不可否认，农村中小金融机构监管部门的监管对于我国农村金融行业的规范发展起到了巨大的推动作用，但我们无法否认的现实情况是监管者并非无所不知，监管自身尚存在监管失灵的问题，而且以行政管制为手段的监管制度虽然起到减少风险和暂时维护金融安全的作用，但却是以遏制金融创新并损害金融效率作为代价的，从最终效用角度观察实属得不偿失。① 甚者，更为严重的问题是金融监管责任的缺失，其主要体现在履行审慎监管和行使自由裁量权时，对监管机构和监管人员缺乏相应的制衡，导致监管权力与监管责任的非对称。②

---

① 晏宗新. 金融业管制与竞争理论研究——兼论中国金融业的管制问题［M］. 中国科学技术大学出版社，2007：173.

② 巫文勇. 金融监管机构的监管权力与监管责任对称性研究［J］. 社会科学家，2014（2）：106.

而此正是滋生金融监管腐败和产生监管俘获的主要原因。基于前文所述农村金融监管权力运行过程中存在的诸多问题，农村金融监管权存在的负面性因素较为突出，必须纳入法治视域。在法治视域下，监管与金融是一种"保持距离型"的关系，法治造就了一个有限与有效的金融监管，法治的核心要素即是限制和约束金融监管权力。农村金融监管法治化的要害在于农村金融监管权运行的法治化监督。因此，农村金融监管权从监管规则制定到市场准入、非现场监管、现场检查、行政处罚以及行为监管等所有环节和流程需要强有力的法治监督。这种法治监督需要改变当前对农村中小金融机构监管部门内部监督不实和外部监督不畅的弊病，全面重整现有内外部监督力量。从监督要达到的效果出发，要建立全面的金融监管信息披露制度，提高农村金融监管权的违法违规成本，建立完善的法治化金融监管问责机制，对滥用农村金融监管权力的监管人员实施"无禁区、全覆盖、零容忍"的约束问责。① 同时，在法治监督的另一面，还应重视监管制度的激励作用，在机制上保证农村中小金融机构监管部门履职动力，提高一线监管工作人员的履职独立性。

三、农村金融监管法治化进程中需要权衡的几组关系

由于农村金融监管存在的现实困局以及农村金融监管背后的农村金融体制和机制改革、农村金融产品和服务创新以及对农村金融监管权运行的监督都有着极强的法治化需求，对农村金融监管法治化的实施路径需要进行详细的顶层设计。但笔者认为，农村金融监管工作有着自身的独特性，在提出具体化的政策建议之前，尚需对法治化进程中农村金融监管需要审慎处理的几组关系进行理性认知，只有这样具体化的政策建议才能在监管实践中具有现实可操作性。

---

① 王煜宇，何松龄．金融监管腐败：结构性制度成因与供给侧结构性改革［J］．现代法学，2018（5）：128.

（一）严肃监管与包容性监管

严格履行监管职责是金融监管部门的应有之义务，本无严肃与否之说法。严肃监管的提法最早源于 2017 年 7 月召开的第五次全国金融工作会议上提出的金融监管部门要形成"有风险没有及时发现就是失职、发现风险没有及时提示和处置就是渎职"的监管氛围。自该次会议党中央对金融监管部门提出严肃监管要求之后，包括农村中小金融机构监管部门在内的所有金融监管部门在各自的监管领域内掀起了监管风暴，大批农村中小金融机构的违法违规行为得以被发现和处置。客观而言，在当前金融市场乱象仍未得到根治的背景下，农村中小金融机构日常经营管理过程中反映出的风险主要表现在信用风险突出、操作风险普遍、案件风险高企、道德风险最难防控，农村中小金融机构长期存在的内部人控制现象严重、法人治理形式化、内部控制虚化以及从业人员素质偏低等一系列痼疾仍然存在。严肃监管有助于农村中小金融机构形成对金融监管政策法规的畏惧，在经营管理活动中自觉遵循监管规则，助推农村金融法治的形成。然而，我们不得不承认的一个现实情况是，农村中小金融机构在诸多方面毕竟不同于其他金融机构，无论是外部的体制机制、市场定位、客户结构，还是内部的历史积淀、习惯定式以及董事、监事、高级管理人员和其他普通从业人员的专业素质和业务能力都存在自身的独特性；而且，即使在农村中小金融机构群体内部，也有着大中型农村商业银行、城区和县域农村合作机构以及村镇银行的明显区分，他们在公司治理、业务流程和风险管理上均存在不同之处。因此，就需要对农村中小金融机构实施差异化监管，也即包容性监管。包容性监管指的是对农村中小金融机构群体及其内部不同机构采取差异化的金融监管制度安排，使作为法人机构的农村中小金融机构在更趋合理的监管约束下有序运行，以实现农村金融的可持续性、共享性和普惠性。① 由于农村中小金融机构是分散的区域性小法人机构，而在全部金融资产中所占比重较小，即便是个别农村中小金融机构出现风险，也不影响其他地区金融系统的稳定性和安全性。因而对农村中小金融机构实施包容性监管不会引发系统性风险。包容性监管表现在监管目标、监管原则、市场准入门槛设置、监管标准、监管激励措施、监管应适度等方面的差异以及相关制度安排以及监管措施要能诱导农村中小金融机构坚守支农支小的市场定位。包容性监管不同于监管宽容，后者是指农村中小金融机构监管部门允许农村中小金融机构持续违反法律法规和审慎监管规则而不受监管惩处，监管宽容损害了农村金融监管的权威性和有效性，滋长了农村中小金融机构违法违规行为的普遍性和严重性，最终损害了农村金融法治。由此观之，严肃监管和包容性监管对于当前农村中小金融机构而言都有着极其现实的土壤环境。笔者认为，农村中小金融机构监管部门如何在严厉监管与包容性监管之间把握好分寸，既将农村金融的底线规则清晰界定，总体保持严肃监管态势情形下，又要针对不同类型的农村中小金融机构实施差异性监管，支持和规范发展较好的、扶持和帮助发展较差的机构，是考虑农村中小金融机构监管法治化问题必须审慎平衡的重要关系。

（二）风险监管与合规性监管

商业银行以经营风险作为其立行根本，故风险对于商业银行来说可谓无处不在，而商业银行面临的风险也时刻受到金融监管部门的高度重视，否则极易造成难以估量的严重后果。自中国银（保）监会成立以来，农村中小金融机构监管部门一直秉持风险为本的监管理念，对农村中小金融机构持续进行风险监管。这些工作主要体现在以《商业银行风险监管核心指标（试行）》和审慎监管规则为基础，制

---

① 谷慎，岑磊. 包容性监管理念下农村金融监管制度的构建［J］. 征信，2015（12）：70.

定农村中小金融机构风险监管指标体系并在日常非现场监管中持续盯梢式监管；根据《银行业金融机构全面风险管理指引》以及其他各类风险管理指引的要求，指导农村中小金融机构根据自身特点建立差异性的全面风险管理体系；及时稳妥领导高风险农村中小金融机构的风险化解和处置工作等。然而由于农村中小金融机构沉重的历史包袱以及发展速度回归常态，以信用风险为核心的各类风险将持续暴露，合规监管的压力将进一步增大。合规性监管是指金融监管部门为防范金融风险和维护金融稳定，通过采取行政监管措施对商业银行执行法律法规和审慎监管规则的情况进行监管。合规监管主要针对合规风险，合规风险可谓农村中小金融机构的核心风险，也是信用风险、市场风险、操作风险等主要风险的主要诱因，在农村中小金融机构全面风险管理中居于基础地位。然而农村中小金融机构合规风险的现实情况却不容乐观，为数不少的农村中小金融机构缺少"全员合规""主动合规"的理念共识，更无"合规创造价值"的正确认知，在经营管理活动中忽视内部控制和合规管理机制建设，有制度却执行不到位。金融监管部门也意识到了合规监管的重要性，2021 年 6 月 7 日，中国银保监会在连续四年持续开展银行业保险业市场乱象整治工作后，为着力补齐内控合规机制明显短板、坚决破解屡查屡犯顽瘴痼疾，印发《关于开展银行业保险业 "内控合规管理建设年" 活动的通知》（银保监发〔2021〕17 号），在银行业保险业深入开展 "内控合规管理建设年" 活动，农村中小金融机构是本次内控合规管理建设活动当然的 "主战场"。总之，风险监管与合规性监管作为农村中小金融机构监管部门的两种监管方式，两者互为补充，合规性监管着眼于滞后的法律法规和审慎监管规则难以满足农村中小金融机构动态监管的需要，风险监管则修补了这一漏洞。农村中小金融机构监管部门在日常监管工作中应透过风险表象看内控合规的薄弱本质，将内控合规管理情况作为农村中小金融机构市场准入、监管评级和公司治理评估等的重要参考因素，共同促进农村中小金融机构的健康持续发展。笔者认为，风险监管与合规性监管的关系在某种程度上类似于英国式"原则监管"和美国式"规则监管"：前者以风险和结果为中心，灵活性与复杂性并存；后者基于法条主义，标准化与僵化同在。① 两种监管模式内涵交叠且优势互补，共同推动金融行业的稳健运行。在实务中特别要注意的是，在处理两者关系时，一定要有清醒的认识，即在当前农村金融法治环境尚不尽如人意的背景下，农村中小金融机构公司治理尚未有效发挥作用，从业人员合规意识普遍较差，对农村中小金融机构的合规性监管是基础，是引领其自觉守法、审慎经营的行业新生态的关键；农村中小金融机构监管部门不能为防范和处置机构的风险而突破合规底线，若实行风险监管时存在执法执规不严、选择性执法执规等问题，将难以有效防范和抵御农村中小金融机构面临的各类风险，也断不可能在农村中小金融机构群体构筑"不敢违规、不能违规、不想违规"的有效机制。

（三）行政管制与竞争性监管

正如前文所言，农村金融市场垄断性较强，属于不完全竞争中的寡头竞争和垄断竞争，金融监管部门对农村中小金融机构的行政管制程度一直较重。农村中小金融机构从设立、变更和终止，到资本管理、公司治理、风险管理和内部控制以及业务经营，到处充满着强烈的行政管制气息。② 当然，对农村中小金融机构的行政管制有其存在的重要制度价值和现实意义，但行政管制是依靠监管部门有限的人力资源在有限的时间里所做的监督，其并不能为监管者提供足够的监管激励，又容易被监管者"俘获"，因此行政管制并不是越深越多就越

---

① 田野，向孟毅. 原则监管、规则监管与中国金融监管框架改革 [J]. 金融经济学研究，2015（1）：44.

② 根据笔者统计，中国银保监会监管体系下的各类银行保险机构监管规则，农村中小金融机构监管部门每年负责制定和实施的审慎监管规则数量最多，对机构的管制程度也最深。

好。中国的农村金融体制改革，需要有金融监管部门角色的转换，即从全面主导和行政管制转向通过资金支持、制度设计、立法等形成对农村金融的有限监管。① 金融监管部门对农村金融市场监管责任之一是以设立并维护合理的市场竞争为中心，依笔者之理解就是加强竞争性监管机制建设。所谓竞争性监管是金融监管部门为确保市场在金融资源配置中发挥决定性作用，立足于价格、供求、风险等市场机制，通过审慎监管规则划定的合理区域，引导被监管机构在相互竞争中提高外部金融服务质量、加强金融消费者权益保护，并提升内部公司治理水平、风险管理和内部控制水平。对于在市场竞争中失败的被监管机构，金融监管部门在保护存款人等利益相关者合法权益以及维护金融稳定和安全的基础上负责其市场退出。金融监管部门引导的市场竞争会倒逼被监管机构形成自发的合规约束机制，激励其在风险管理和内部控制上和其他机构展开竞争，从而形成良好的内部控制机制。在竞争性监管机制下，农村中小金融机构监管部门统筹行政管制规则和竞争性监管规则，改变既往形成的过度监管做法，适度引入市场竞争机制，在公司治理机制的配合下，完善农村中小金融机构内部激励约束机制和外部市场约束机制，以最小的监管成本取得最优的监管成效。所以，在当前农村中小金融机构公司治理与内控合规机制迟迟不能发挥应有作用的尴尬困境下，农村中小金融机构监管部门通过适度放权，将于农村中小金融机构而言过于被动的行政管制部分转化为能够激活农村中小金融机构相关利益主体能动性的竞争性监管，能够改变长期以来农村中小金融机构"屡查屡犯"的监管困局，真正提高农村中小金融机构监管的法治化水平。在正确处理行政管制与竞争性监管关系的问题上，农村中小金融机构监管部门应秉持法治理念，警惕"政府失灵"与"市场失灵"现象单独或同时存在的问题，将行

---

① 龚关．农村金融体制改革：从政府主导到政府有限监管——基于中外农村金融发展史的视角［J］．安徽师范大学学报（人文社会科学版），2021（1）：135.

政管制与竞争性监管有效融合在农村中小金融机构监管工作中。

四、农村金融监管法治化具体路径构建

现代法治的第一要义在于限制政府权力，当下法治中国建设的着力点也在于对行政权力进行制约和监督。农村金融监管权作为金融监管权项下的一种细分性权力，是行政权力在农村金融领域的具体应用。在当前党中央和国务院做出全面推进乡村振兴决策部署，亟待农村金融服务乡村振兴能力和水平显著提升的时代环境下，农村金融监管权的法治化运行对保障农村中小金融机构机构高质量发展和推进农村金融服务持续高质量提升具有积极关键的战略意义。根据上文对农村金融监管困局的分析以及农村金融体制和机制改革、农村金融产品和服务创新、对农村金融监管权运行的监督的法治化需求，笔者认为，在对严肃监管与包容性监管、风险监管与合规性监管以及行政管制与竞争性监管三组农村金融监管运行过程中的关系进行理性化认知的前提下，可以采取分步走的策略具体构建农村金融监管化路径。

（一）近期：全面整合内外部监督力量

一是改进农村金融监管权力运行事前、事中制衡方式。细化农村金融监管权力运行所依据的程序性技术规范，在农村金融监管条线制定并实施各项金融审慎监管规则的实施性细则。细化农村金融监管权力的决策形式和方式，完善经办部门（部、处、科）和所隶属监管机构（委、局、分局）的事务分权制衡与上下级监督体系，建议采用委务会（局长办公会、专题会）、部（处、科）务会公开合议的方式行使监管权力，并详细记录和永久保存参会人员所述意见。

二是优化党委巡视巡查及行政执法监察联动模式。改变当前随机式的金融监管部门党委巡视巡查及行政执法监察联动模式，加强对农村中小金融机构监管部门权力运行的常态化监督模式，并联动上下级部门的信息情报、合理调配人力资源，提高监督的精细化程度。改变

党委巡视巡查及行政执法监察重视发现和处理问题的单一模式，主动总结农村中小金融机构监管权力运行过程中的成功经验，表彰严格执法执规的先进典型，提升一线农村金融监管工作人员的履职动力。

三是有效发挥司法事后制衡机制。推动行政诉讼制度在农村金融监管领域的实质性落地，鼓励农村中小金融机构及其从业人员通过诉讼方式启动对农村金融监管权力的司法监督。推动人民法院加强对农村金融审慎监管规则的实质性审查，在行政诉讼案件中积极落实农村中小金融机构及其从业人员的行政诉讼权利保护机制，让监管和司法形成法治合力。

（二）中期：持续加强农村金融监管机制建设

一是推动农村中小金融机构主监管员体制改革。摒弃当前主监管员制度不适应农村中小金融机构监管现实的陈旧功能，建立农村中小金融机构监管小组制或合议制的"团队作战式"集体监管模式。平衡农村中小金融机构监管部门工作人员的职权职责关系，在保障工作人员专业性和独立性的前提下，建立并严格落实农村中小金融机构监管部门工作人员履职能力评估、轮岗交流和履职回避制度。

二是建立农村中小金融机构违法违规行为立即纠正机制。加强对农村中小金融机构的合规性监管，改变当前违法违规行为不能得到及时处理的弊病，通过程序时限要求农村中小金融机构监管部门对农村中小金融机构违法违规行为进行立即纠正的工作机制。加强违法违规行为立即纠正机制与农村中小金融机构监管部门工作人员监管问责的有效联动，在法律法规和审慎监管规则规定的范围内落实责任，在纪委监委部门监督下做实监管移送司法机关工作制度。

三是落实农村中小金融机构市场竞争机制。秉持法治化和市场化的监管理念，加强对农村中小金融机构的行为监管机制建设，积极落实农村中小金融机构规范竞争和市场退出政策，允许农村中小金融机构在坚守市场定位的基础上在地级市行政区域范围内公平展业。加强农村中小金融机构公司治理机制建设，在严格规范和约束股东行为的基础上，通过监管提示和行政处罚等手段加强对农村中小金融机构股东的股东大会召开请求权、表决权、提名权、提案权、处分权、知情权以及选择管理者、参与重大决策和享有资产收益等诸多法定权利的保护，设计并落实能够提升中小股东公司治理话语权的投票表决制度和股东代表诉讼制度。

（三）长期：加强农村金融监管法治基础设施建设

一是加强农村金融立法精细化建设。改变当前农村中小金融机构监管权限集中于中央的"一刀切"的现状，在不造成系统性风险的前提下，通过法律或行政法规的方式授权地方省级人民政府针对农村中小金融机构部分地域性事项的监管权。明确农村中小金融机构监管部门的监管权限以及应承担的法律责任，细化农村金融的差异化监管制度，清晰界定农村中小金融机构与其他商业银行所适用的审慎监管规则的特殊性和差异性。

二是用法治理念推动农村金融体制和机制改革。通过完善司法与执法方面的配套制度，保障农村金融体制和机制改革，促进农村金融的持续健康发展。正确认清省联社作为农村金融机构的企业属性，推动省联社体制改革的实质性进展。及时总结投资管理性村镇银行试点经验和教训，加快村镇银行管理体制改革。

三是积极发挥律师在农村金融监管法治化进程中的重要作用。支持律师参与农村金融监管工作，充分发挥其在农村金融监管法治化进程中的监督作用。农村中小金融机构监管部门在行使对农村中小金融机构权益产生重大不利影响的监管权力时应主动征求法律顾问或公职律师的意见。

法和金融学视野下的互联网金融：
研究综述与创新展望

秦文岩*　　邱东营**

摘　要： 新一代信息技术加持下的互联网金融，在推动金融行业深化发展的同时，也严重冲击着国内外现行金融法治体系，并引发了一系列金融风险事件的发生。此时如欲展开对互联网金融行业及其监管、法治问题的深入研究，对国内外互联网金融的研究状况进行整体上的实证分析，并梳理出互联网金融的具体研究现状则显得至关重要。国内外互联网金融的研究成果相对丰硕，但并未有效地从金融法治体系出发，深入探究是将互联网金融行业的治理融入既有的立法、执法之中，还是另起炉灶。更重要的是，当前互联网金融立法的薄弱，尤其形式上的不完备甚至冲突，决定了互联网金融立法应结合立法理论和现行有关立法的实证法规范来制定、修改。

关键词： 互联网金融　商业模式　风险监管　立法体系

在当下互联网金融发展正盛，但风险不断暴露的时间节点上，强化法和金融学视野下互联网金融的研究，既是对过去互联网金融发展

＊　秦文岩，山东聊城人，山东财经大学硕士研究生，研究方向：国际法。
＊＊　邱东营，山东滨州人，山东省阳信县人民检察院检察官，研究方向：金融检察。

中有关法律规范制定与执行的反思，又可为其未来的规范发展提供充分尊重金融逻辑下的法律支撑。当然，对互联网金融规范发展、法治体系完善研究的进一步向前推进，不能仅限于对法学领域互联网金融的研究进行分析，亟须在更宽广的学科视野下对国内外金融学界、业界，乃至监管层，有关互联网金融的研究成果进行系统、全面的梳理分析。

一、国内外互联网金融研究的学术史梳理

（一）国内互联网金融研究的学术史

我国学术界对互联网金融的研究最早始于 2001 年，当然这主要限于信息技术在网上银行、网上支付等业务，其后的研究零零散散主要表现为互联网金融信息或数据、互联网金融顾问等。直到 2012 年中国金融四十人论坛（CF40）课题评审会暨第 64 期"双周圆桌"内部研讨会有关"互联网金融模式与未来金融业发展"主题的探讨，才正式开启了真正意义上互联网金融研究的先河。此后，金融学界的谢平、邹传伟[1]首先提出，"互联网金融模式"是既不同于商业银行间接融资，也不同于资本市场直接融资的第三种金融融资模式。巴曙松、谌鹏[2]指出，包括大数据、云计算、人工智能在内的互联网技术变革将对金融业态产生深远影响。2013 年是互联网金融的元年。有关互联网金融的研究如雨后春笋，蓬勃而出。王曙光[3]从经济学、社会学和哲学等交叉学科的角度，提出互联网金融的十大哲学，即开放、共享、合作、整合、信任、共同体、云、普惠、解构、创新。

金融学界在对互联网金融研究逐步深入、细分的同时，法学界于 2014 年开始关注互联网金融，最具代表性的是岳彩申、罗培新、杨

---

[1] 谢平，邹传伟. 互联网金融模式研究［J］. 金融研究，2012（12）：11-22.

[2] 巴曙松，谌鹏. 互动与融合：互联网金融时代的竞争新格局［J］. 中国农村金融，2012（24）：15-17.

[3] 王曙光. 互联网金融的哲学［J］. 中共中央党校学报，2013（6）：53-59.

东、刘宪权等，其主要涉及监管思路、监管框架、监管体制以及消费者保护、刑法规制等问题。2015 年是互联网金融的发展指导年。《关于促进互联网金融健康发展的指导意见》的颁行更是将互联网金融的研究推向了热潮，金融界的谢平、曹凤岐、邹传伟、刘海二等学者继续推进互联网金融之基础、风险、监管等问题的研究，法学界的盛学军、杨东、刘宪权等就互联网金融的基本类型、法律规制、刑法规制继续展开深入研究，具体包括证券众筹、信息工具、金融权利、监管模式等。2016 年是互联网金融监管元年。《互联网金融风险专项整治工作实施方案》的出台，表明国家对互联网金融风险的关注。此后，无论是金融学界，还是法学界，都开始集中于对互联网金融发展与监管思路进行反思，分析其中的风险、原因以及未来监管路径的选择，并对其进行深入研究，其中具有代表性的是金融学界的张承惠、苗文龙、尹振涛等；法学界的杨东、彭岳、刘宪权等。

一直到 2022 年，互联网金融风险的整治与监管都是互联网金融研究的重点，关键是对互联网金融创新发展与监管进行反思。其中，法学界的王怀勇、罗培新、彭冰、熊进光、王兰等学者从整体上就互联网监管规则生成、监管组织设计、信息披露规则、合法商业模式、包容审慎监管、激励性监管、治理模式更新、立法路径反思、公私法规制、软法规制以及监管法治化、刑民交叉、审判模式问题展开了深入研究。

（二）国外互联网金融研究的学术史

互联网金融是一个具有中国话语特色的概念，国际既无通用的说法，也没有权威机构对其进行系统界定，经常采用电子金融（Electronic Finance）、电子支付（Electronic Payment）、在线银行（Online Bank）等概念，这也就决定了国外并无直接的以互联网金融为名的研究。与之最紧密相关的研究，从 20 世纪 90 年代中期开始迅速发展，从保险到理财、从转账到证券交易，甚至是金融信息服务都与互联网相融合，形成了全方位、多元化的网络金融服务，其标志性事件是 1995 年美国三家银行联合成立"安全第一网上银行"。

整体上，国外有关基于网络技术的金融的研究基本可划分为三个阶段：20 世纪 90 年代至 2007 年，研究开始启动，成果相对较少；2007 年至 2015 年，文献数量逐渐增多；2016 年至今，研究成果则相对平缓。值得关注的是，国外在互联网金融领域研究得较多的学者有 Monica J. Chapchap，Siti Z. Mukari，T Weitzei 等，其中 Siti Z. Mukari 在互联网金融领域的研究影响力最大；Monica J. Chapchap，Salvador Castillo，Norberto V. Marinez 等次之。Mishkin 和 Strahan[1] 指出，电子信息与通信技术的发展与创新，使美国的金融业功能得以提升，其显著的表现就是降低了市场中开展金融交易活动的成本，有效地解决了信息不对称。Thurston C.[2] 认为基于网络的金融可定义为金融服务通过在线或在电子通信和计算下进行，Franklin Allen，James McAndrews 和 Philip Strahan[3] 也持类似观点，并认为网络技术是金融业快速发展的催化剂。Stijn Claessens，Thomas Glaessner 和 Daniela Klingebiel[4] 指出，电子金融在全世界不同程度地转变着金融服务的结构和性质。显然，在互联网技术支撑的金融研究的早期，国外学者大多集中于互联网金融的信息处理以及互联网技术对金融的促进作用的研究。

事实上，随着互联网技术与传统金融行业深度融合，除去传统金融行业互联化，新生的互联网行业涉足金融领域，严重影响了传统金融行业地位，互联网金融思维逐渐影响到消费者，学者们逐渐关注互联网金融领域的风险、监管、信任、投资者保护、立法等内容，如

---

① Fredric S，Mishkin，Philip E. Strahan. What Will Technology Do to Financial Structure? [DB/OL]. http：//www. nber. org/papers/w6892.

② Thurston C. Mexico's E-Finance Revolution ［J］. Global Finance，2000（12）：1-4.

③ Franklin Allen，James McAndrews，Philip Strahan. E－Finance：A Introduction ［J］. Journal of Financial Services Research，2002（22）：5-27.

④ Claessens S，Glaessner T，Klingebiel D. Electronic finance：reshaping the financial landscape around the world ［J］. Journal of Financial Services Research，2002（12）：29-61.

2013 年，反洗钱金融行动特别工作组（Financial Action Task Force on Money Laundering，FATF）曾对预付卡、互联网支付以及移动支付等多种支付方法的影响、风险性因素进行了研究；Eric C. Chaffee 和 Geoffrey C. Rapp[①] 分析了 Dodd-Frank 法规颁发后，P2P 这一网络借贷在监管上存在的问题，并在联邦与州的不同层面上研究了借贷平台当下的监管体制。

当然，随着互联网、大数据、云计算等信息通信技术的发展，学者们开始关注其在金融服务发展与监管方式上的创新，并重点研究金融科技和监管科技等问题，如 Sven Seuken[②] 提出充分发挥互联网、大数据、云计算等方面的优势，以此建构一个高效的运营市场；Douglas W. Arner，Janos Barberis 和 Ross P. Buckley[③] 指出金融科技已进入快速发展的阶段，其特征是新兴企业和其他新进入者的激增，如 IT 和电子商务公司，它们已经使金融服务市场分裂了。这个新时代对监管机构提出了新的挑战，并突出说明了为什么金融科技的发展需要平行发展监管科技。尤其是，监管机构必须开发一个强大的新框架，以借助"监管沙盒"来促进创新和市场信心。

二、国内外互联网金融研究的文献综述

（一）国内互联网金融研究的总体状况

在中国知网（CNKI）数据库以"互联网金融"为篇名进行检索，分别对互联网金融研究的年度趋势、学科分布以及法学学科内研究主题的分布状况进行量化分析解读。

---

① E. C. Chaffee, Geoffrey C. Rapp. Regulating online peer-to-peer lending in the aftermath of dodd-frank：in search of an evolving regulatory regime for an evolving Industry [J]. Washington and Lee Law Review, 2012 (2), 485-534.

② Sven Seuken, Shlomo Zilberstein. Improved Memory-Bounded Dynamic Programming for Decentralized POMDPs [J]. Co RR, 2012 (5)：3-35.

③ Douglas W. Arner, Janos Barberis, Ross P. Buckley. FinTech, RegTech and the Reconceptualization of Financial Regulation [J]. 37 Nw. J. Int'l L. &Bus, 2017, 411.

1. 互联网金融研究的年度分布

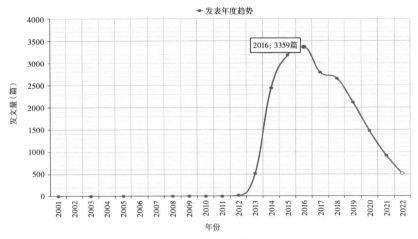

图1　互联网金融研究的年度分布

有关互联网金融的研究始于2001年，一直到2011年，每年的发文数量都处于个位数的状态，其中2002年、2006年-2007年甚至还出现了零发文的状况。2012年可谓互联网金融研究启动的新起点，全年发文数量21篇，超过过去十年19篇的总发文数量，2013年的发文数量突然升至509篇，2014年为2435篇，2015年为3175篇，2016年达到年度发文数量的顶峰3359篇。2016年至今，年度发文量呈现逐年下降的趋势，但始终维持在高位运行状态，其中，2017年为2783篇，2018年为2647篇，2019年为2112篇，2020年为1469篇，2021年为913篇，截至2022年9月6日已发表334篇。值得注意的是，国内有关互联网金融研究的冷热、文章数量的多少与互联网金融行业的发展态势紧密相关，2012年是互联网金融开启元年也是研究热潮的开启之年，而2016年互联网金融专项整治的开始则使得互联网金融的研究开始发生变化。当然，这也与近年来金融科技、监管科技研究热潮的来临存在紧密关系。

2. 互联网金融研究的学科分布

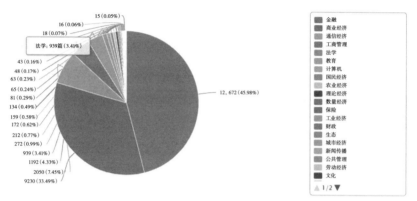

图 2　互联网金融研究的学科分布

国内有关互联网金融研究的学科分布情况呈现出明显的以经济学、金融学为主导的状态，并集中在金融、商业经济、通信经济和工商管理领域，共占据了互联网金融研究总量的 91.12%，其中，金融占 45.98%，商业经济次之占 33.49%。此外，国民经济、农业经济、数量经济、工业经济、城市经济、劳动经济、理论经济等经济领域也占据了一定的比例。值得注意的是，法学领域以 939 篇占据互联网金融研究总量的 3.4%，位居第五。法学之所以能够在经济学、金融学之外占领一定的比例，是因为互联网金融行业的健康规范发展离不开法律保障，法律不仅要赋予包括 P2P 网络借贷、股权众筹、第三方支付等在内的样式繁多、类型各异的互联网金融组织或业态合法地位，也要对其进行合法有效的监督管理，以防范互联网金融风险，维护互联网金融行业，乃至金融行业的安全稳定。

3. 互联网金融研究的法学学科主题分布

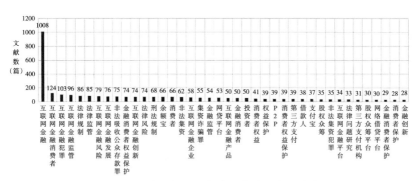

图 3　互联网金融研究的法学学科主题分布

法学界对互联网金融的研究占据互联网金融研究的 3.4%，数量相对较少，并且涉及互联网金融立法、执法或者更宽泛的互联网金融法治/法制为主题的研究也名列核心研究主题分布的前四十名。从国内有关互联网金融研究的法学学科主题分布来看，互联网金融消费者、互联网金融犯罪、互联网金融监管分别以 124 篇、103 篇、96 篇位居前三。值得注意的是，三者不仅在宏观整体研究层面占据重要地位，而且细分的领域也十分重要，如非法吸收公众存款罪、集资诈骗罪以及非法集资犯罪、刑法规制等。当然，从另一层面来讲，这三者中的互联网消费者的合法权益是互联网金融犯罪整治与监管的对象之一。此外，包括网络借贷平台、股权众筹、第三方支付等互联网金融具体业态也是法学界有关互联网金融研究的重点内容。

（二）国内互联网金融研究的具体状况

在中国知网数据库检索"互联网金融"为篇名的文章，对国内互联网金融研究的具体状况，尤其是对主题内容进行分析。

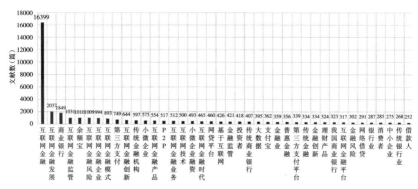

图4 互联网金融研究的主题内容分布

从互联网金融研究的主题内容分布来看，主要包括互联网金融模式、互联网金融创新与发展、互联网金融风险与监管等层面的内容。此外，还涉及消费者、投资者、普惠金融以及P2P、第三方支付、余额宝等互联网金融具体业态。其中，有关互联网金融发展的文章为2037篇，互联网金融监管的文章为1031篇，互联网金融风险的文章为1002篇，显然，互联网金融的创新与发展、风险与监管是最重要的研究主题。当然，有关互联网金融模式与形态、互联网金融企业（平台）、互联网金融业务（产品）的研究数量也很多，均在500篇以上。

1. 有关互联网金融模式与形态的研究

互联网金融模式与形态是互联网金融研究最基本的范畴，也是互联网金融创新与发展、风险与监管、企业与平台、产品与业务研究的基础。谢平、邹传伟①创造性地提出了"互联网金融模式"是不同于直接和间接融资的另类融资模式，并以典型案例形式分析了此模式在手机银行和P2P融资的具体体现。在互联网金融模式下，王达②明确了美国的金融体系与金融市场得到了长足发展，但受限于技术性因素

① 谢平，邹传伟. 互联网金融模式研究［J］. 金融研究，2012（12）：11-22.

② 王达. 美国互联网金融的发展及中美互联网金融的比较——基于网络经济学视角的研究与思考［J］. 国际金融研究，2014（12）：41-46.

等，该模式并未颠覆传统的金融模式。皮天雷、赵铁[1]明确互联网金融就是一切利用互联网提供金融服务的方式，其中，无论是互联网渠道金融、互联网小微金融，还是纯互联网金融等典型模式，互联网金融模式的划分并非绝对。陈欣烨、修妍[2]详细阐述了互联网金融包含多种模式并具有普惠金融特点，不同模式提供的服务有共性又有差别。从整体上讲，互联网金融模式虽在模式颠覆和效率提高方面有所创新，但尚未得到一致认可，需要有效分析其与传统金融模式之间的异同及其对传统金融的冲击，更需要做中外语境的对比，明确互联网金融模式的创新在中国是金融深化与技术创新同步发展融合的结果。

2. 有关互联网金融创新与发展的研究

互联网金融创新与发展是互联网时代的一种特色，也是中国金融市场化纵深改革的一种新力量。在互联网金融研究层面，创新与发展占据了最大的比例，也是最重要的研究主题。互联网金融国家社科基金重大项目课题组[3]总结出互联网金融发展的基本格局主要表现为传统金融业务的互联网化、基于互联网平台开展金融业务、全新的互联网金融模式，以及基于互联网的金融信息服务四个方面。庄雷[4]继而提出区块链技术对降低互联网金融风险、促进健康发展的重要性，并认为以区块链技术为基础的互联网金融可作为新兴金融工具支撑中国经济崛起。毛德勇、杜亚斌[5]认为互联网金融和经济总量、产业结构互相促进，短期内互联网金融对经济总量的增长大于对产业结构的优

①　皮天雷，赵铁. 互联网金融：逻辑、比较与机制［J］. 中国经济问题，2014（4）：98-108.

②　陈欣烨，修妍. 互联网金融模式服务效果差异性研究——基于共性基础差异的分析［J］. 价格理论与实践，2018（1）：126-129.

③　互联网金融国家社科基金重大项目课题组. 互联网金融的发展、风险与监管——互联网金融发展高层论坛综述［J］. 经济研究，2015（11）：183-186.

④　庄雷. 互联网金融创新探究：基于技术与制度视角［J］. 社会科学，2016（11）：61-71.

⑤　毛德勇，杜亚斌. 我国互联网金融发展的宏观经济效应分析——基于PVAR模型的实证［J］. 贵州社会科学，2020（3）：147-153.

化，相比经济总量增长，产业结构的优化却对互联网金融发展反哺更多。总体来讲，互联网金融的创新与发展的格局已经基本确立，其不但会影响传统金融与经济发展，也会影响货币政策与监管的效果，更重要的是，还有助于推进金融机构风险管理水平和监管机构的监管水平。

3. 有关互联网金融风险与监管的研究

在互联网金融创新与发展中，风险与监管同在，因而对互联网金融的研究始终伴随着风险与监管的研究。黄文妍、段文奇①在卜强②、郭喜才③等学者的研究基础上，针对互联网金融的进步，从内涵与模式、风险、监管等维度进行了研究，更重要的是，提出要把握模式进步带来的对互联网金融的风险与监管的革新，强调系统风险和建立征信体制。法学界的许多奇④将社会网络分析方法运用于互联网金融风险分析，指出互联网金融风险在传统金融风险基础上，具有新的表现形式即"太多连接而不能倒"以及"太快而不能倒"，并得出结论：必须依靠信息共享与合作联动的监管主体，以先进的监管理念，凭借与基础风险源相匹配的监管原则，运用科技化的监管模式，建构互联网金融监管体系。此外，法学界的靳文辉⑤、彭冰⑥等专家学者对互联网金融监管中的其他核心问题择其一二进行系统分析，如必要性、原则、方法、体制、模式和组织设计、规则生成等。

4. 国内有关互联网金融企业（平台）与业务（产品）的研究

互联网金融企业（平台）与业务（产品）是互联网金融创新发

---

① 黄文妍，段文奇. 互联网金融：风险、监管与发展［J］. 上海经济研究，2015（8）：20-26.

② 卜强. 互联网金融风险与防控［J］. 中国金融，2014（17）：81.

③ 郭喜才. 互联网金融风险及其监管研究［J］. 江西社会科学，2015（7）：80-84.

④ 许多奇. 互联网金融风险的社会特性与监管创新［J］. 法学研究，2018（5）：20-39.

⑤ 靳文辉. 互联网金融监管组织设计的原理及框架［J］. 法学，2017（4）：39-50.

⑥ 彭冰. 反思互联网金融监管［J］. 金融博览，2018（12）：36-37.

展的基础，也是风险的潜在点，更是监管的重要对象，因而企业是互联网金融研究的重要主体。就互联网金融企业（平台）的研究而言，法学界的刘宪权①、李安安②等学者就其演进机制、交易违约、信息规制、刑事风险、内部控制、外部审计、信用评级等内容展开了深入研究；对于互联网金融业务（产品）而言，法学界的盛学军③、陈晓红④等学者对模式创新、会计处理、审计治理、投资风险、宏观审慎管理等内容展开了深入研究。

（三）国外互联网金融研究的整体概貌

国外有关互联网金融的研究，起初主要集中于电子金融领域，并对电子金融的现状、发展、创新、技术基础设施、行政和支持系统、资源、增长、影响、有效性、风险和挑战进行了系统完善的研究。值得注意的是，随着大数据、云计算、人工智能等信息通信技术的发展，相关研究逐渐从电子金融领域拓展到了金融科技领域，具体包括众筹、P2P 网络借贷、智能投顾以及基于区块链的数字货币、金融交易等新型互联网金融业态。

1. 电子金融的界定与技术运用

Franklin Allen，James McAndrews，Philip Strahan⑤ 将电子金融定义为"金融服务和市场使用电子通信和计算。电子金融活动包括所有类型的金融通过网络空间或其他公共网络（如网上银行）进行的活动、电子交易、各种金融产品和服务的提供和交付，如保险、抵押

---

① 刘宪权. 互联网金融平台的刑事风险及责任边界［J］. 环球法律评论，2016（5）：78-91.

② 李安安. 互联网金融平台的信息规制：工具、模式与法律变革［J］. 社会科学，2018（10）：99-107.

③ 盛学军，刘志伟. 证券式众筹：监管趋势与法律进路［J］. 北方法学，2015（4）：85-95.

④ 陈晓红，赖俊彬，赵翠翠，等. 基于访问深度的互联网金融产品投资风险偏好研究［J］. 中国软科学，2020（5）：130-148.

⑤ Franklin Allen，James McAndrews，Philip Strahan. E - Finance：A Introduction［J］. Journal of Financial Services Research，2002（22）：5-27.

和经纪业务"。Andrew Fight① 将电子金融界定为"所有与商业、金融和通过电子方式进行银行业务，包括信息收集、处理、检索和数据的传输以及商品和服务的传输、购买和出售。"United Nations Conference on Trade and Development② 将电子金融定义为"通过互联网（即线上）提供的金融服务。电子金融包括线上经纪、银行、保险和其他金融服务。互联网技术现已渗透到金融服务业的各个方面，包括零售批发、后台和前台，信息和交易"。Hakman A Wan③ 在《电子金融服务：技术与管理》专著中讨论了技术管理（ICT）以及技术在银行业、保险业、股票交易、电子支付和电子金融系统的应用。

2. 电子金融的功能与影响

Claessens. S. et. al④ 认为随着技术的进步，电子金融的出现为全世界的消费者提供了巨大的利益。他们还呼吁对四个方面的公共政策进行审查：安全与稳健、竞争政策、消费者和投资者保护以及全球公共政策。这些变化可以通过降低成本、提高广度和质量以及扩大获得金融服务的机会来加速金融业的发展。Claessens. S. et. al⑤ 继续分析了电子金融对不同金融体系的影响国家，以及新兴市场的跨越式发展机遇。特别重点介绍了金融部门发展模式，这些模式可以促进银行、资本市场、保险、住房金融和小额信贷领域来自工业化和发展中国家的创新应用。与之相反，Anthony Herbst⑥ 认为，电子金融的创新和发展总体上落后于电子商务。电子现金已跌跌撞撞，但未能实现其早

① Andrew Fight. E-Finance ［M］. American：Capstone Publishing, 2002：34-41.

② United Nations. E-Commerce and Development Report ［R］. New York Geneva, United Nations：2001.

③ Hakman A Wan. E-banking：technology and design ［M］. Oxford：Chandos, 2006：1-24.

④ Claessens S, Glaessner T, Klingebiel D. Electronic finance：reshaping the financial landscape around the world ［J］. Journal of Financial Services Research, 2002 (1-2)：29-61.

⑤ Claessens S, Glaessner T, Klingebiel D. . E-Finance in emerging markets：Is leapfrogging posssible? ［DB/OL］. http：//www. worldbank. org. 2001-07/2011-05-01.

⑥ Anthony F Herbst. E-finance ［J］. Global Finance Journal, 2001 (2)：205-215.

期承诺或当前的潜力。尽管电子商务和电子金融有所增长，但一些最初的承诺，如电子货币的增长尚未实现。他认为电子金融的增长仅仅是遗留系统的扩充以及新技术和价值主张的创新。Manuchehr Shahrokhi① 探讨了对 Internet 和 IT 技术在金融服务行业中的应用，梳理了电子商务和电子金融的发展及其对全球经济的影响。

3. 电子金融的细分领域

Allen, Franklin, et. al.② 专注于电子支付系统的使用，金融服务公司的运营以及金融市场的运营。提出了许多研究问题：纸质支票的广泛使用是否有效？互联网会从根本上改变金融服务业吗？为什么会这样？不同金融市场的市场微观结构变化有很大差异吗？Kolodinsky, et. al.③ 讨论了影响采用电子银行产品的因素，它们的相对优势，如兼容性、复杂性、简单性、可试用性、透明度、风险和产品参与性。他们认为，银行业在采用新技术方面相对滞后。Canard. S，Gouget. A④ 提出了一种离线可分割的电子现金方案，用户可以提取可分割的货币价值硬币，可将其打包并匿名消费，无法联系。他们介绍了一种安全标签的结构，该标签可保护诚实的用户，只有在对基于二叉树的协议作弊的情况下，才可以撤销匿名性结构而不使用受信任的第三方。这是第一个可分割的电子现金方案，提供完全的不可链接性和匿名性，而无须受信任的第三方。Manuchehr Shahrokhi⑤ 将电子金融部门划分为五类：企业对企业（B2B），企业对消费者（B2C）；消费者对消费

① Manuchehr Shahrokhi. Journal of Banking & Finance［M］. American：Wiley, 2008：365-398.

② Allen, Fraknlin, Ross Levine. Financial Structuer and Economic Growth：Cross-country ComParisons of BankS, Markets, and Development［M］. Cambridge：MITPress, 2002.

③ J. M. Kolodinsky, J. M. Hogarth, M. A. Hilgert. The Adoption of Electronic Banking Technologies by US Consumers［J］. International Journal of Bank Marketing, 2004,（22：）238-259.

④ Canard. S, Gouget. A. Divisible e-cash systems can be truly anonymous［M］. Berlin：Springer, 2007：482-497.

⑤ Manuchehr Shahrokhi. Journal of Banking & Finance［M］. American：Wiley, 2008：365-398.

者（C2C）；支持电子金融平台的技术基础设施；促进电子商务、电子金融功能和增长的全球机构和监管环境。

4. 电子金融的安全与监管

BrettF. Woods 重点讨论了电子现金转账、存款和支付以及在线购物的安全性，谁应对身份盗用和丢失负责。V. C. Joshi① 讨论了网络犯罪、安全和监管以及除了电子银行、电子交易和电子金融产品及其营销之外的其他问题。

5. 金融科技时代的电子金融

Philippon② 认为金融科技创新能够破坏现有的金融行业结构并模糊行业边界。Cynthia③ 在对 2010 年至 2018 年发表的 402 篇论文中的有影响力的出版物进行系统综述的基础上，确定了关于金融科技在两个应用领域的差距：众筹和区块链，并得出结论：在当前对金融科技的研究在理论基础有限的情况下是零散的；众筹和区块链可以被视为两项创新，可能会以不同的方式破坏传统的金融中介；众筹平台替代了传统的金融中介机构，并充当了新的中介机构，而没有消除中介的需要；类似于众筹，区块链还创建了新的中介机构；区块链固有的信任元素使区块链无须某些金融领域的中介机构，而并非全部。具体而言：

（1）从 P2P 网络借贷和股权众筹角度来讲，Schwienbacher, Larralde④ 指出，众筹可以看作现有的金融科技应用程序，可以删除金融

---

① Joshi, Vasant C. E-finance：log in to the future！［M］. American：Sage Publications, 2004：1-24.

② Thomas Philippon. The FinTech Opportunity. ［EB/OL］. http：//www. nber. org/papers/w22476.

③ Daniel Barben, Erik Fischer, Cynthia Selin, David H. Guston：Anticipatory Governance of Nanotechnology：Foresight, Engagement andIntegration. The Handbook of Science and Technology Studies ［M］. Cambridge：MIT Press, 2008：979-1000.

④ Schwienbacher, A., Larralde, B.. Crowdfunding of Small Entrepreneurial Ventures ［M］. The Oxford Handbook of Entrepreneurial Finance, Britain：Oxford University Press, 2012：369-391.

中介机构，股权和借贷众筹是提供金融资源的公开路径。Mollick① 提出，众筹是个人和团体使用互联网获取金融资源，而没有标准的金融中介机构。在基于网络的 P2P 借贷中，Duarte. et. al.② 主动根据 P2P 网络借贷站点检查信任问题，发现看起来更值得信任的借款人拥有较高的贷款资金筹集可能性。Michels③ 进一步指出，无法核实的信息披露会影响 P2P 网络借贷。Eric C. Chaffee，Geoffrey C. Rapp④ 分析了 Dodd-Frank 法规颁发后，P2P 这一网络借贷在监管上存在的问题，并在联邦与州的不同层面上研究了借贷平台当下的监管体制。Ge. et. al. 在 P2P 网络贷款的背景下进行了深入研究，其结果表明，借款人的社会信息不仅可以用于信用筛选，还可以用于减少违约和债务采集。

（2）从基于区块链的数字货币、金融交易等角度来讲，Fanning，Centers⑤ 指出借助区块链，用户能够验证和跟踪其比特币交易，并且区块中存储的信息能够用作信任元素，并且比特币交易信息永久记录在一个区块中，并将其添加到先前的交易信息中。Yoo 指出金融领域中应用的区块链正在扩展到结算，如汇款、证券和智能合约以及基于封闭的（私人）分布式账本的银行之间的支付。Mills. et. al⑥ 进一步明确区块链在支付、清算和结算（PCS）流程（如跨境支付以及交易

① Ethan Mollick. The Dynamics of Crowdfunding: Determinants of Success and Failure [J]. Journal of Business Venturing, 2014, (1): 1-16.

② Duarte J, Siegel S, Young L. Trust and Credit: the Role of Appearance in Peer-to-peer Lending [J]. The Review of Financial Studies, 2012, 25 (8): 2455-2484.

③ Michels J. Do Unverifiable Disclosures Matter? Evidence from peer-to-peer Lending [J]. Accounting Review, 2012 (4): 1385-1413.

④ E. C. Chaffee, Geoffrey C. Rapp. Regulating online peer-to-peer lending in the aftermath of dodd-frank: in search of an evolving regulatory regime for an evolving Industry [J]. Washington and Lee Law Review, 2012 (2), 485-534.

⑤ Fanning K, Centers D P. . Blockchain and its coming impact on financial services [J]. Journal of Corporate Accounting & Finance, 2016, 27 (5): 53-57.

⑥ Michael M, Mills S. The Missing Links in the Chains? Mutual Distributed Ledger (aka Blockchain) Standards [J]. Social Science Electronic Publishing, 2016, 8 (3): 11-15.

后的证券清算和结算）过程中面临的机遇和挑战。Scott. et. al 认为，区块链技术可能有助于发展寻求建立基于社交和团结的金融组织。Nowinski，Kozma① 指出，区块链技术可能以三种关键方式破坏现有的商业模式：通过对交易商品进行身份验证、脱媒和降低交易成本。除了对区块链的概念性理解，还研究了加密货币，加密货币是区块链技术在金融行业的原始应用。Badkar② 认为比特币是第一种去中心化的加密货币，但它并不是唯一的一种。截至 2018 年 5 月，已有 1800 多种加密货币规范。Buterin 指出与比特币区块链一样，以太坊区块链允许用户在对等网络上存储和转移以太坊，以太坊区块链可以授权智能合约和去中心化应用程序，这些应用程序必须使用以太币来支付以太坊平台提供的计算服务。

三、国内外互联网金融研究的评价与展望

（一）对既有代表性研究成果的综合分析评价

1. 对互联网金融研究内容的评价

既有互联网金融研究成果对互联网金融的模式与形态、创新与发展、风险与监管等展开了较为细致深入的研究。金融界学者侧重于互联网金融与传统金融互补、竞争关系以及风险的渗透交叉，互联网金融对金融深化、普惠金融、实体经济发展的推动，互联网对现行金融监管、货币政策的影响与冲击等的研究；法学界学者更侧重于互联网金融的规范与监管，具体包括监管的目的、原则、方法、模式，对非法吸收公众存款、集资诈骗等刑事法律风险等的研究较为深入。从整体上看，有关互联网金融的研究成果从宏观到微观、从形式到实质、理论到实践深入透彻。并且研究基本顺应互联网金融从萌芽发展到风

① Nowinskiw, Kozma. How can blockchain technology disrupt the existing business models [J]. Entrepreneurial Business and Economics Review，2017，5（3）：173-188.

② Badkar, Mamta. Fed's Bullard：Cryptocurrencies creating "non-uniform" currency in US [N]. Financial Times，2018-5-14（6）.

险暴露，再到专项整治的趋势，对互联网金融发展、监管机制的完善存在重要的理论与实践价值。

2. 对互联网金融研究观点的评价

既有成果在研究观点上可谓相对一致，充分肯定互联网金融创新对推进金融深化、普惠金融、金融民主化的重要意义，更重要的是系统性风险的防范。作为一种以信息科技为依托的新兴金融组织形态，互联网金融需要采取新的治理理念、价值、原则、规则，突出强调多中心治理理论、社会网络理论、公司协同理论在互联网治理中的运用。法学学者在肯定传统强制性法律规范的基础上，尤其强调互联网金融的软法治理，且在软法治理中，应充分发挥信息科技在互联网金融的作用，做到合规科技与监管科技的统一统合。从整体上看，有关互联网金融研究的观点，结合了互联网金融的独特性，突出了互联网金融的金融意义、经济意义和社会意义，在治理上做到了守成与创新的统一、强制与引导的统一、人工与智能的统一。

3. 对互联网金融研究范式的评价

既有成果在研究范式上做到了内容和方法的统一，事实、定义和定位的统合。就内容和方法的统一而言，部分学者从经济学、社会学和哲学等交叉学科的角度，提出互联网金融应以开放、共享、合作等为基础，结合一般均衡、边际效率分析、数理模型、可证伪等方法对互联网金融的价值、功能、风险等进行分析，做到了以内容确定方法、以方法分析内容的贯通。就事实、定义和定位的统合而言，部分学者梳理了互联网金融在实践中的形态、模式，并运用金融学的基础理论来界定互联网金融的金融本质，最后利用法学理论就互联网金融的合规合法进行评判，形成了规范与事实、理论与现实相结合的闭环。从整体上看，既有互联网金融研究，做到了研究范式上的规范与实证相统一、逻辑与历史相统一、抽象与具体相统一、还原论与整体论相统一。

（二）可进一步探讨、发展或突破的法学空间

1. 互联网金融法治体系构建的路径选择

互联网金融法治体系，究竟是融入现行立法、监管之中，还是另起炉灶？互联网金融监管研究虽备受重视，有关目的、原则、方法等的研究成果也十分丰富。但不无遗憾的是，既有研究并没有从现行金融监管体系出发，考察互联网金融的不同形态，并分别与传统金融形态进行比较分析，探明互联网金融立法模式的选择、监管体系的设计究竟是纳入现行金融法律规范、金融监管体系之中，还是创新性地专门制定建立起一个完整、独立的互联网金融监管体制机制。具言之：一是有关互联网金融的市场准入缺乏一个体系化的考量，究竟是采用备案、特许，还是核准，并没有得到深入研究；二是互联网金融的监管在中央与地方之间的权责配置缺乏理论的深入研究，并且也未对当下互联网金融监管中央与地方分权的不成功做出理论与实践上的评估；三是互联网金融监管体制机制究竟如何与传统金融监管体制机制进行衔接，更何况其中还掺杂着技术的成分，孰优孰劣，如何相互包容，不仅是互联网金融监管体制机制的问题，更是整个金融监管体制机制的问题；四是缺乏对互联网时代民间借贷、非法集资与传统民间借贷、非法集资的比较研究，传统非法集资问题尚未找到有效的治理路径，互联网时代的非法集资治理则更加困难，亟须深入研究，并且不少互联网金融的出现被冠以民间借贷的名义，实质已经不是民间借贷，此问题并没有得到学界的关注。

2. 互联网金融立法与既有法治体系的衔接

当前互联网金融立法的薄弱，尤其是形式上的不完备，乃至冲突，决定了互联网金融立法应结合立法理论和现行有关立法的法律规范来制定或修改。之所以说互联网金融立法的研究十分薄弱，是因为既有研究更关注具体性的实质内容，如互联网金融的内涵与外延、组织与形态等，而缺乏结合行政许可法、行政处罚法、行政强制法以及

立法法对互联网金融的市场准入、立法模式的系统深入研究。此外，互联网金融行业风险的出现往往被归咎于金融创新的先行与监管的滞后，事实上缺乏从商业银行法、证券法等金融法基本法律本身理念、价值、原则、规则的落后的角度展开。就此看来：一是结合一般性的宪法、宪法性法律、行政法和金融行业的基本法，展开对互联网金融立法的研究还存在非常大的研究空间；二是目前学界尚未对互联网金融领域已经颁行的部门规章、规范性文件进行系统梳理，总结其中的经验和吸取其中的教训，力争在实践层面建立互联网金融监管的系统性、层级化法律规范体系。

涉 ICO 项目犯罪行为的类型化
分析及发展趋势研判

杨灏研*

摘 要： 2021 年 9 月 24 日，央行等十部门联合发布《关于进一步防范和处置虚拟货币交易炒作风险的通知》，明确和强化了对于虚拟货币的刑事打击力度，同时提高了打击虚拟货币交易炒作力度。然而，虚拟货币 ICO 项目作为虚拟货币涉刑活动中最为典型的表现形式，近年来已经呈现出诸多变型，衍生出庞大的产业链，具有较强的隐蔽性和复杂性，给司法取证带来极大难度，也给司法审理过程中行为的定性和量刑带来诸多挑战。因此，从有效遏制打击和正确认定涉虚拟货币违法犯罪行为的角度出发，有必要对涉 ICO 项目犯罪行为的类型及特征进行客观全面的剖析，在此基础上对其未来发展趋势进行研判。

关键词： ICO 项目　虚拟货币　刑法

伴随着区块链技术与经济活动深度结合，打着区块链旗号的科技金融创新层出不穷，近年来金融市场炙手可热的虚拟货币便是其中之一。其中，比特币首开先河，在市场中风起云涌，获得了众多投资者的青睐。然而，随着比特币价格暴涨，不少违法犯罪分子以此作为噱

---

* 杨灏研，广东南国德赛律师事务所律师，研究方向：民商法。

头，将市场中衍生的虚拟货币 ICO 项目包装成金融创新的重要成果，迷惑、骗取社会公众投资。

ICO 全称为 Initial Coin Offering，更准确地应该称为 Initial Crypto-Token Offering，其中，Crypto-Token 的合意是加密代币，它是区块链技术的载体和应用产物。简单来说，ICO 与 IPO（首次公开募股）同属融资行为，两者本质区别在于 IPO 是为企业上市，而 ICO 融资的直接目的是为区块链技术项目筹措资金。ICO 行为的发展依托数字货币的产生，而数字货币又是在区块链技术的基础上被创造出来的。ICO 行为就是一种运用基于区块链技术产生的数字货币来进行项目融资的行为。ICO 的发行标的是加密代币，募集对象是不特定多数人手中的比特币等主流虚拟货币①。2017 年 9 月 4 日，央行等七部委发布了《关于防范代币发行融资风险的公告》，定性 ICO 筹资项目为非法金融活动，自禁令出台以来，大量 ICO 项目方为了躲避监管打击开始在海外设点，以更隐蔽、更具迷惑性的方式面向我国公众继续从事非法集资行为，趁着监管洼地肆无忌惮"收割韭菜"，洗劫投资者资金，严重扰乱我国金融秩序，甚至可能危及我国金融安全。2021 年 9 月《关于进一步防范和处置虚拟货币交易炒作风险的通知》的出台，更是明确了我国政府对虚拟货币相关一切活动都属于非法金融活动，且针对其中可能引发的一系列刑事犯罪风险进行了明确的提示和界定，旗帜鲜明地表示要严厉打击涉虚拟货币犯罪活动，包括非法经营、金融诈骗，利用虚拟货币事实的洗钱、赌博等犯罪活动和以虚拟货币为噱头的非法集资、传销等犯罪活动。自此，对 ICO 项目集资行为的定性已然明确，然而涉 ICO 项目的犯罪行为与其他虚拟货币犯罪行为相比，具有链条化和多元化两大趋势，不仅侦查取证难度大，对其一系列行为正确定罪量刑也成为当前我国各地司法机关应对

---

① 金璐，黄志华．区块链技术下 ICO 行为的风险研判及刑法规制［J］．北京理工大学学报（社会科学版），2020，22（6）．

虚拟货币相关犯罪行为的一大挑战。近年来，不少学者从 ICO 项目的本质及其发行的行为出发，尝试着对 ICO 项目所涉及的行为活动进行定性，探究 ICO 项目在发展过程中所可能侵犯的法益，但鉴于 ICO 项目的类型众多，运作模式时刻更新迭代，学者们难以进行有效的梳理及剖析。从有效遏制打击和正确认定涉虚拟货币违法犯罪行为的角度出发，有必要对 ICO 项目的不同类型和运作模式做深入研究和反思，在此基础上对涉 ICO 项目犯罪行为的罪名适用和共犯认定等虚拟货币涉刑案件中的焦点问题进行探讨，并进一步明确虚拟货币涉刑行为的刑法应对路径。

一、虚拟货币的发展沿革与 ICO 筹资项目的兴起

2009 年比特币（Bitcoin）的诞生，标志着虚拟货币作为一种现象级事件被载入史册。随着 2015 年相关技术的突破，世界范围内的虚拟货币的数量和交易情况开始出现爆炸式的增长。据 etherscan. io 网站的统计，在 2018 年 6 月 12 日，以太坊上的 ERC20 代币智能合约共计 90738 种，而到 2020 年 3 月 5 日已经迅速增至 245504 种。根据 etherscan. io 网站的统计，截至 2020 年 3 月 5 日，仅基于以太坊上的 ERC20 标准开发的虚拟货币就达到 24. 55 万种①。Coinmarketcap 网站跟踪的 318 家虚拟货币交易所在 2020 年 4 月 7 日的交易量为 1695 亿美元，甚至超过了中国沪深两市股票日交易量。由此可见，虚拟货币已然从一场私人货币的实验演化为一场蔚为壮观的社会实验。

短期内快速涌现的虚拟货币中有很大一部分属于 ICO 项目发行的代币。其中，首个明文记载的 ICO 发行代币是万事达币（MSC），它是在 Bitcointalk 论坛上发起众筹的，发布于 2013 年 6 月，是一种建立在比特币区块链上的传输协议，能够提供比特币协议层不能提供

---

① 吴云，朱玮. 虚拟货币：一场失败的私人货币社会实验？［J］. 金融监管研究，2020（6）.

的功能，它的发行成功募集了 5000 多个比特币。① 见证众多的 ICO 项目成功之后，无数 ICO 项目如雨后春笋般冒出来，也吸引了众多投资者参与，大多数投资者并不关注这些虚拟货币背后的创业公司和潜在的商业模式，甚至在对虚拟货币完全不了解的情况下，盲目投入，最终成为这场"割韭菜"的盛大活动的牺牲品。

二、涉 ICO 项目犯罪行为的模式剖析

ICO 项目所发行的代币没有政府信用做后盾，在自身流通的交易系统之外并无任何内在价值，其价值高低，取决于 ICO 项目团队为客户所营造的交易场景。② 因此，若能营造具有想象力且真实可行的交易场景，其所发行的代币就能因获得第三方大规模认同而获得价值，从而实现融资目的。也就是说，这不仅需要 ICO 项目方本身的号召力和信用度，更需要耗费大量人力、物力打造并持续更新拓展各类交易场景，倘若无公众支持支撑，代币的价值就是 0。ICO 项目的未来，如果没有数字货币生存的基础及环境，最终也将难以为继。

2017 年，我国媒体就频频曝出币圈"跑路潮"，超过 90%的 ICO 项目宣告失败，项目团队纷纷失联，投资者的钱也瞬间蒸发，极大地冲击着我国的金融市场秩序，甚至引发了大规模群体性事件，危及我国金融安全和社会安全。然而，ICO 项目所采取的商业模式尚属新生事物，学界与实务界对其具体情况了解并不全面，加之项目团队自始便有意采取多种措施逃避侦查，使得打击难度特别大。其中又以侦查取证难度最为突出，ICO 项目涉刑案件中主要证据都是电子数据，取证和保管的专业性要求极高，加之虚拟货币自身所具有的匿名性和无国界性，更是加大了追踪其轨迹的难度。以上种种都给司法实践中对

① 曾燕妮，张浩. ICO 发展现状及其监管问题研究［J］. 金融与经济，2018（3）.

② ［美］史蒂夫·霍夫曼，翟雨实. 需要监管的 ICO：科技金融还是泡沫？［J］. 中国经济报告，2017（11）.

涉 ICO 项目相关行为的定罪和量刑带来困难和挑战，在当前大力打击虚拟货币涉刑行为的政策大环境之下，更有必要对 ICO 项目的犯罪模式进行类型化分析，以便于司法实践中准确定性与精准量刑。

（一）构成诈骗罪

诈骗罪是指以非法占有为目的，使用虚构事实或者隐瞒真相的方法，骗取数额较大的公私财物的行为。认定诈骗罪的关键在于行为人是否实施了虚构事实、隐瞒真相的行为。目前，许多 ICO 项目打着区块链、数字货币等金融互联网科技的旗号，实施电信诈骗行为，若剥去其科技金融、数字货币的外衣，其行为模式跟传统诈骗犯罪并无太大区别，均是虚构传播虚假投资计划，承诺保本返息，引人注意后便以各种方式进行行骗。但随着 ICO 项目的升级迭代，不少 ICO 项目已经改变传统诈骗的空壳形式，通过落地投资计划中的部分场景，从而让投资者坚信项目是真实可靠的，在一定程度上影响了投资者对项目真伪的甄别，同时，当投资者产生损失后，也很难辨别是属于投资上的风险损失还是被诈骗的损失，加大了司法实务中对 ICO 项目涉嫌诈骗的认定难度。

2019 年，我国最大的虚拟币诈骗案的 Plus Token，以去中心化智能搬砖钱包为噱头，承诺用户投入虚拟货币 Plus Token 后，年收益可达 700%。就是这样一个如此明显的骗局，席卷全球 170 个国家，涉案人数达 300 万人，涉案金额达 200 亿元。不过，随着我国对 ICO 项目打击力度逐步加大，投资者对 ICO 项目的风险防范意识逐步提高，传统的涉诈骗的 ICO 项目已经没办法取得投资者的信任了，因此大部分 ICO 项目选择了转型，实实在在落地了其推行的投资计划中的场景，不断博取投资者的信任，最终在缜密的布局中尽享渔翁之利。综观 ICO 项目发行代币全过程，其通过承诺投资者在零风险的情况下享有显著超出基本金融规律的收益，但项目本身并不具备获得如此高收益的任何可能性，更有甚者连项目团队成员都是假冒的，这属于典型的虚构事实行为，完全符合诈骗罪的基本构成。① 但鉴于 ICO 项目本身具备投资属性，在损失尚未发生前，司法实践中很难去界定 ICO 项目在发行过程中是否涉嫌诈骗，因此，这也直接导致实务中很难对涉嫌诈骗罪的 ICO 项目进行有效打击。

（二）构成非法集资犯罪

非法集资类犯罪主要包含非法吸收公众存款罪和集资诈骗罪，该类犯罪存在"非法性""社会性""利诱性""公开性"四个特征。ICO 项目与非法集资行为存在众多共性，均以夸张高额的回报利诱、误导、骗取社会公众，以非法的形式向社会不特定人员集资。然而，涉 ICO 项目的非法集资行为是否成立，在我国是存在争议的，ICO 行为募集对象是各种数字货币，作为回报发行的代币也是数字货币，从行为模式上看，ICO 行为属于未经有关主管部门批准的归集数字货币从而用于兑换为可流通的法定货币的行为，与传统的非法集资行为有较大的差异。

目前，有观点认为 ICO 行为募集的并非可流通的法定货币，归集不具有法定性的数字货币的行为并不构成非法集资类犯罪。② 但考虑到数字货币在部分国家被认可为法定货币，也就是说，ICO 行为可通过外币兑换的方式，在被认可的国家进行兑换，再实现国际间的流通，从而光明正大地进入现实社会中发挥一般等价物的作用，因此，若单纯地因为数字货币在我国不被认可，将其从非法集资类犯罪中剥离并不妥当，在《刑法》尚未对 ICO 行为作出特别规定时，应当参照有关条款适用。

涉 ICO 项目的非法集资常用犯罪模型可概括为通过设立虚假或者无价值的 ICO 项目并发行代币，蛊惑公众将手上的比特币兑换成

---

① 荣幸. 法条竞合适用规则的实证考察——以诈骗罪与集资诈骗罪为视角 [J]. 广州市公安管理干部学院学报，2017，27（2）.

② 王冠. 基于区块链技术 ICO 行为之刑法规制 [J]. 东方法学，2019（3）.

代币，采用"以币换币"的方式吸收大量比特币，再将比特币兑换成市场中流通的法币，从而在环环相扣的模式中实现集资目的。2019年曾火爆币圈的 V-Dimension（VDS）币就是典型的涉 ICO 的非法集资项目，VDS 于 2019 年 3 月 13 日正式推出，凭借着"共振模式"吸引了圈内不少投资者关注。VDS 的"共振模式"，实际上是通过和比特币（有价值的数字货币）共振，将比特币转入 VDS 共振池后得到VDS 币，而且 VDS 采用的是倒金字塔的共振模式，也就是说，越早进入共振池的人能得到越多的 VDS，这使得众多投资者争先恐后入场，生怕比别人慢一步。同时，发起者还设置了彩票抽奖模式，承诺将池子中一半的比特币奖励给参与的投资者。在巨大的诱惑下，吸引了大量的投资者参与，这也使得 VDS 在短短两个月时间，涨幅4000%，从最初的 2 元涨到最高点 80 元，发起方也靠着 VDS 短时间内就募集到超过 3.5 万个比特币（换算价值超 10 亿元）。

除此之外，更有一些犯罪分子采用"俄罗斯套娃"的方式层层置换，通过多种数字货币层级兑换，形成多种数字货币池，等到合适的时机，不法分子再将以上的数字货币置换成有价值的数字货币，从而实现变现的目的。不过，实务中对涉 ICO 项目的非法集资犯罪进行定罪存在一定难度，涉 ICO 项目的非法集资犯罪所形成的"资金池"并非传统意义上的资金池，而更倾向于"商品池"，也就是说，违法犯罪分子非法吸收的并非正常在市场上流通的法币，而是一种基于公民自发认可并赋予其价值的商品。此外，ICO 项目所形成的"商品池"的整体价值呈现出一定的波动性，具体价值需以数字货币载体在特定时间段内在虚拟货币市场中的市值为准，而且正如上文所述，数字货币的价值是公民所赋予的，当丧失公民的信任后，整个"商品池"的价值就归为零，那么，集资行为就更难以界定和评判。涉 ICO 项目的非法集资犯罪与传统非法集资犯罪存在明显的差异，若不梳理清楚涉 ICO 项目的非法集资犯罪运作模式与传统非法集资犯罪之间的共性和差异，这也将导致该类犯罪在罪名适用和量刑界定上有着巨大的挑战和阻碍。①

（三）构成组织、领导传销罪

组织、领导传销活动罪，是指以推销商品或提供服务等经营活动为名，要求参加者以缴纳费用或者购买商品、服务等方式获得加入资格。并按照一定顺序组成层级，直接或者间接以发展人员的数量作为计酬或者返利依据，引诱、胁迫参加者继续发展他人参加，骗取财物，扰乱经济与社会秩序的传销活动。根据《最高人民检察院、公安部刑事案件立案追诉标准规定（二）》的规定，以组织、领导传销活动罪立案追诉的，要求涉嫌组织、领导的传销活动人员在三十人以上且层级在三级以上。这也是传销类犯罪与其他类似涉众、涉网融资行为的最大区别②。

ICO项目运行的基础是区块链，但区块链本身的激励机制却极易发展成为传销模式。在区块链的运行模式里，矿工进行挖矿，虚拟货币就是对其的奖励，而所得的虚拟货币是需要参与者形成共识后才拥有价值，也就是说参与者越多，虚拟货币的共识越大，价值也就越高。因此，不断拉拢新的成员加入，所形成的共识就越大，再加上虚拟货币的数量是有限的，一开始获得虚拟货币的矿工就能获得更大的收益。如上所述，区块链的激励机制与传销模式中拉人头的行为极为相似，这也导致ICO项目成了组织、领导传销罪的"温床"。

2017年，号称"中国金融建筑第一期虚拟资产工程项目"的GRDC就是典型的传销币。其以"中国人民币加入国际货币资金组织货币篮子"作为噱头，杜撰谎言，声称国家发行中国第一期虚拟资产储备数字货币，吸引众多投资者关注。GRDC与传统传销组织不

---

① 朱博慧. 互联网金融的刑法规制问题研究［D］. 长沙：湖南大学，2017.
② 虞思明，李俊杰. 区块链虚拟货币合规风险及刑事实务认定［J］. 上海法学研究，2021（7）.

同，其不限制参与者的人身自由，而是通过微信群等线上方式管理和组织参与者，并通过视频、音频等方式在全国范围内发展会员，诱导参与者缴纳会费获得会员资格。其为参与者配送了 GRDC 币和股权，推行"四大收益、三大奖励"的层级奖励机制，诱导参与者主动拉人头、发展下线，从而获取人头费和所谓的"会员费"。GRDC 的入会收费和等级收益等行为，符合传销行为中的"按一定顺序组成层级"和"引诱他人发展下线"的认定标准，其所涉及的传销人员也远远超过 30 人。同时，涉案的 GRDC 币也为无价值的传销币，不具备所谓的投资价值，而是为了发起方牟利的工具，基本符合组织、领导传销罪的犯罪构成。与 GRDC 一并被认定为涉传销模式的 ICO 项目还有亚盾币、天合币等，其均是要求参与者以缴纳会费或者购买代币等方式获取会员资格，并形成森严的下线发展层级，直接或者间接以发展人员的数量作为计酬或者返利依据，引诱参加者继续发展他人参加，从而实现谋取暴利的目标。①

近些年，ICO 传销项目确实越演越热，荼毒众多的投资者。笔者在中国裁判文书网上检索"ICO 项目""传销""刑事"等关键词，发现 2018 年至 2020 年，涉 ICO 项目的传销类案件正以惊人的速度增加，且受害者以基层地区及中老年群体为主，ICO 项目利用我国国民对知识及社会变化的认知能力不足，骗取他人财物，扰乱经济与社会秩序。

三、涉 ICO 项目犯罪行为的迭代升级与变型

犯罪形态在不同的社会环境中会迭代升级，犯罪行为在社会发展过程中随时都在发生"适应性变型"，不断呈现新的模式及形态，这给法治带来巨大的挑战。为遏制涉 ICO 项目的新型犯罪行为的持续

---

① 王擘，刘玉贤．公安机关侦办网络传销刑事案件的难点分析［J］．安徽警官职业学院学报，2019，18（5）．

蔓延、发酵，我国于 2017 年就明令禁止 ICO 项目在国内发行，然而许多 ICO 项目团队见招拆招，选择"出海"设点，并针对监管措施灵活应对，在原有犯罪形式的基础上迭代升级，继续针对我国公众进行项目发行，给社会秩序埋下极大隐患。当前，ICO 项目在我国的活动越发猖獗，呈现出两个非常明显的发展趋势：一个是犯罪行为链条化；一个是犯罪形态多元化。前者以 ICO 项目为中心衍生出越来越完整的产业链，形成庞大的黑灰产业，最终呈现出来的 ICO 项目已经是其末端成果，仅针对末端成果进行控制和打击显然无法有效防控其社会危害性。后者则意味着 ICO 项目从形态进行升级及变型，以IEO（Initial Exchange Offerings）全新形态出现，但实则"换汤不换药"，仅是采用新的概念重复 ICO 项目运行逻辑。

（一）涉 ICO 项目犯罪呈现出链条化趋势

随着我国打击力度加大，很多 ICO 项目团队藏身境外，但为了继续在国内实施其犯罪行为，便催生了一系列"递刀者"，即为其提供各类帮助的行为，久而久之，便形成了繁复的产业链。

1. ICO 项目的设计和包装

在 ICO 项目发行之前，需要对其进行必要的设计和包装，以白皮书的形式呈现出来，它本来是创业团队向潜在投资者介绍其商业模式以期能够获得支持的重要文件。但在这个产业链上，甚至可以 500 元的低价获得，这些白皮书多为仿制品，根本没有任何技术含量可言。可以被仿制的不仅是白皮书，还包括任何 ICO 项目的网站；仿制的不仅是官网页面，还包括"钱包""区块链浏览器""众筹技术"等一系列代码。有了白皮书、官网之后，还需要项目的源代码，只需要支付几万元便可以在源代码库里找到与自己项目近似的代码，稍作修改便可以顺利使用，至此，一个完整的 ICO 项目便出炉了。

2. ICO 项目上市前私募阶段

ICO 项目在进入交易所挂牌发行之前，有一个私募阶段，若这一阶段能够获得相对充足的支持，对于日后上交易所的融资也会更有说服力。在这一阶段的产业链上最重要的便是介绍人。币圈是一个相对封闭的圈子，加之 ICO 项目所发行的代币本身不具有任何价值，因此需要一定经验和号召力的人作为介绍人，或者说是"代言人"。在 ICO 项目上市前，介绍人一方面将 ICO 项目精准推荐给特定的出资人，另一方面激励无数潜在的投资人对代币价值形成认同从而愿意投资。这便是一个利益分配的过程，ICO 项目团队与介绍人达成利益分配共识后，一般是获得一定比例该项目所发行的初始代币和一定数量的比特币，继而才会有后续的合作。

3. 在虚拟货币交易平台上市

ICO 项目要大规模"收割韭菜"取决于能否在这些交易平台上市并吸引到足够的关注。交易平台掌握着资金情况、大盘涨跌、配资杠杆等核心信息和技术，因此，ICO 项目团队的暗箱操作必须得到交易平台的配合，否则无法完成控盘及出圈。不仅如此，交易平台的管理者能够在关键时刻删除、篡改各项相关操作记录，抹去大盘中异常的操盘记录，这也导致电子化的犯罪证据难以寻觅，对案件的取证、认定都造成不同程度的障碍和难度。由此可见，交易平台的帮助对 ICO 项目融资的成败举足轻重。

交易平台的影响力极大，拥有强势的地位，在犯罪利益的分配上也占了很大一部分。最初在交易所挂牌上市需要缴纳"上币费"；若要保持所发行的代币在交易所的排名，又要缴纳"刷票费"和"流动管理费"；也就是说，交易平台所提供的种种"服务"，都可获取高昂的费用，显而易见，交易平台对于 ICO 项目方是不可分割的合作伙伴。

以上产业链不同节点的种种行为都可以被定性为对涉 ICO 项目犯罪行为的帮助行为。传统法律观念认为帮助行为的危害性总体小于实行行为，毕竟"递刀者"并非最终的"挥刀者"，也因此刑法明确规定了帮助犯、从犯应当比照主犯酌减量刑。但面对围绕 ICO 项目而发展形成的这一庞大的产业链,面对这一犯罪行为日益明显的链条化趋势,有必要及时调整当前的刑事政策和实务应对方式,重新定位和审视涉 ICO 项目犯罪中的各类帮助行为并做出符合社会实际情况的定性和量刑。尤其是当 ICO 项目团队鉴于严厉的监管措施纷纷"出境"后却依然能够继续在我国境内影响社会公众,危害我国金融秩序,这与境内庞大的产业链密不可分,在这一趋势下,行政监管和刑法打击的重点应当转向链条上的各个主体,斩断链条才能根治 ICO 项目在我国境内反复的"卷土重来"。

(二) 涉 ICO 项目的犯罪场景更新演变速度快

2017 年 9 月 4 日,中国人民银行、中央网信办、工业和信息化部、工商总局、银监会、证监会和保监会七部门联合发布《关于防范代币发行融资风险的公告》,正式对 ICO 采取了全面禁令。然而,禁令的颁布并不能彻底铲除 ICO 项目的生存土壤,部分 ICO 项目团队开始将阵地转向国内香港地区以及包括新加坡、澳洲、美国等在内的海外地区。

为有效打击 ICO 项目的违法违规行为,我国已加强对 ICO 项目的监管与整治,ICO 犯罪行为更新变化的速度很快,即便当前我国立法明令禁止,监管部门严厉打击,司法机关绝不姑息,取得了显著效果。但是涉 ICO 项目的犯罪行为却也在不断"进化",积极寻求"应对"监管打击的有效途径,在这个过程中最常见的应对方式便是在保留 ICO 的犯罪内核的基础上进行犯罪场景的变换和包装,于是便出现了 IEO 和元宇宙下背景下的 ICO 犯罪行为。

随着中国禁令的打压力度加大,为应对市场对 ICO 的质疑,其项目团队研发了 IEO 项目的替代方案,试图以"老酒装新瓶"的方式让 ICO 项目重焕生机,涉 ICO 项目的犯罪形态正式演化成全新的 IEO 项目。IEO 是 Initial Exchange Offerings 的缩写,即首次交易发行,是以交易所作为核心的代币发行机制，如币安的 BNB、火币的 HT、OKEx 的 OKB 的发行。由交易所发行的代币称为"平台币"，除了早期私募是由机构参与外，往后的公募和上线交易都在同一个交易所完成。相较于 ICO 项目而言，IEO 以交易所作为信用背书，项目的真实性和可发展性均有所保障，原先投资者需要考量的因素，包括项目白皮书、团队、代码、社区、募资情况等因素全部转移给了交易所，IEO 无疑是一种更安全、高效、可信的投资选择。

IEO 项目拥有诸多优势，但若细究 IEO 项目的性质和特质，不难发现，IEO 与 ICO 并没有本质的区别。IEO 是交易平台的积分系统，属于中心化的数字货币，仅能在发行的交易平台中交易，不能跨平台交易，也无法提现到投资者的钱包中，简言之，IEO 只是换了币种的ICO，其运营流程和玩法大同小异。业内人士曾指出："IEO 是一种"花钱买用户，项目方和投资人和媒体陪着玩"的游戏，IEO 这种既当'运动员'又当'裁判员'的玩法，迟早是要出问题的。"2019 年，一个名为 Yescoin（YES）的 IEO 项目就揭开了 IEO 的遮羞布，为投资者诠释了交易所与项目方携手打造的"联合收割机"的强势，在短短三个月内就完成了从发币、收割到跑路的全过程。Yescoin 发行的代币 YES，与众多交易所发行的代币类似，同样具备"持币分红"功能。Yescoin 白皮书明确承诺，该平台 95% 的收益，都会返还给 YES 的持有者。同时，为了带动 YES，Yescoin 曾经开启了三轮"IEO"，YES 的涨幅最高超过了 10 倍。2019 年 4 月 14 日，Yescoin 正式暴露其收割机的面目，关闭了用户的提现功能，随后在 Yescoin 平台的私募资金中，有 90% 以上都被转移至其他交易所，Yescoin 完成收割并跑路，Yescoin 成为众多投资者心中的噩梦。① 从 ICO 演化为 IEO，仅是犯罪形态的升级和变型，并未改变其实际的运行逻辑和

---

① 林侃，操群，陈哲立. 国际视角下虚拟货币与代币发行融资的法律监管与风险防范 [J]. 清华金融评论，2019（5）.

犯罪手段。同时 IEO 引发了核心权力向交易所的转移，为项目团队提供了绝对的优势地位，高度控制代币销售情况，损害项目方和二级市场投资者的利益。

近两年"元宇宙"概念大火，市场中就出现了众多标注着"元宇宙"概念的 ICO 项目，ICO 项目方通过"元宇宙"概念包装，有效应对市场的质疑，成功蛊惑了众多投资者入局，在概念炒作下赚得盆满钵满。显然，ICO 项目隐蔽性强且极具多变性，在监管部门的禁令下很可能导致 ICO 项目朝着更加隐蔽、不可控的方向发展，最终 ICO 项目必将失去原本可能存在的价值潜力，彻底沦为法律影子里不受市场管控的犯罪团伙猎财工具，为我国经济发展、金融安全埋下较大隐患。

综上所述，由涉 ICO 项目犯罪行为的类型化分析及其趋势可见，虽然当前针对此类犯罪行为进行打击的立法依据明确，执法司法力度很大，也取得了显著的打击效果，但是 ICO 项目的产业链已经形成，且具有较强的隐蔽性和复杂性，绝不是全面禁止就能云消雾散。因此，要想彻底管控涉 ICO 项目犯罪行为，应当让 ICO 项目浮出水面，才能精准打击，有的放矢，否则在敌暗我明情况之下难以发现 ICO 项目的形态与轨迹，难以取得管控 ICO 项目的效果。同时，正如上文所述，ICO 项目迭代升级之快，应当结合涉 ICO 项目犯罪行为的类型及特征进行客观全面的剖析，在此基础上对其未来发展趋势进行研判，实现从存在的维度跨越到发展的维度解决难题。涉 ICO 项目的犯罪行为仍在持续发生，ICO 项目的管控之路还很远，希望本文对 ICO 项目涉刑行为的分析能够为司法实践中对其正确定罪量刑提供一点有益的参考。

第二专题　证券法治

比较视域下的卖空信息披露法律规制

于朝印 *

摘　要： 卖空信息披露是卖空法律规制的重要手段之一。横向来看，卖空信息披露有空头报告与卖空标示两种模式，两种模式具有各自的优势与不足。纵向来看，卖空信息披露与传统证券信息披露存在信息披露目标、信息披露原则与信息披露机制等几个方面的差异。我国卖空信息披露制度应在实证研究的基础上探索有无必要建立大额空头申报制度与卖空标示制度。

关键词： 卖空　信息披露　规制　比较

从历史的维度来看，卖空的历史与商品市场一样古老，因为只要存在集中的市场，商人就会有对冲风险和在价格上投机。[1] 以是否进行融券划分，卖空分为融券卖空和裸卖空。融券卖空（covered short selling）是指投资者在卖出证券前已经签订借入券协议；如果事先没有融入证券，则为裸卖空（naked short selling），就是某人卖出其并不拥有的股票并且在交易时还没有订立买入股票协议的交易。[2] 相较

＊　于朝印，山东财经大学法学院教授，法学博士，研究方向：金融法、信托法。

[1]　[美]凯思琳·F. 斯泰莱. 卖空的艺术 [M]. 崔世春译，上海：上海财经大学出版社，2002：302.

[2]　Report on Transparency of Short Selling, IOSCO Report, June 2003, pp. 3–4.

于融券卖空来说，裸卖空容易导致市场滥用，许多国家和地区都予以禁止或严格限制。从卖空者的角度来看，通过卖空可以实现看跌求利，反向自保与锁利避税的功能;① 从卖空的市场功能分析，它具有稳定市场、价格发现、提供流动性的功能,② 但在金融市场监管不完善的情况下也会出现卖空机制被滥用的情形，从而导致操纵价格、过度投机以及特定情形下加剧投资者恐慌等不利于市场的弊端。从交易角度来看，数据表明，卖空在市场交易中的份额也不是无足轻重，在2005 年，卖空占到纽约证券交易所交易量的 24%、纳斯达克交易市场交易量的 30%多。③

卖空所具有的双刃剑式的特征使其成为法律规制的对象，卖空法律规制的历史几乎与卖空的历史一样长。各国对卖空风险所采取的监管应对措施存在不少的差异。一些国家对卖空并没有采取特定的控制措施，只是间接地通过清算规则、交易保证金、异常波动停止交易等类似措施进行控制。另外一些国家则对卖空过程施加了不同形式与程度的控制。然而，可以对卖空干预还是不干预的监管决定进行解释的任何特定市场的微观结构特征则是不易确定的。例如，在美国竞卖市场和自营市场中适用的价格控制措施在欧洲则不适用。总体来看，欧洲国家对卖空实施控制较少，而北美与亚洲国家实施的控制则较多。④ 然而，最近的研究却使人怀疑卖空的规制措施的合理性，如有研究认为，多头，包括交易商与投资人在股价剧烈波动期间卖出其拥有的股票是导致股票价格下跌的主要原因,⑤ FSA 的研究则表明，其

① 郭亚夫，庞忠甲，等.美国证券市场导览［M］.上海：学林出版社，2003：114.
② 廖士光，杨朝军.海外证券市场卖空交易机制基本功能研究［J］.外国经济与管理，2005（3）：40.
③ Diether, Karl B., Kuan-Hui Lee et. al. "Can Short Sellers Predict Returns? Daily Evidence", Working Paper, The Ohio State University, 2007.
④ Report on Transparency of Short Selling, IOSCO Report, June 2003, p. 9.
⑤ Office of Economic Analysis, Analysis of A Short Sale Price Test Using Interaday Quote And Trade Data, Dec. 17, 2008.

卖空禁令带来的积极作用有限，并且对流动性带来负面影响。①

信息披露作为一种重要的卖空法律规制手段，如同其他的规制手段一样，在金融危机前后发生了明显变化，通过对各种具体信息披露制度的梳理，以期发现对卖空信息披露制度的全面的合理评价。

一、信息披露是重要的卖空规制手段

尤金·法玛认为，有效市场就是价格能全面反映所有有效信息的市场。② 从一定意义上说，尤金·法玛的有效市场应当是建立在有效信息的基础上，虽然不能说信息的有效性决定着市场的有效性，但是有效信息却是构成有效市场的基础性条件。但是，作为与不完全竞争、外部性并列的市场失灵现象，信息不完全是资本市场中普遍存在的现象，它也为证券市场中的信息披露制度作了必要性与合理性的解释。

在证券市场中，证券产品的特征要求证券的有关信息得到充分与均匀的分布，使所有的市场参与者能同时得到同质同量的信息，从而形成均衡的证券价格。要实现这一目标就必须建立完善的信息披露制度。保护投资者是证券监管的首要目标，而对投资者决策有重要影响的信息的全面披露是对投资者保护最重要的方式，由此，投资者可以更好地评估其投资的潜在风险与回报从而来保护其利益。③

具体到卖空信息披露，首先，一如 IOSCO 所指出的，卖空或证券借贷的披露（或至少他们向监管者的报告）是进一步减少风险的工具。④ 其次，IOSCO 新兴市场委员会在 1997 年发表的文章中指出，

---

① FSA, Disclosure Paper, 09/1, Short Selling, Annes 2, February 2009.

② Eugene F. Fama. Efficient Capital Markets: A Review of Theory and Empirical Work, Journal of Finance, 1970, 25 (2), p. 383.

③ Objectives and Principles of Securities Regulation, IOSCO Report, Feburary 2008, p. 4.

④ Objectives and Principles of Securities Regulation, 13. 11. 3, IOSCO Report, Feburay 2008.

为防止卖空可能用于操纵目的，监管者应当通过定期披露向公众公开市场中卖空行为水平，提供尽可能多的市场透明度，因此，其效果就可以预期，并且在市场条件下所导致的变化就可以全面理解。信息对于市场参与者的市场交易决定来说也是重要的依据。① 因此，卖空的信息披露可以减少风险、增加市场的透明度，也可以在很大程度上防止操纵市场等市场滥用等情况发生，维护正常的市场秩序。

信息披露是证券监管制度的核心，建立合理的卖空信息披露制度是有效监管卖空交易的基础，是维护正常的证券市场秩序的必备手段。

二、横向维度的卖空信息披露比较

总体来说，卖空信息披露通常使用两种模式：空头报告（short positions reporting）模式和卖空标示模式（flagging of short sales②）。③

（一）空头报告

空头报告是指空头信息披露的义务主体按规定的程序在规定的时间内将有关空头信息进行申报或公开的行为。

证券市场监管部门在设计空头报告机制时通常会涉及下列事项：报告的义务主体以及报告的接收主体、报告的内容、报告的频率、报告的触发水平（trigger level）等内容。

1. 空头信息披露的义务人

空头信息披露的义务人是指对空头信息负有报告或披露义务的主体。在证券市场中，不同的群体为了不同的目的而进行卖空操作。专业证券商、做市商、第三市场经纪人为了提供市场流动性而卖空；套

---

① Short Selling and Securites Lending：Issues for Consideration, IOSCO Emerging Markets Committee Report, May 1997.
② 此处用"flagging"一词，是指该模式要求在经纪人向证券交易设施或替代交易设施发出的每一卖空执行指令都要进行卖空标明。
③ Regulation of Short Selling, IOSCO Consultation Report, March 2009, p. 13.

利者为盈利而卖空；机构、基金经理和个人投资者在价格下跌时为投机而卖空。① 在立法实践中，对空头信息披露的义务人的确定通常有两种做法：一种是以空头的持有人作为信息披露义务人，另一种是以经纪人作为信息披露义务人。

香港自 2012 年 6 月 18 日起实施的《证券及期货（淡仓申报）规则》（以下简称《淡仓申报规则》）第 3 条规定，任何持有空仓达到规定限额的人负有申报义务。② 在澳大利亚，如果投资者进行交易并在报告日的下午 7 点持有空头，他就必须在空头发生后的三个报告日后的上午 9 点直接向 ASIC 报告。在美国，投资者应当根据 SHO 条例向经纪人报告指令标明（order marking）信息；机构投资者根据 10a-3T 规则每周不公开向 SEC 报告空头信息，这些信息是不公开的。美国金融业监管局③（Financial Industry Regulatory Authority，FINRA）的 4560 规则要求每个成员保留所有消费者、公司业主账户中所有权益证券的空头记录，并定期向 FINRA 报告。另外，成员公司应当根据指令审核跟踪系统（Order Audit Trail System，OATS）规则对纳斯达克上市的证券、根据指令跟踪系统（Order Tracking System，OTS）对纽约证券交易所上市的证券进行记录并分别向 FINRA 和纽约证券交易所报告详细信息。2012 年 3 月公布、11 月 1 日在欧盟境内直接实施的《卖空与信用违约掉期某些问题的欧盟条例》（EU *Regulation*

---

① ［美］凯思琳·F. 斯泰莱. 卖空的艺术［M］. 崔世春译，上海：上海财经大学出版社，2002：4-5.

② 在集团结构（group structure）下，证监会采取了与英国、澳大利亚相似的立场，要求集团结构中的每个法律实体进行空头报告。对于基金，每一基金都负有报告义务，由基金经理以基金的名义进行汇报，但基金经理没有必要对其所管理的基金的空头进行汇总报告。参见 SFC：Consulation on Securities and Futures（Short Position Reporting）Rules，May 2011，p. 2.

③ 美国金融业监管局（Financial Industry Regulatory Authority，FINRA）是美国最大证券业自律监管机构，由美国证券商协会（NASD）与纽约证券交易所中有关会员监管、执行和仲裁的部门于 2007 年 7 月 30 日合并而成，主要负责证券交易商于柜台交易市场的行为以及投资银行的运作，监管对象主要包括 5,100 家经纪公司和 66.5 万名注册证券代表。

on Short Selling and Certain Aspects of Credit Default Swaps)①（以下简称
《欧盟条例》）规定，该条例中规定的通知（notification）与披露
（public disclosure）义务人是定居于或设立于欧盟境内或第三国并且
持有公司已发行的可以在交易场所交易的股份、主权债务、无担保信
用违约掉期的自然人或法人。

IOSCO 技术委员会认为，由空头的持有人来进行报告较为有利，
但是这在某些国家或地区并不可行，因为市场权力部门缺乏要求所有
最终持有人报告的规制权力，如离岸投资人。② 然而，管理基金协会
（Managed Fund Association，MFA）在对 IOSCO 的《卖空规制》报告
进行的公开评论中却持不同意见，该机构认为，相较于单个的投资者
报告，由一级经纪人与结算经纪人进行报告能向规制者提供更多有用
的、全面的卖空信息，能使规制者更好地识别并回应任何潜在的卖空
行为，从而更好地实现规制者的政策关注。③

2. 报告的内容

报告的内容是指报告义务人应当就哪些事项向监管者进行报告。
其实在特定国家或地区的证券市场上卖空的对象是不同的，这也就决
定了卖空报告在内容上存在差异。最常见的卖空对象是证券市场规定
的可以卖空的股票，但是近年来，金融创新飞速发展，除了股票，还
有很多的金融衍生品也成为市场参与者的卖空对象。

《欧盟条例》规定，通知或披露义务人持有的股票、主权债务空
头或无担保信用违约掉期的头寸达到规定的比例应当进行相应的通知
或披露；美国的 SHO 条例中所说的证券实际上是广义的证券，是包

---

① Official Journal of the European Union, March 24, 2012. http：//eur-lex. europa. eu/
LexUriServ/LexUriServ. do? uri=OJ：L：2012：86：1：24：EN：PDF.

② Regulation of Short Selling, IOSCO Consultation Report, March 2009, p. 16.

③ Stuart J. Kaswell, John G. Gaine. Public Comment on Regulation of Short Selling,
p. 9. http：//www. managedfunds. org/downloads/MFA% 20Comments% 20to% 20Short% 20Selling
%20Consultation%20Report. pdf.

括股份、期权与证券期货在内的广义证券；而香港的《淡仓申报规则》则是针对在证券交易所上市的法团股份，因为场外交易产生的空头以及因为运用衍生品所产生的空头则被排除在报告之外。

面对卖空对象多样化，卖空报告该如何设计是个很复杂的问题，如果要求报告中包括衍生品，那么报告的要求会更复杂。IOSCO 技术委员会认为，空头报告如果排除衍生品可能就不全面，但如果包含权益股和衍生品则可能会相当复杂，并且会由于重复计算的可能性导致对信息的解读带来挑战。① 有评论明确指出，向规制者报告的空头信息应当排除合成空头，如没有创造或扩大市场空头的场外衍生品，如果报告了没有创造或扩大市场空头的场外衍生品就可能会对其造成误导。②

另外，卖空报告无论是建立在空头净额基础上还是建立在总额基础上也是个容易引发争议的问题。在有的市场中，要求报告总卖空头寸，而有的市场则要求报告未平仓的空头头寸净额。③

3. 报告的触发水平（trigger level）以及报告的频率（frequency）

金融危机中，英国 FSA 规定持有英国规定的金融机构普通股0.25%以上的空头净额时应当每日向英国的交易所进行披露。一旦超过 0.25%，空头每发生 0.1%的变动都应当进行进一步的披露。如果一个人所持有的空头跌落到 0.25%以下，必须进行披露。2010 年 7月，英国的金融服务局（FSA）公布其 10/18 号咨询文件。其中，提出了非公开披露（private disclosure）与公开披露（public disclosure）的标准。持有一个公司股份净空头达到该公司已发行股本的 0.2%时应当向规制者进行非公开披露。任何 0.2%以上的 0.1%的增加与减

---

① Regulation of Short Selling, IOSCO Consultation Report, March 2009, p. 14.

② Tuart J. Kaswell, John G. Gaine. Public Comment on Regulation of Short Selling, p. 13. http://www.managedfunds.org/downloads/MFA%20Comments%20to%20Short%20Selling%20Consultation%20Report.pdf.

③ Regulation of Short Selling, IOSCO Consultation Report, March 2009, p. 14.

少都会引发进一步的披露义务。公开披露是指持有一个公司净空头达到该公司已发行股本的 0.5%时应当向市场与规制者进行公开披露。任何 0.5%以上的 0.1%的增加与减少都会引发进一步的披露义务，如果卖空者的净空头份额跌落到 0.5%以下，只需要进行最终的跌落披露。① 欧洲议会已在 2011 年 11 月进行了一读所采用的最终文本也采用了类似立场，② 在内容上，欧盟条例采用的是向有关权力部门的通知义务与向市场公开披露义务的立场。

香港地区《淡仓申报规则》规定任何人所持有的任何指明股份的淡仓净值，等于或高于规定的下限额，该人即属持有该等股份的须申报淡仓。下限额有两个标准，一个是 3,000 万美元，另一个是达到有关的法团已发行的指明股份的总数价值的 0.02%，即指明股份的指明收市价与截至在申报日证券交易所交易时间结束时，该法团已发行的指明股份的总数之积。持有人在申报日达到下限额中的较低者就负有申报义务。

澳大利亚规定，如果在申报日的晚上 7 点，空头的价值超过100000 澳元，并且占到已发行证券的 0.01%及以上，持有人就负有向 ASIC 的报告义务。

从报告的频率上来看，各国的规定也不尽一致。在美国，机构投资者根据 10a-3T 规则每周一次不公开向 SEC 报告空头信息，美国FINRA 4560 规则要求每个成员保留所有消费者、公司业主账户中所

---

① http：//www. srz. com/files/News/78f466ac-d1cc-4878-9811-08919e23c9e0/Presen-tation/NewsAttachment/e2adbb32-6ca4-4832-ab03-0eddf6550ecf/080510_FSA_Recasts_and_Revises_UK_Rules_on_Short_Selling. pdf，另外，FSA 在 10/18 号文件中还指出，与普通权益股（Rights Issue）相关的卖空信息披露机制以及与英国金融业股票相关的卖空信息披露机制都不是固定不变的，两种机制最终都会被由欧洲证券规制委员会（Committee of European Securities Regulators，CESR）提议的泛欧卖空机制所取代。CESR 提议的机制涉及在欧盟经济区（European Economic Area，EEA）可以交易的所有股票的重要单个净空头的双层披露机制。

② http：//www. fsa. gov. uk/static/pages/about/what/international/pdf/short-selling-regu-lation. pdf.

有权益证券的空头记录，每月两次向 FINRA 报告。2007 年 3 月，SEC 批准了 FINRA 3360 规则的修改，该规则提高了卖空股份总额报告的频率，从月报提高到了一月两报。① 金融危机中，荷兰金融市场局（Authority for the Financial Markets，AFM）要求净空头超过股票市场中股票资本价值的 0.25% 时，应当每日向 AFM 进行披露。

IOSCO 技术委员会认为，为了有效，空头报告应当及时，报告在切实可行的前提下应尽可能迅速，并且鼓励市场监管部门留意空头产生以后到报告这期间的时滞。然而，技术委员会认为，向市场与/或市场权力部门报告的频率及报告的时间安排应当由每个国家基于其空头报告的目标来确定。②

在考量报告的适当的触发水平与频率时，IOSCO 技术委员会特别注意到，如果设定的门槛太低或报告频率太高，就会给报告义务人带来过重的负担。反过来说，如果设定的门槛太低，或不要求对重要的空头变化进行报告就不能获得影响市场的空头信息。必须要考量市场客户在遵从制度上的便利与成本之间的平衡，并提供及时、有价值的信息以减少操控与其他不公正的交易行为。同时，技术委员会认为，空头报告是一块"处女地"（greenfield），许多市场的权力部门经验有限。当市场权力部门获得更多经验时，现在引入的空头报告制度可能会有变化。在此背景下，如果一个国家或地区决定完善其空头报告机制或修正其机制，技术委员会就鼓励国家市场权力部门考虑是否引入初始的报告门槛以及空头重要变动报告的触发水平。③

（二）卖空标示

通过"标示"（flagging）卖空的方式进行卖空报告，是加强卖空透明度的另一种方式。标示要求在经纪人向证券交易设施或替代交易

---

① New Exchange/Market Code for Reporting Short Interest Positions.
② Regulation of Short Selling, IOSCO Consultation Report, March 2009, p. 15.
③ Regulation of Short Selling, IOSCO Consultation Report, March 2009, p. 15.

设施发出的每一卖空执行指令都要进行卖空标示，这种标示使得卖空交易容易追踪。

FSA 早在 2002 年年底到 2003 年年初时就已对清算采取措施以增加透明度。在 DP17（Discussion Paper）文件中，FSA 决定通过公布单只股票的清算失败和提供股票借贷总数方式来增加透明度，在特定的非流通股票已出现清算问题时警告投资者。但是由于交易手段变得越来越复杂以及衍生品的广泛使用，因此应当在此背景下考虑增加卖空透明度的问题。目前 FSA 与 UK 的交易平台都没有要求一项销售进行空头标注，因此很难确定发生了多少卖空。①

欧盟委员会曾建议采取类似于在美国、香港地区、希腊及波兰等国所采取的卖空标示机制，对所有在欧盟交易平台交易的股份空头进行标示，每日由交易所对标明的空头进行汇总公布。②

2004 年开始生效的 SHO 条例规则 200（g）要求经纪人或交易人对所有权益证券的所有销售指令都适当标明"多头（long）""空头（short）"或者"空头豁免（short exempt）"。③特别是，如果经纪商或交易商选择相信自己的决定，认为要递交给交易中心的销售指令的价格高于当时全国最高出价，或依赖于规则中所明确的例外情况，就必须把指令标明为"卖空豁免"。新的空头豁免标示要求实现了一项新的信息收集。④

对于卖空标示的作用，IOSCO 技术委员会在《卖空规制》报告中指出，首先，卖空标示向市场权力部门提供了实时的卖空信息，这在快速运动的市场中特别有用；其次，卖空标示提供了卖空检查路

---

① FSA. Short Selling, Discussion Paper 09/1, Feburay 2009, p. 23-24.

② European Commission: Proposal for a Regulaiton on Short Selling and Sovereign Credit Default Swaps, September 2010, p. 3.

③ 17CFR PARTS 240, 241and 242, Release No. 34-50103, File No. S7-23-03, Short Sales, p. 48030.

④ 17CFR PARTS 242. No. 34-61595, File No. S7-08-09, Amendment to Regulation SHO, p. 170.

径，可使市场权力部门跟踪可疑行为；最后，标示收集到的数据在一定程度上还可以用于监管空头报告的守法情况，它在现金市场上与空头报告一起提供了一致性检查的基础。从运作机制来说，对于经纪人，他受制于国内规制，要对卖空的标示负责，他们要对任何卖空的未能报告行为向国内权力部门负责。这对于国内的市场权力部门来说，监管卖空标示是否符合规定相较于空头报告来说相对容易一些。①

但是，卖空标示也存在不足。其主要不足在于卖空标示无助于市场权力部门评估市场中的重要空头，或者识别由市场参与者持有的任何大量空头，除非市场参与者也必须标明他们用于空头平仓的买入指令。然而，即使是平仓的买入指令也要标示，这个问题也不能完全解决。因为卖空者在某些情形下并不需要到市场中进行平仓。例如，他们通过其他交易工具（如期权）获得权益证券来对空头进行平仓。②

（三）卖空信息披露法律规制的比较与评价

对于卖空报告与卖空标示两种卖空信息披露模式，两者既存在区别也存在一定的联系。

1. 卖空报告与卖空标示是具有不同功能与作用的信息披露方式

从时间角度来看，卖空报告一般是在卖空交易完成后在规定的时间向监管者报告或向市场公开，卖空标示则是以交易时标明"空头"或"空头豁免"的方式履行披露义务，从这一角度来看，卖空标示更适于监管者对市场的实时监管，卖空报告则主要集中于证券市场卖空总体信息。从空间角度来看，卖空标示属于"场内披露"，即披露义务是在证券交易所内完成的，而卖空报告属于"场外披露"，即报告义务是在证券交易所外完成的。

2. 当前空头报告机制具有明显的危机应对性特征

目前各国或地区所采用的空头报告机制或多或少都与应对金融危

① Regulation of Short Selling, IOSCO Consultation Report, March 2009, p. 16-17.
② Regulation of Short Selling, IOSCO Consultation Report, March 2009, p. 17.

机存在某种关联，或因为危机的发生而健全了空头报告机制，或因为危机的发生而提高了空头报告的标准，不一而足。

首先，空头申报的标准在应对金融危机过程中更加严格，义务人的披露义务随之上升。申报标准的严格主要表现在如披露的内容、触发水平、频率、头寸、比例等很多方面。

就披露的触发水平来说，空头头寸的申报比例有所降低。2003年在香港，持有的卖空头寸及衍生品空头头寸超过公司发行股本 1%以上时需进行披露；① 而在金融危机后的《淡仓申报规则》则把比例降到了有关的法团已发行的指明股份的总数价值的 0.02%；澳大利亚则规定达到规定限额的空头的价值占到已发行证券的 0.01% 及以上，持有人就负有报告义务。在金融危机中，欧盟各国要求卖空的空头头寸净额达到股本的 0.25% 时必须报告，而欧盟卖空条例则把报告的低限降到了 0.2%，报告的频率也有所提高。2007 年 3 月，FINRA 3360 规则要求卖空股份总额报告的频率从之前的每月一报提高到了一月两报。

其次，在金融危机中临时披露措施也成为市场监管的重要手段。英国 FSA 规定，持有英国规定的金融机构普通股 0.25% 以上的空头净额时应当每日向英国的交易所进行披露。SEC 根据《证券交易法》于 2008 年 9 月 18 日发布紧急命令《机构投资经理人的卖空与空头披露》，要求机构投资经理每周汇报其涉及规定证券的卖空信息，并声明根据命令所提交的 SH 表格在法律允许的范围内不予公开。② 根据文件规定，规范机构投资经理人的 10a-3T 规则与临时 SH 表格于 2009 年 9 月终止。根据 SEC 的规定，2009 年 7 月 31 日之后，机构投

---

① 周斌，翟伟丽，等. 金融危机后全球卖空监管政策比较及启示 [J]. 证券市场导报，2010（9）：66.

② 17CFR Parts 240 and 249，［Release No. 34-58785；File No. S7-31-08］，Disclosure of Short Sales and Short Positions by Institutional Invesment Managers，p. 5-6.

资经理人就不必以 SH 表格形式再向 SEC 报告卖空与空头信息。[①]

总体来说，在金融危机中，各国的监管部门要求未平仓的空头净额在超过规定的最低水平时进行公告。在一些市场中，引入的临时措施的报告要求，一旦在未平仓的空头净额超过相关股票已发行股票资本的 0.25% 时，就引发报告义务。在多数情形下，如果对先前报告的空头规模发生变化或空头规模达到其他标准，也要按要求进行报告。尽管在这些市场中的报告要求近似，但各市场的权力部门的经历不同，对于信息的相关性、完整性以及其价值却有着混杂的观念。[②]

3. 卖空信息披露法律规制依然存在争议

很多国家在经过金融危机的洗礼后，卖空信息披露法律规制趋向更加全面和严格。英国 FAS 认为，加强透明度在两方面特别有益。第一，它会向其他投资者与监管部门提供更多的有价值的信息；第二，空头的披露要求可以减少滥用卖空所产生的问题。[③] 然而结合卖空的功能、作用与运作来看，卖空信息披露法律规制并不是越严格、越全面就越好。卖空既是投资人求利、避险和避税的手段，也是自动揭露股市薄弱环节的"火眼金睛"，以及清理阴暗面的"解毒剂"。[④] 卖空监管的重点应当主要集中于防止卖空被滥用，而不是阻碍正当卖空作用的发挥。

IOSCO 技术委员会主张规制者应致力于实现市场的有效性而提高适当的透明度，但是实现这一目标通常是困难的。首先，一项卖空信息可能存在歧义从而作出不同的解读，因此可能存在误导市场的可能。其次，过度的透明度可能会改变卖空者的风险回报率，会使卖空

①　Short Selling Update：The SEC Abandons Rule 10a-3T. Plan B to Follow？Jul 30，2009

②　Regulation of Short Selling，IOSCO Consultation Report，March 2009，p. 15.

③　Seraina Gruenewald，Alexander F. Wagner，Rolf H. Weber. Short Selling Regulation after the Financial Crisis——First Pinciples Revisited，p. 41.

④　郭亚夫，庞忠甲，等. 美国证券市场导览［M］. 上海：学林出版社，2003：127.

的价格矫正功能降低，也可能会使卖空者置于潜在的卖空挤压的危险中。① 最后，披露的门槛将会不可避免地确定在一个随机（arbitrary）的水平上。FSA 与 SEC 在紧急情况下将金融股票的卖空披露门槛提高到 0.25%，在征求意见时，FSA 建议所有的股票适用 0.5% 的标准，相应地，股票在流动性上不同，指数股、非指数股以及完全进行场外交易的股票应适用不同的标准。当然，加强卖空披露机制会带来很高的守法成本（compliance cost），如进行卖空的企业完成与运作相关机制的直接成本。②

因此，在卖空信息披露方面，决策者或监管者负有双重责任。第一，他们必须创造透明的市场，以允许交易商获得可交易股票卖空数量的信息以及潜在的价格影响；第二，他们必须检查可能会潜在造成市场过度反应的社会心理因素，以防价格形成机制变得不稳定。③

有观点认为，报告与公布是两项不同的义务。总体来说，即使负有报告的义务，也只是负有向监管部门的报告义务，而不是一项公布的义务，否则市场透明度就还会与一系列的消极后果相联系（把出售阶段的下降趋势逼入困境或加剧下降趋势）。④

有研究指出，在卖空披露机制的语境中，总量披露要求可以帮助投资者更快地利用空头信息，更广泛与及时的卖空行为披露能增加信息有效性，以减少动荡，提高市场效率和市场秩序，只要解决有关卖空空头总量的信息是否获取以及什么时间可以获取的问题。但是，

---

① Regulation of Short Selling, IOSCO Consultation Report, March 2009, p. 12.

② EMilios Avgouleas. A New Framework For The Global Regulation Of Short Sales：Why Prohibition Is Inefficient And Disclosure Insufficient, Stanford Journal Of Law, Business & Finance, Spring Isssue, 2010, p. 58.

③ EMilios Avgouleas. A New Framework For The Global Regulation Of Short Sales：Why Prohibition Is Inefficient And Disclosure Insufficient, Stanford Journal Of Law, Business & Finance, Spring Isssue, 2010.

④ Zentraler Kreditausschuss. Public Comment on Regulation of Short Selling：Consulation Report, p. 3.

单个卖空的空头是否应当向市场披露则是一个卖空信息披露的棘手问题。①

上述几种观点都指出了卖空信息披露法律规制应当慎重考虑的几个问题。《欧盟条例》使用的股份空头的通知义务与公开披露双层披露机制、对于义务人持有的主权债务空头净额与无担保的主权信用违约掉期头寸只负有向有关权力部门通知义务的设计或许更符合证券市场发展的需要，能更利于各方利益的平衡。至于目前各国或地区所采取的更为全面、严格的信息披露法律规制建构的效果能否像监管者所预期的那样则还是未知数。

三、卖空信息披露法律规制纵向维度的比较

在证券市场中，信息披露制度是现代证券法制的核心内容。但是在证券市场中存在不同的证券活动，每种证券活动都存在各自的特点，而且由于金融创新的不断发展，证券活动日益复杂，如企业资产证券化与信贷资产证券化。因此，为实现对证券活动的有效监管，应当构建符合每种证券活动特点的信息披露制度。下文主要比较传统证券发行人信息披露制度与卖空信息披露制度所存在的诸多差异。

（一）信息披露的目标差异

IOSCO 在证券监管的目标与原则（Objectives and Principles of Securities Regulation）中指出，证券监管的目标是保护投资者、确保市场公平、有效与透明以及减少系统风险，从而保护投资者免于误导、操纵和欺诈行为的侵害，② 包括内幕交易，非法事先交易或先于客户

---

① Emilios Avgouleas. A New Framework for the Global Regulation of Short Sales—Why Prohibiton is Inefficient and Disclosure Inefficient, Stanford Journal of Law, Business & Finance, Spring Issue, 2010.

② Objectives and Principles of Securities Regulation, IOSCO Report, Feburary 2008, p. 4.

交易以及不当利用客户资产。① 对于传统的证券发行信息披露来说，保护投资者是其主要目标，实现市场的公平、有效和透明等其他目标也是服务于投资者保护这一基本目标的。

2009 年，IOSCO 在题为《卖空规制》（Regulation of Short Selling）的报告中提出了卖空报告的目标：第一，提供获取卖空信息的有效途径，以提高对市场动态的洞见；第二，防止市场滥用；第三，减少攻击性卖空潜在的市场混乱效应；第四对于形成更大空头提供早期预警，对可能会对市场正常功能或稳定性潜在滥用或破坏的可疑行为提高调查提供变通方式；第五，对既往事件调查与惩戒提供最终证据。②

保护投资者作为传统证券发行信息披露的首要目标是不存在争议的，但它能否成为卖空信息披露的目标则是存在疑问的。从 IOSCO 概括的卖空报告的目标来看，好像也能概括出其终极目标也是保护投资者。但是如果以保护投资者作为目标再去审视卖空信息披露，发现这个说法又不能成立。首先，卖空者也是投资者，前文已指出，卖空信息披露有可能导致发生卖空挤压，在此情形下，卖空者的利益是无从得到保护的，卖空信息披露只是实现了部分投资者利益保护；其次，卖空信息披露也可能会带来负面的市场反应，如证券价格下跌或市场恐慌等情形，反而不能实现投资者利益的保护。或许可以说，卖空信息披露的目标指向也是投资者保护，但并不能保证这一目标的全面实现。

---

① 事先交易（front running），指事先知晓可能会影响基础证券价格以融资而订立净值交易（equity trade）、期权或期货合同。这一行为明确为 SEC 所禁止。参见 http：//financial-dictionary. thefreedictionary. com/Front + Running，事后交易（trading ahead of customer），纽约证券交易所规定的违规行为，在这种交易中，专家只为了维护市场的流动性进行交易，通过与他人相抵进行交易。例如，一个专家收到一份购买 100 份股票的指令。通常情形下，专家会在公开的市场中寻找对应指令，只有在不存在对应的指令时才从自己的账户中卖出股票。如果专家在另外对应指令存在的情况下将其股票卖出就是先于客户交易。专家这样做是为了自己营利。参见 http：//financial-dictionary. thefreedictionary. com/Trading+Ahead.

② Regulation of Short Selling，IOSCO Consultation Report，March 2009，p. 13.

（二）信息披露的原则差异

美国《1933 年证券法》与《1934 年证券交易法》所规范的传统证券的信息披露原则之下是这样一个假设：理智的投资者是经济人（homo economicus），是新古典经济理论中理想的理智人。[1] 有学者进一步指出，这一假设的规范拓展是披露可以作为保护投资者有力的、有效的规制工具，因为一旦拥有必要的信息，"投资者可以使自己免受公司滥用职权与不当经营的损失"。实践中，在这一假设基础上已经产生了这样一个规范框架：强调更多的信息而不是更少的信息，更多的披露而不是更好的披露，数量优于质量。[2] 因此，如有学者指出，美国证券规制的两个基本信条是全面与公正的披露与登记的观念，美国《证券法》的主要重心在于全面披露。披露理论认为，如果一个企业恰当并准确地在公众可获得的文件中披露其经营与财务状况，那么投资者可以就将来是否进行交易作出有根据的决定。SEC 对某些文件的审查并不是证明登记文件的真实性，SEC 也不对销售的公正性进行评价，而是促进发行人与证券销售重要事实的全面与公正披露。[3] 在两个判例中，《证券法》与《证券交易法》的全面披露使命也得到了肯定。在 Creswell-Keith, Inc. v. Willingham 一案中，法官指出，1933年证券法的目标是确保"在洲际、对外贸易以及通过邮寄出售的证券的特征得到全面与公正的披露，并防止在销售中的欺诈"。[4] 在另一个案例中，法官也明确指出，《1933 年证券法》与《1934 年证券交易

① Tom C. W. Lin, A Behavioral Framework for Securities Risk. 34 Seattle Univ. L. R. 325,（Winter, 2011），p. 336.

② Troy A. Paredes, Blinded by the Light: Information Overload and Its Consequences for Securities Regulation, 81WASH. U. L. Q. 417,（2003），p. 418.

③ Frode Jensen, III, The Attractions of the U. S. Securities Markets to Foreign Issuers and the Alternative Methods of Accessing the U. S. Markets: From a Legal Perspective, 17Fordham Int'l L. J.（1994），S26-27.

④ Creswell-Keith, Inc. v. Willingham, 264F. 2d76,（8thCir. 1959），p. 81.

法》明确的意图是："以全面的披露哲学代替警告买者的哲学。"① 20世纪 60 年代中期提出的有效市场假设（Efficient Market Hypothesis, EMH）理论，不仅对法学理论，而且对主流的学说与证券规制也产生了有力的影响，使 SEC 更加坚定地固守着全面披露的行为准则。②

但规范传统证券发行的全面信息披露原则并不能完全适用于卖空信息披露，原因主要在于对卖空的规制涉及更加复杂的利益关系。卖空规制不仅要克服卖空带给市场的消极与负面的影响，而且还应当使卖空者的正当利益得到保护。一般来说，卖空者会因为借贷股票卖空行为产生高额费用并因此暴露在重大风险之下，甚至可能因为股票价格上涨时遭受不确定的损失。③ 卖空者也是证券市场的投资者，过分的透明度可能会造成卖空挤压从而给正当的卖空者带来损失。对卖空的规制不能以牺牲卖空者的合理利益为代价，否则，卖空在证券市场中所发挥的价格发现与市场矫正等功能则难以实现。

目前主要国家的卖空信息披露制度中，在空头报告模式下，并不是所有的空头持有人都负有信息披露义务，不管报告义务人是经纪商、交易商还是持有人，只有其持有的空头头寸达到规定的金额或比例的情况下才有报告的义务，并且一些国家或地区区分了向监管部门的报告与向市场公开两种不同的披露方式。因此，在空头报告模式下，只有大额空头持有人才负有报告义务。在没有采取卖空标示的情况下，交易人从事卖空交易也不负有相应的交易信息披露义务。

（三）信息披露的机制差异

两种信息披露的机制也存在不少差异。

从信息披露的义务主体来看，证券发行的信息披露主体主要是证

---

① Sec. & Exch. Comm'n v. Capital Gains Research Bureau, Inc., 375 U. S. 180, (1963), p. 186.

② Jeffrey N. Gordon and Lewis A. Kornhauser, Efficient Markets, Costly Information, And Securities Research, 60 N. Y. U. L. Rev. 761, (NOVEMBER, 1985), p. 762-763.

③ Iosco. Report On Transparency OF Short Selling, June 2003, p. 7.

券发行人；而卖空信息披露主体则主要是空头持有人或经纪商、交易商。前者不会持有其自己发行的证券，除了规定的证券回购以外基本上不会从事证券交易，因此，其信息披露义务的履行，只会影响持股人的利益；而后者却都是从事证券交易的主体，其对卖空信息披露义务的履行有时会影响到其在证券上的利益，特别是信息披露可能会造成卖空挤压的情况。

从信息披露的频率分析来看，证券发行人的信息披露主要是发行披露、定期披露与临时披露；卖空信息披露则主要是达到披露标准后根据规定进行日报、周报或月报。可以看出，对卖空信息披露的频率要求要远高于证券发行人的信息披露，证券市场对卖空信息的反应更加敏感。

从信息披露的触发水平来看，证券发行人的信息披露并不存在像卖空信息披露中的触发水平，只要是其证券在证券市场中进行公开交易，发行人就负有相应的信息披露义务；而对于卖空信息披露义务人来说，其披露义务多是在达到规定的标准后才产生。

四、比较视角下的我国卖空信息披露制度

（一）我国卖空信息披露制度的框架

我国于 2010 年正式引进卖空机制，相应的卖空信息披露制度也随之建立。证券监督管理委员会（以下简称证监会）于 2011 年发布了《证券公司融资融券业务管理办法》（以下简称《管理办法》），其第 41 条规定的卖空信息披露的日报制度与第 42 条规定的卖空信息披露的月报制度构成了卖空信息披露的框架。其中日报制度规定，证券公司应当在每日收市后向证券交易所报告当日客户融券交易的有关信息，证券交易所在次一交易日开市前公告对证券公司报送的信息进行汇总、统计的信息；月报制度要求证券公司应当在每一月结束后 7日内，监管部门和证券交易所书面报告当月的下列信息：融券业务客

户的开户数量、对全体客户和前 10 名客户的融券余额、客户交存的担保物种类和数量、强制平仓的客户数量、强制平仓的交易金额、有关风险控制指标值与融券业务盈亏状况。证监会于 2015 年对《管理办法》作了修改，其第 41 条要求证券公司应当对公司的融资融券数据进行分析，编制定期报告与专项报告报送证监会。

上海证券交易所、深圳证券交易所发布的《上海证券交易所融资融券交易实施细则》与《深圳证券交易所融资融券交易实施细则》就《管理办法》规定的卖空信息披露日报制度作了细化的规定，具体地说，是构建了单只证券的卖空信息与市场卖空交易总量信息的披露制度。日报制度要求会员应于每个交易日 22：00 前向证券交易所报送当日各标的证券融券卖出量、融券偿还量和融券余量等数据；证券交易所在每个交易日开市前，根据会员报送数据，向市场公布前一交易日单只标的证券融券卖出量、融券余量等信息以及前一交易日市场融券交易总量信息。

（二）我国卖空信息披露制度应考虑的几个问题

单只证券卖空信息与卖空交易总量信息的日报与月报制度构成了我国卖空信息披露制度的基本构架，通过这一制度框架，监管者与投资者可以获得证券卖空的基本信息。根据学者研究，更深入与及时的卖空行为披露会增加导致减少波动、提高市场有效性与有序性的信息有效性。[①] 总额披露可以帮助投资者更快地利用空头的信息内容。

总体来看，我国的卖空信息披露制度直观、明晰，增加了市场的透明度，构成了我国证券市场市场信息披露制度的重要组成部分。但是，相比其他国家或地区的卖空信息披露制度，我国的卖空信息披露制度应考虑以下几个问题：

---

① Stephen E. Christophe, Micael G. Ferri, James J. Angel, Short-Selling Prior to Earnings Announcements, 59JOURNAL OF FINANCE 1845, 2004.

1. 大额空头头寸申报制度

空头的持有人，特别是大额空头的持有人也是证券市场的重要信息，也构成市场透明度的重要内容。我国目前的空头信息披露制度可以获得单只股票的卖空信息和市场卖空的总量信息，但是对于卖空者的信息却无从获得。

金融危机后，世界主要发达国家纷纷加强了卖空信息披露的监管，其中主要措施之一就是建立了大额空头头寸申报制度。其实，单只股票的卖空头寸是否应当向市场披露是一个棘手的问题。

大额空头申报制度在增加市场透明度的同时，也会带来市场的负面影响。如FSA所指出，对单只股票重要空头以及卖空者确定身份向监管者或市场的披露可以有利于对有关卖空的识别。① 同时，建立大额空头申报制度之后，可能会阻止一些卖空者在市场中进行卖空，市场流动性与价格真实性因此遭受损害，② 另外，更多的透明度不仅可能减少卖空行为，也可能会引起对策行为和羊群效应。这都会影响到有效的价格发现。

因此，对于我国的卖空信息披露来说，是否应当建立大额空头信息披露制度以及如何建立不是一个急于下结论的问题，而是应当全面考查建立大额空头头寸申报制度的国家与地区的市场效果，在成本与收益分析之后，建立平衡不同目标需要的大额空头信息披露。如果仅仅是建立一个消息灵通的监管机制，使其可以特别是在操纵市场或市场恶化等极端情况下形成介入能力，同样可以通过不公开披露重要的空头头寸机制来实现。③

---

① FSA. DISCUSSION PAPER, 09/1, SHORT SELLING, February 2009, p. 29.

② Seraina Gruenewald, Alexander F. Wagner, Rolf H. Weber. Short Selling Regulation after the Financial Crisis——First Pinciples Revisited, p. 42.

③ Seraina Gruenewald, Alexander F. Wagner, Rolf H. Weber. Short Selling Regulation after the Financial Crisis——First Pinciples Revisited, p. 46.

2. 卖空标示制度

卖空信息披露必须决定的一个问题是，卖空的头寸总额是否可以获得以及什么时间获得。通常卖空总额的信息可以通过股票出借来获得。虽然获得总额的程序涉及高昂的成本，但是根据 FSA 的精确观察，出借数据与卖空股份总数基本相当。[1] 通过汇总出借数据或汇总卖空数据是获得卖空总额的两种基本途径。

目前，世界各国或地区在卖空标示方面的做法并不一致，美国、加拿大、澳大利亚、中国香港等国家或地区要求进行交易标示，而英国、法国、西班牙与瑞士等欧洲国家则没有建立相应的交易标示制度。

卖空标示制度便于监管者实时监管市场的交易活动，也是增加市场透明度的一种重要方式，但该制度的建立所增加的收益能否大于其成本有待验证，标示制度对于市场的有效性如流动性、价格发现等的作用有何影响还有待确定，已有研究指出，如果要求单只股票重要空头的实时或几乎实时地进行披露，则会消耗掉卖空所带来的流动性优势。[2]

因此，对于我国来说，卖空标示制度的建立应当进行全面的研究与认证。

---

① FSA. Discussion Paper, 09/1, Short Selling, February 2009, p. 27.

② EMilios Avgouleas. A New Framework For The Global Regulation Of Short Sales: Why Prohibition Is Inefficient And Disclosure Insufficient, Stanford Journal Of Law, Business & Finance, Spring Isssue, 2010, p. 60.

从康美案看证券市场虚假陈述
因果关系的认定规则

王尚飞[*]

摘　要： 随着《关于审理证券市场虚假陈述侵权民事赔偿案件的若干规定（法释〔2022〕2号）》（以下简称《若干规定》）新的实施，我国对诱空型虚假陈述立法规制不足以及因果关系认定标准模糊的问题一并得到解决。虚假陈述因果关系的认定规则借鉴了英美法系有关事实和法律因果关系的理论构造，即市场欺诈理论和信赖推定的双重认定标准。然而在我国司法实践适用中逐步发展为交易与损失因果关系，这与《若干规定》中因果关系认定规则的规范内涵相一致。交易标的和交易时间点在因果关系的认定中具有重大意义，尤其是实施日和揭露日的认定已成为判断因果关系是否存在的核心要素。因果关系的认定应当遵循两个步骤，首先要对虚假陈述行为的性质进行准确判断，法律适用的展开往往以行为性质的厘定为基础；其次在确定虚假陈述实施日和揭露日的基础上采用"两分法"作出最终认定。

关键词： 虚假陈述　因果关系认定　实施日　揭露日

---

* 王尚飞，辽宁大学法学院2020级研究生，研究方向：民商法学。

一、问题的提出

证券市场虚假陈述作为我国证券法律法规重点规制的违法行为之一，历来受到理论与实务界的关注。为有效应对社会发展给证券交易市场带来的新变化与统一证券市场纠纷案件的审理标准，最高人民法院发布《关于审理证券市场虚假陈述侵权民事赔偿案件的若干规定（法释〔2022〕2 号）》（以下简称《若干规定》），废除了适用长达二十年之久的《若干规定（法释〔2003〕2 号）》。《若干规定》分别从正反两面规定了虚假陈述与损害结果之间因果关系的认定。就证券市场法律规范层面而言，我国目前已形成较为完整的证券市场法律规范体系，立法供给不足问题显著改善。①

康美药业案案例类型多重交叉的特征使其具有划时代意义，同时也创造了我国司法史上的多项第一。例如，该案在原告数量、赔偿数额以及财务造假数额等方面均属于国内司法裁判的新高，该案件影响之大直接推动了《若干规定（2022）》的出台。② 在康美药业案审理期间，认定虚假陈述与投资者损失之间存在因果关系的法律规范以《若干规定（2003）》为依据，即便当时囿于法律法规供给不足的局面，但是该案仍以法院判决由康美药业承担损害赔偿责任告终。从投资人角度来看，法院的判决维护了其合法权益；但从作为被告角度的康美药业来看，法院的判决具有超法规性。这份"天价"赔偿数额判决书背后蕴含的法理需要进行深刻论证，认定虚假陈述行为与投资者损失之间是否具有因果关系的问题也需要以法律法规为支撑。因

---

① 尽管近年来我国《证券法》保持着平均五年一修正的频率，但是这种修正多体现在原则上，对于具体适用规则的演进增效不大。《若干规定（法释〔2003〕2 号）》制定时间较早，相关规定已经不能适应证券市场的新发展，这也造成证券市场虚假陈述在因果关系认定上出现很多新问题。樊健.我国证券市场虚假陈述交易上因果关系的新问题［J］.中外法学，2016（6）.

② 李曙光.康美药业案综论［J］.法律适用，2022（2）：120-121.

此，本文以康美药业案为视角，对虚假陈述因果关系的认定规则进行论述，并结合《若干规定（2022）》与《若干规定（2003）》进行比较分析，以期为因果关系的认定提供有益经验。

二、侵权责任体系中因果关系理论构造与判断

证券市场虚假陈述违反了信息披露的真实、准确、完整的实质性标准，会造成投资者利益损失和破坏证券市场交易秩序的负面影响。就虚假陈述的民事赔偿责任而言，其性质应属于典型的侵权责任。[①]在传统侵权责任构成体系中，因果关系的成立与否在侵权责任构成的判断中处于核心地位。证券市场虚假陈述作为侵权责任形态的一种，需要回归到传统侵权责任理论体系构造，并在此基础上挖掘证券市场虚假陈述因果关系认定的准则。

（一）不同因果关系的层次区分

大陆法系国家将因果关系分为责任成立与责任范围两个层次，责任成立为第一层次因果关系，责任范围为第二层次因果关系。两个因果关系层次之间呈现的是递进关系，也即责任成立因果关系是责任范围因果关系的基础，责任范围因果关系是责任成立因果关系的结果。在某些侵权责任构成中，存在权益受侵害的情形，但却并没有给权益人造成损害后果，这种特殊的场合下就不能因没有给权益人造成损害后果而否认侵权责任的构成。一般情况下，权益遭受侵害必然会有损害结果的发生，两者往往是伴随关系，因此，将责任成立因果关系与责任范围因果关系共同作为侵权责任的成立要件并无不妥。

英美法系国家对因果关系的区分表现为事实与法律因果关系，这是证明侵权事实与损害结果之间存在因果关系的两个阶段。大陆法系与英美法系对因果关系层次的划分具有对应性，两者之间并没有本质

---

① 孙超. 证券虚假陈述中三个时间基点的意义与认定［J］. 人民司法，2018（17）：15.

性的区别，其差别仅体现在大陆法系国家在侵权责任因果关系判定上没有将损害赔偿范围纳入考量因素，而是通过其他方式确定损害赔偿范围。

（二）比较法上因果关系的判断标准

1. 大陆法系国家因果关系的判断标准

德国作为大陆法系国家的代表，其因果关系的判断方式具有典型性，主要有以下两种。

第一，条件说。该说将侵权行为作为损害结果发生的条件，即抽去侵权行为这项条件后，损害结果依旧无法避免，此时仍将损害结果归责于侵权行为人则不具有合理性。可类比我国《民法典》中规定的附条件民事法律行为，只有在条件成就时民事法律行为方能生效或解除，若为自己利益不正当地阻止条件成就的，视为条件已成就；不当促成条件成就的，视为条件不成就。条件说的判断与之类似，只是在行为模式上相较于附条件民事法律行为更为简单。

第二，相当因果关系说。该说的提出是建立在条件说的基础上，即条件说只能检验事实上因果关系的构成，对于侵权可归责性的问题无法作出准确判断。基于此，相当因果关系说认为权益遭受侵害的结果受到其他条件的影响，不论该条件在造成损害后果中的地位大小，均具有同等的效力。相当因果关系说之重点在于，注重行为人之不法行为介入社会之既存状态，并对现存之危险程度有所增加或改变。①因其作为法律政策的工具，能够对侵权损害赔偿责任归属的价值作出判断，相当因果关系说一度成为因果关系判断的主流观点。

2. 英美法系国家因果关系的判断标准

在普通法中，判断事实因果关系的经典标准是"but for"规则。②

---

① 郭明瑞. 侵权责任构成中因果关系理论的反思［J］. 甘肃政法学院学报，2013（4）：3.

② 程啸. 侵权责任法［M］. 北京：法律出版社，2021：240.

该规则的适用以假设问题的判定为前提，即侵权人的行为与损害发生之间通过假设条件能够予以证实，且排除其他影响因素，则据此可认为因果关系成立。依据该规则，侵权行为与损害结果之间的事实通常由被侵权人举证证明，证明标准的判断上采用盖然性，即被侵权人只要能够举证证明侵权行为引发损害的可能性高于50%，法院就认可存在事实上的因果关系。

法律因果关系的判断不同于事实因果关系的判断，前者是在能够确定侵权行为与损害结果之间存在因果关系的基础上作出进一步认定，后者则强调客观上存在因果关系即可。法律因果关系对于被侵权人而言，对能否要求侵权人承担责任具有直接因果关系，对于侵权人而言，也可作为不承担侵权责任的免责事由，以规避侵权责任的承担。责任范围因果关系主要解决损害赔偿的范围大小问题，哪些应该赔、哪些不该赔以及应该如何赔是其核心体现。

（三）我国侵权法上因果关系的制度构造与判断

我国侵权法上因果关系理论主要有必然因果关系说和相当因果关系说两种。必然因果关系说以原因与结果之间的逻辑必然性为基准，因其判断标准极为严苛致使在实践中难以适用而受到学界的冷落。相当因果关系说是借鉴德国法上因果关系理论的产物，这一转变也受到众多学者的支持。[①] 相当因果关系说不是摒弃了逻辑必然性的单一判断标准，而是结合一般情形对侵权责任构成中的因果关系加以认定。

在侵权法规范适用过程中出现了不同观点，可分为主观、客观和折中相当因果关系说三种类型。[②] 这些学说以不同的判断主体作为区

[①] 在因果关系理论的研究中，学者已从根本上否定必然因果关系说，转向相当因果关系说。但是相当因果关系说也有其自身缺陷，在引入我国侵权法中应予以修正以适应我国的实际情况。范利平. 侵权法上因果关系研究［J］. 现代法学，2004（6）；方明. 论我国侵权法因果关系理论的构建［J］. 山东社会科学，2011（12）；王利明. 侵权责任法研究》（上卷）［M］. 北京：中国人民大学出版社，2010：385-386.

[②] 王利明，杨立新，王佚，等. 民法学［M］. 北京：法律出版社，2020：1053.

分标准，主观说强调应以行为人的认知为依据；客观说注重从法官角度出发，依社会一般人对行为的预见程度为标准；折中说综合了主管说和客观说的立场，认为应当以一般人的认知为判断基础。我国侵权法上因果关系的理论构造并没有立法予以明确规定，理论研究的观点被实务人员接受后应用于实践之中。因果关系的制度构造存在一定的模糊性，在适用过程中也没有一套明确的运行机制，特殊侵权责任因果关系的认定势必会与理论构造出现分歧。因此，需要到具体的侵权责任类型中找到其规范意旨，探求因果关系的认定标准。

三、现行法中虚假陈述因果关系认定路径

证券市场上针对众多不特定投资人实施的侵权行为，证券市场虚拟交易架构的特性使其认定标准远高于现实生活场域。对证券市场虚假陈述行为的界定与划分，我国通常采用虚假陈述行为形态的标准，即以虚假陈述特定主体实施的不同行为形态为认定依据。最高人民法院在《若干规定》中明确列举了证券市场虚假陈述因果关系的认定规则。这一举措在一定程度上能够为投资人主张合法权益提供请求权基础，具有进步意义，但是另外也会使因果关系的认定规则囿于条文的僵化规定。若不符合《若干规定》中因果关系的认定规则，投资人维权之路将走入死胡同，不仅投资人的投资利益得不到法律的保障，证券市场运行的秩序也会遭到破坏，因果关系认定规则有待商榷。

（一）现行法中因果关系的认定规则

1. 《若干规定》因果关系认定规则的确立

我国现行法中有关证券市场虚假陈述侵权责任之规定，主要有以下法律依据：《民法典》第 1165 条第 1 款，《证券法》第 85 条、第 163 条和第 181 条，《若干规定》第 20 条等，但是上述法律规范仅将证券虚假陈述作为侵权责任类型的一种，要求侵权人承担侵权责任。

对于虚假陈述侵权因果关系的认定以《若干规定》确立的规则为判断标准。《若干规定》第 11 条明确规定了证券市场虚假陈述因果关系认定的三种类型。① 依据该条规定,法院初步认定构成因果关系只需符合两个条件:第一是投资者购买的股票属于虚假陈述公司的证券;第二是因果关系的认定应具备时间序列的匹配性,即只有投资者在特定的时间内买入或卖出证券,若投资者买入或卖出证券的时间与该条规定不符,则否定因果关系的存在。② 对此,证券市场因果关系认定规则在我国正式得到确立,该规则自 2003 年最高人民法院发布《若干规定》以来一直适用至今,2022 年新出台的《若干规定》延续了因果关系的认定规则。

针对该条规定,有学者认为《若干规定》较多地借鉴了美国证券立法与实践经验,无意中将英美法系侵权法中的因果关系理论引入我国司法体系。③ 在司法实践的适用过程中,逐渐有法官采用英美法系二分法的侵权责任因果关系规则作为因果关系的判断标准,即交易与损失因果关系。交易因果关系主要是虚假陈述与交易行为之间是否具有因果关系,以虚假陈述做出者的主观意愿为依据可将虚假陈述分为作为型与不作为型两种类型。不作为型表现为消极隐瞒重大事实,推定投资者对其隐瞒的重大事实产生信赖以确立因果关系。作为型表现为积极对重大事实进行错误或诱导性陈述,采取"欺诈市场理论"

---

① 最高人民法院 2022 年修订《若干规定》时将 2003 年《若干规定》第 18 条交易因果关系的认定规则前移置第 11 条,除条文数发生变化外,规范的内容也有所变化。2022 年《若干规定》第 11 条规定:"原告能够证明下列情形的,人民法院应当认定原告的投资决定与虚假陈述之间的交易因果关系成立:(1)信息披露义务人实施了虚假陈述;(2)原告交易的是与虚假陈述直接关联的证券;(3)原告在虚假陈述实施日之后、揭露日或更正日之前实施了相应的交易行为,即在诱多型虚假陈述中买入了相关证券,或者在诱空型虚假陈述中卖出了相关证券。"

② 谢奕. 论虚假陈述民事责任的因果关系——以红光实业虚假陈述案为视角[J]. 长春理工大学学报(社会科学版),2020(4):36.

③ 闫海,彭晨. 证券虚假陈述民事责任中的因果关系辨析——基于中、美比较视角[J]. 南京财经大学学报,2012(2):104.

推定因果关系的存在。①《若干规定》第 11 条第 2 项和第 3 项在交易因果关系认定上以交易对象和交易时间为判断依据。

《若干规定》中阻却因果关系成立的事由规定在第 12 条，也即作为侵权人抗辩事由的形式存在。若虚假陈述者能够证明投资者存在《若干规定》第 12 条规定的阻却事由，就可以推翻依据第 11 条确认的交易因果关系。应当注意的是，交易因果关系的认定需要同时符合《若干规定》第 11 条第 2 项和第 3 项的规定，也即两项之和方能构成事实因果关系。然而，只要被告人能够证明第 12 条条款下的任何一项，且理由成立的，就足以否定因果关系的存在。《若干规定》第 11 条和第 12 条分别从不同的适用主体进行了规定，既为投资者的请求权基础提供了指引，又赋予侵权人法定的抗辩事由。这样的区别性规定看似完美，然而在适用过程中仍然存在一定的障碍。

2.《若干规定》因果关系认定规则的演变

（1）旧规定因果关系认定规则的不足

在理论研究中，虚假陈述有诱空型和诱多型之分，但《若干规定》仅对诱多型虚假陈述作了规定。诱空型虚假陈述处于立法规制空白的原因有两点，一是其认定难度远高于诱多型虚假陈述，囿于立法技术的限制无法准确对其作出概括性规定；二是诱空型在司法适用中的案件较少，在立法层面对其进行规制没有太大意义，诱空型虚假陈述纠纷的解决可由法院根据个案进行因果关系的认定。②《若干规定》第 19 条第 1 项规定，在揭露日或更正日之前卖出证券，即使投资者蒙受经济上的不利益，也不得据此认定亏损与虚假陈述之间构成因果关系。最高人民法院认为投资者在揭露日或更正日之前卖出的部

① 程啸. 证券虚假陈述侵权损害赔偿责任［M］. 北京：人民出版社，2004：190.
② 叶嘉敏. 论诱空型虚假陈述侵权因果关系的认定［J］. 南方金融，2019（11）：71.

分证券与诱多型虚假陈述不具有直接联系性。[①] 诱多型虚假陈述是上市公司违反信息披露义务，散发利好消息，投资者在披露日或更正日之前卖出所持与虚假陈述相关联的证券不但不会遭受损失，反而会有盈利。这一观点应当予以纠正，投资者在利好消息的误导下会选择继续持有或追涨该证券，也会有部分投资者在虚假陈述下选择抛售证券，无论投资者动因为何，都是在受到诱导下购买或持有证券，与虚假陈述之间具有不可割裂的联系。若在揭露日或更正日之前卖出证券的行为不能认定投资损失与虚假陈述存在因果关系，投资人的损失只能由投资人自行承担，明显与法律倡导的公平、公正理念相违背。

在虚假陈述揭露日之前，证券的价格已经发生波动，未将投资者的损失纳入因果范围的考量之中，是《若干规定》起草者忽视揭露日或更正日之前证券已经存在波动的错误设想。[②] 对此，有学者从虚假陈述侵权责任纠纷案的数量上进行分析，有近1/10的案件因投资者于虚假陈述揭露日或更正日之前止损而未能获得救济。[③] 笔者认为，在认定因果关系时，这种将披露日或更正日之前卖出证券而排除投资损失与虚假陈述具有因果关系的做法并不可取。证券市场的交易瞬息万变，投资者通过证券投资获利就在于对所选证券的信任，这种信任除了投资者自身的投资技能，还来源于该证券的市场表现能力，而这与操持该证券的管理者之间具有密不可分的联系。若仅以虚假陈述揭露或更正的时间点作为因果关系认定的核心，无疑限缩了投资者利益的保护范围，严重打击了投资者的投资信心，对证券市场秩序的维护和稳定发展亦无裨益。

---

① 贾纬. 证券市场侵权民事责任之发轫——解析《关于审理证券市场因虚假陈述引发的民事赔偿案件的若干规定》[J]. 法律适用，2003（3）：8.

② 廖升. 虚假陈述侵权责任法律适用研究 [D]. 武汉：中南财经政法大学，2018：51.

③ 曹胜亮，涂忠亮. 证券虚假陈述侵权之因果关系的立法不足与完善 [J]. 南昌航空大学学报（社会科学版），2015（2）：50.

（2）新规定因果关系认定规则的优化与问题

我国开辟证券交易市场的历史并不久远，但是经济社会的飞速发展使证券市场的交易方式日渐便捷，也使其交易规则越发严格。证券市场的交易借助网络的即时性特征，证券市场日交易额上千万元业已成为行业常态。由此可见，证券市场的平稳运行需要一套完备的法律监管体系，法律监管的缺失对证券交易市场影响巨大，甚至会危及证券交易市场的业态。对此，在旧规定实施后，我国学者多围绕诱空型虚假陈述展开论述，认为相关法律法规和司法解释未对其加以规定属于证券侵权领域的一大法律漏洞。① 证券市场的快速发展已对立法提出更高要求，仅对诱多型虚假陈述进行规制的司法解释已无法满足现实社会的需要，下一步需要弥补法律规制不足的空白，在证券市场领域构建更为完善的法律法规监管体系。

如前所述，旧规定未能将诱空型虚假陈述行为纳入法律规范体系，这种不具有合法性地剥夺"诱空型"虚假陈述受害人诉讼权利的做法随着《若干规定（2022）》的出台失去批判基础。② 诱空型虚假陈述的表现形式与诱多型相反，即信息披露义务人通过隐瞒、延误披露真实的利好消息，使投资者以低于股票真实价值的价格卖出股票（其表现形式可参见下文示意图 1、图 2）。诱空型虚假陈述的立法留白状态一方面使投资者的合法权益无法通过诉讼的途径寻求救济，另一方面也造成法院裁判思路不一致的乱象。③《若干规定（2011）》的出台极大地受到了康美药业案的驱动，但是康美药业案属于诱多型虚假陈述，可知最高人民法院在规定中新增对诱空型虚假陈述的规制是有意为之，至少表明最高人民法院对诱空型虚假陈述不再持回避态

① 廖升. 诱空虚假陈述侵权责任之因果关系［J］. 法商研究，2016（6）：115.

② 有学者认为剥夺"诱空型"虚假陈述受害人诉讼的权利，并无合法性。参见朱锦清. 证券法学［M］. 北京：北京大学出版社，2011：175.

③ 贺颖慧. 论诱空型虚假陈述因果关系认定规则在司法实践中的运用——以北大医药虚假陈述案为例［J］. 新疆财经大学学报，2020（2）：73.

度，而是积极地应对证券交易市场的新变化。诱空型虚假陈述行为成文化的规定使因果关系认定规则趋于完善，这不仅为证券交易市场的秩序稳定提供了制度供给，更是对投资者利益保护的倾斜性规定。

《若干规定（2003）》将不具有交易因果关系的情形规定在第 19 条，采取明确列举的方式共分为五种抗辩事由。①《若干规定（2022）》并没有改变不具有因果关系抗辩情形的数量，但是在第 12 条第 5 项却采取了兜底性规定，即不具有因果关系的其他情形。兜底性的规定意味着除依据前四项确定不具有交易因果关系的情形外，将未明确规定的其他情形的认定交由审理法官决定，这无疑会加大法官的自由裁量权。对此，有学者认为，第 12 条规定的交易因果关系不成立的情形需要进一步细化明确，②"其他重大事项""其他情形"等语词的规定过于宽泛。《若干规定（2022）》拟通过列举加概括的混合规定达到因果关系认定与抗辩的适用平衡，但是这种方式实质上并不利于对证券虚假陈述行为人的保护，容易造成原告与被告在诉讼中的利益失衡。证券侵权案件在实践中多以代表人诉讼的形式存在，原告一方当事人众多是证券侵权案件的显著特征，往往涉案标的数额巨大。法院在审理该类案件时不论对于投资人利益诉求还是侵权人的抗辩事由而言，多持谨慎态度。即便法院严格以法律法规为裁判依据，但是在受到外界因素影响的情况下，致使规定未能明确规定的抗辩事由无用武之地，抗辩事由限缩适用的现象不可避免。

（二）虚假陈述因果关系认定路径的考量因素

《若干规定》第 11 条分别从交易主体、客体和时间进行罗列规

---

① 《若干规定（法释〔2003〕2 号）》第 19 条规定，虚假陈述与损害结果之间不存在因果关系的情形分别是：（1）在虚假陈述揭露日或者更正日之前已经卖出证券；（2）在虚假陈述揭露日或者更正日及以后进行的投资；（3）明知虚假陈述存在而进行的投资；（4）损失或者部分损失是由证券市场系统风险等其他因素所导致；（5）属于恶意投资、操纵证券价格的。

② 李有星，钱颢瑜，孟盛. 证券虚假陈述侵权赔偿案件审理制度研究——新司法解释的理解与适用高端论坛综述［J］. 法律适用，2022（3）：183.

定，三者共同构成交易因果关系的认定规则。认定因果关系时需要着重对三个时间点作出准确的界定，这是判断因果关系是否存在的基础。《若干规定》从第 7 条、第 8 条和第 9 条分为三个条文对各个时间点的判断作了精确界定，为便于更直观地理解虚假陈述实施日、虚假陈述揭露日和虚假陈述更正日，以图示的方式进行说明。

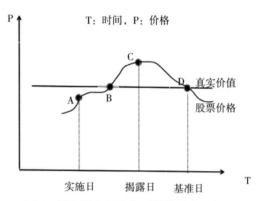

图1　诱多型虚假陈述对股价影响示意图

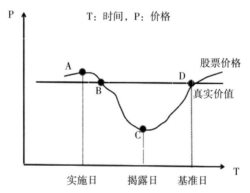

图2　诱空型虚假陈述对股价影响示意图

1. 虚假陈述实施日

实施日是指信息披露义务人作出或发布虚假陈述之日，在图中表现为 A 点。证券市场虚假陈述主要针对的是信息披露义务，对信息披露义务人履行信息披露义务时同节点的确认是准确认定因果关系的核心要素。虚假陈述的表现形式有积极和消极之分。在积极作为中，虚假陈述实施日的认定较为简单，表现为披露义务人在履行披露义务时进行虚假记载、误导性陈述，如对外公开财务情况报告、上市报告文件、年度报告等信息时故意进行虚假记载或隐瞒不利信息等。消极虚假陈述的实施日的确定取决于信息披露的法定内容和期限，如信息披露义务人应全面、准确、真实地披露重大信息，但在披露时却将应当记载的事项未全部或部分予以记载，构成内容上的消极虚假陈述；上市公司的年度报告，须于会计年度结束之日起4个月内公告，若未在法定期限内发布公告，则构成消极虚假陈述。

2. 虚假陈述揭露日

虚假陈述揭露日及其认定标准规定在《若干规定》第8条，揭露日在上图中表现为C点。对于虚假陈述行为的揭露，无论是媒体的揭露，还是上市公司自身的更正，通常都没有能够达到理想、准确、全面地揭示"虚假陈述信息"的全部真相。[①] 虚假陈述揭露日的认定应当遵循严格、精准原则，尤其是要将投资者的利益放在首位，确保投资者利益得到全方位地保护。理论上，揭露日认定日期越早，对投资者越发不利。投资者在揭露日或更正日之前实施相应的交易行为是认定虚假陈述与损失之间具有因果关系的重要条件之一，这就意味着，对揭露日日期的认定将直接决定受损失投资者的数量以及损失数额的多少。投资者损失揭露日的判断需要以动态的方式确定，而非一经披露就径直认为构成虚假陈述揭露日。市场是否知悉真相，是认定更正披露及损失因果关系的关键，因此，应当将"市场据此能否知悉且实际知悉虚假陈述相关真相确定为一项检验标准"。[②]

在司法实践中，法院往往并不会以理论上的高严格标准认定虚假

① 李有星，潘政. 证券市场虚假陈述揭露日的再认识 [J]. 投资者，2018（2）：114.

② 杨祥. 论证券虚假陈述诉讼中揭示日的认定 [A]. 郭锋. 证券法律评论 [C]. 北京：中国法制出版社，2015：249.

陈述的揭露日。认定揭露日的时间点通常有以下几种：媒体公开报道时间、证监会《立案调查书》《立案调查报告》《处罚事先告知书》及《行政处罚决定书》的公告日。① 若虚假陈述揭露日经媒体报道后仍不能达到使市场知悉"相关真相"，无法以媒体报道时间为揭露日。此时，必然会有知悉媒体报道的投资者采取抛售股票的方式以规避风险，引发股价市场的波动，投资者持有的股票会急速下降。即便是最终投资者在证券虚假陈述侵权案件中能够获得胜诉判决，被侵权人的赔偿能力也会影响投资者利益的实现。相较于《若干规定（2003）》对披露日定义的模糊规定，《若干规定（2022）》直接规定了揭露日的认定日期，② 这是《若干规定（2022）》的一个重大突破。笔者认为，《若干规定（2022）》以具体日期作为揭露日认定日期的做法值得称赞，这是基于投资者利益保护的考量。《若干规定（2022）》实施后，使揭露日的认定标准趋于统一，法院在认定揭露日时的自由裁量权受到限制，能够消除因法官恣意行使自由裁量权而造成披露日认定日期混乱的现象。

3. 虚假陈述更正日

虚假陈述更正日，也可称之为主动式的虚假陈述揭露日，将更正日认定为揭露日（在上图中则表现为 C 点）的前提是更正日必须早于揭露日的日期，否则，就应当以更早时间段的揭露作为揭露日期。更正日是指虚假陈述行为人在证券会指定的媒体上，自行公告更正虚假陈述并按规定履行停牌手续。需要注意的是，主动式虚假陈述揭露需要同时满足两个条件，第一，虚假陈述行为人自行公告，由他人公

---

① 陈舒筠. 证券虚假陈述侵权行为因果关系的认定——基于三个时间点的认定为核心［J］. 东南大学学报（哲学社会科学版），2018，20（S2）：43.

② 《若干规定（法释〔2022〕2 号）》第 8 条第 3 款规定了揭露日的认定标准：（1）监管部门以涉嫌信息披露违法为由对信息披露义务人立案调查的信息公开之日；（2）证券交易场所等自律管理组织因虚假陈述对信息披露义务人等责任主体采取自律管理措施的信息公布之日。

告的不可认定为更正日；第二，虚假陈述行为人需要按规定履行停牌手续，若仅有公告行为而未履行停牌手续，仍不能构成更正日。以上三个时间节点，即实施日、揭露日和更正日是认定因果关系的关键因素。揭露日的判断尤显重要，若不能针对时间节点作出准确判断，因果关系的认定也会出现偏差，甚至是偏离立法本意。

四、虚假陈述因果关系的认定规则与实践适配

（一）证券市场虚假陈述行为的认定

违反信息披露义务可能构成的侵权责任不仅虚假陈述这一种类型，还可能涉及内幕交易、操纵市场等侵权责任。要求虚假陈述行为人承担赔偿责任，必须符合民事侵权责任的构成。投资人想要获得投资损失的赔偿，一般需要证明：一是存在不当陈述或信息的隐瞒；二是该不当陈述或隐瞒信息具有重大性；三是被告的主观恶意；四是原告存在损失；五是该损失与虚假陈述有因果关系。[1] 另有学者认为，除应当具备一般侵权构成要件，还应符合证券法理论中的特殊标准。[2] 第一，"理性人"标准，即投资人在进行投资时须符合合格投资人的要求，这里所说的合格并非要求投资人掌握足够多的投资知识或经验，只需具备一般理性人的标准即可。第二，"重大性"标准，主要是指虚假陈述行为人陈述的消息为重大消息，对证券公司股票产生较大影响的重大事件。第三"关联性"标准，虚假陈述行为人陈述的虚假信息必须足以对投资人的投资决策产生关联，即投资人本无意购买该证券，因知悉虚假陈述行为人的虚假陈述信息而具有投资的错误认知并作出错误投资策略。

康美药业成立于1997年并于2001年3月在上海证券交易所上市并公开发行证券，发展至今旗下已有下属机构36个之多，其盈利状

---

① 章武生. 域外证券群体诉讼案例评析［M］. 北京：法律出版社，2016：33.
② 郭锋. 虚假陈述侵权的认定及赔偿［J］. 中国法学，2003（2）：95-98.

况和发展前景在国内药企公司中排名靠前。在康美药业案中，证监会查明了康美药业的违法事实，证实其未按规定披露控股股东及其关联方非经营性占用资金的关联交易情况。① 就康美药业证券持有者的投资者而言，在公司连年盈利的情况下，购买其证券是基于对康美药业发展前景的信赖，符合一般"理性人"标准。"年度报告"对于上市公司而言，犹如自然人的身份名片，能够直接反映出一个公司的经营规模和财务状况。康美药业在年度报告中多次进行虚假记载，在年度报告中存在重大遗漏等违法行为，符合虚假陈述行为，构成虚假陈述并无异议。

（二）交易因果关系的证成

《若干规定》中并未明确区分交易因果关系与损失因果关系，但在审理虚假陈述案件时却有法官以将该理论作为案件审理的论证逻辑予以适用。法官通常的做法是，将案涉争议焦点归纳为投资损失与虚假陈述行为之间有无因果关系，即交易行为与虚假陈述行为之间以及投资损失与虚假陈述行为之间是否存在因果关系，将其分为交易因果关系与损失因果关系。② 在交易因果关系的认定上，法院以《若干规定》第 11 条的规定为法律依据，符合条件的投资者的交易行为与被告虚假陈述行为之间应被推定认为存在交易因果关系。

第一，康美药业虚假陈述实施日的认定。证监会的调查显示，康美药业在 2016 年、2017 年和 2018 年的年度报告中均有虚假记载。存在虚假记载和重大遗漏的《2016 年年度报告》的实际作出时间为 2017 年 4 月 20 日，故将此日期界定为虚假陈述的实施日期并无不当。因其连续多年的年度报告中都有虚假记载和重大遗漏，使其行为处于持续进行的过程中，当有多个实施日期的，应当以首次实施日作

---

① 参见《中国证监会行政处罚决定书（康美药业股份有限公司、马兴田、许冬瑾等 22 名责任人员）》〔〔2020〕24 号〕。

② 参见广东省广州市中级人民法院（2020）粤 01 民初 2171 号民事判决书。

为虚假陈述实施日的计算起点。

第二，康美药业虚假陈述揭露日的认定。虚假陈述揭露日的方式多为媒体报道与证监会的《立案调查书》《事先处罚决定书》，虚假陈述行为人自行发布公告的方式并不多见。按照理论上的观点，将媒体报道日作为揭露日应持谨慎态度，使媒体报道的"真相"为市场所知悉时作为揭露日。具体到本案中，法院以自媒体质疑康美药业财务造假的 2018 年 10 月 16 日为案涉虚假陈述行为的揭露日。自媒体能否作为虚假陈述揭露日的认定标准在现行法中并没有明确规定。《若干规定（2003）》制定年限较早，当时还没有自媒体的概念，起草者自然也不会预见到在若干年后自媒体的发展势头与影响力。法院在适用该条规定时，采取扩大解释，将自媒体发布的消息纳入媒体报道的事项中。这一做法势必会招致理论上的批判，但是揭露日越早对投资人利益的保护就越有效。本案涉及的原告多达五万余人，涉诉主体的数量过于庞大，社会影响面较广。从保护投资人利益角度出发，以自媒体的报道作为虚假陈述揭露日的判断是基于案件社会效果考量的结果。若是以现行《若干规定》为法律适用的准绳，媒体公开报道并不足以使社会公众获知"相关真相"，揭露日的认定以证监会正式介入案件并作出决定书之日为准。笔者认为，法院的做法虽然在理论上会引发争议，但从案件的实效来看，该认定并无不妥。综上，康美药业一案，法院认定的实施日为 2017 年 4 月 20 日，虚假陈述揭露日为 2018 年 10 月 15 日。如图 1 所示，虚假陈述实施日与揭露日分别对应图中的 A 点和 C 点。

（三）损失因果关系的确定

虚假陈述侵权赔偿数额的确定在理论中有两种计算方法，即真实价值计算法和交易价差额计算法。[①] 真实价值计算法，就是按照证券的真实价值与损失之间的差额进行认定，因其源于普通法侵权责任中

---

① 郭锋. 虚假陈述侵权的认定及赔偿［J］. 中国法学，2003（2）：95-98.

的补偿性赔偿制度，故而在美国法院备受青睐。真实价值计算法的优势在于投资者可就直接损失主张赔偿，侵权人不会对虚假陈述之外因素导致的损失承担责任，在计算赔偿数额时清晰明确。例如，在虚假陈述行为人进行虚假陈述后，投资者受其影响以每股 30 元的价格购买了真实价值只有 20 元的股票，差额 10 元即为投资者的损失，侵权人应当对此损失承担赔偿责任。交易价差额计算法严格按照在虚假陈述实施期间买入或卖出交易产生的差额作为损失额。该方法相较于真实价值计算法，具有更为严格的适用条件，也即必须在特定的时间节点买入并在该期间卖出或继续持有造成的损失才属于投资损失额。

《若干规定（2022）》第 24 条至第 31 条对损失认定进行了系统规定，就投资人损失的赔偿数额确立了差额损失补偿原则。第 25 条规定，信息披露义务人承担民事赔偿责任的范围，明确以投资者损失作为虚假陈述损害赔偿责任的范围。① 差额损失以实际发生的损失为限，有学者对此提出批判，认为宜从保护投资者利益的角度出发，举凡因特定虚假陈述行为受损的受害者皆可求偿于虚假陈述者。② 案件审理过程中，投资者与虚假陈述行为人针对计算方法产生了异议。投资者认为应当采用移动加权平均法计算，虚假陈述行为人则认为应使用先进先出加权平均法计算。法院认为移动加权平均法以实施日到揭露日的整个期间为基准，同时剔除了卖出证券导致的亏损，更符合实际情况，故采纳了投资者提出的计算方法。最终，法院严格以投资差额损失为赔偿数额的认定标准，确定基准价为 12.7 元，赔偿数额以此为基础展开计算。《若干规定（2022）》第 26 条第 4 款的规定使基准价格的认定来源多样化，如允许法院根据有专门知识的人的专业

① 陈洁. 虚假陈述民事赔偿制度的新发展理念及其规范实现［J］. 法律适用，2022（3）：54.
② 吴胤. 我国证券市场虚假陈述因果关系认定的制度完善［A］. 张立翘. 金融法苑［C］. 北京：中国金融出版社，2016：47.

意见，参考对相关行业进行投资的估值方法来确定基准价格。① 目前来看，差额损失补偿原则将会长期占据主导地位，至少在法律法规松动前，实务中不会有新的突破。

五、结语

康美药业案的审理已落下帷幕，但是受其影响而确立的法律规范势必会随着证券市场的进一步发展遭遇更加严峻的挑战。《若干规定（2022）》出台前，囿于证券虚假陈述案件的复杂性及规范的抽象表述，致使在司法实践中对于证券虚假陈述案件的构成要件，尤其是因果关系认定中三个时间节点的认定存在较大差异。即便在个案中法官明知虚假陈述因果关系的认定应以实施日与揭露日为核心要素加以准确判断，但是就虚假陈述揭露日的认定仍然无法避免判断标准不统一的司法乱象。不可否认的是，《若干规定（2022）》的出台完善了证券市场虚假陈述的法律监管体系，有助于统一裁判思路，兼顾司法公正、市场秩序与投资者权益。对于"后康美时代"衍生出的众多议题，如投资人区分保护、损失赔偿计算方法等议题还有待实践的进一步检验。

---

① 汤欣，李卓卓. 新修虚假陈述民事赔偿司法解释评析［J］. 法律适用，2022（3）：69.

注册制对青岛市融资方式带来变化的评价和对策研究

曲天明* 王文慧**

摘　要： 2020 年新《证券法》实施，核准制逐步转向注册制。注册制的改革是完善和提升资本市场效能的重大举措，为市场成长型创新创业企业利用资本市场扩大直接融资提供了历史性机遇，本文阐述了我国注册制实施的背景，简要分析了注册制与核准制的区别，结合注册制对我国资本市场产生的影响，重点分析了青岛市企业融资方式的变化。同时，本文基于 SWOT 分析法进一步评价青岛市企业通过注册制进行融资的机遇与挑战，进而从政府与企业两方面提出了促进青岛市优质企业打通融资渠道的发展路径。

关键词： 证券法　注册制　融资方式　SWOT 分析

一、引言

三十年筚路蓝缕，中国证券市场上市发行制度经历了众多探索。近年来中国证券市场改革愈加深化，2019 年科创板于上海试

---

* 曲天明，青岛科技大学法学院副教授，法学博士，硕士生导师，研究方向：公司法与证券法。

** 王文慧，青岛科技大学法学院，2020 级硕士研究生，研究方向：公司法与证券法。

行落地，2020 年 3 月新《证券法》明确全面推行注册制度改革，2020 年 8 月创业板首批注册制企业于深圳上市①。注册制下，不断简化企业上市的条件，取消证监会发审委、取消暂时上市环节等程序，企业上市的效率进一步提高，中国企业越发吸引资本的聚焦。此外，注册制下实施触发条件的直接退市，监管措施更加明确、执法手段更加完善，大幅提高企业违规成本，充分发挥注册制的优胜劣汰机制②。新《证券法》与"三十而立"的中国市场经济对青岛的经济发展而言，是可遇不可求的重要"风口期"，把握注册制改革红利带来的良机，支持相关企业冲击 IPO，这将为青岛企业未来发展开启"绿色通道"。

二、新《证券法》下的注册制改革

（一）注册制与核准制

核准制与注册制均是公司上市发行的监管制度，每一种制度都对应特定的市场发展样态③。其中，以信息披露为核心的注册制是市场机制与证券监管机制在特定历史环境下博弈的结果，注册制下市场对企业上市的条件更加包容，证券监督应当对发行人是否符合上市发行等条件进行形式审查。与注册制相比，核准制对企业上市的资质要求更为严格，其审查的范围更为精细、审查形式更为复杂（见表1）。然而，层层的审批导致上市效率较低，不能紧跟市场需求。此外，核准制缺乏合理的清退制度，新股无法增加、"垃圾股"无法退市、

---

① 董晨，张宗新．注册制新股发行市场化改革成效及其优化研究［J］．证券市场导报，2022（2）：4.

② 金鹏伟．注册制下新三板市场生态变化与转板机制研究［J］．新金融，2021（9）：31.

③ 宋顺林．中国式 IPO 定价：一个文献综述［J］．中央财经大学学报，2022（1）：54.

"借壳上市"等现象屡见不鲜。① 在有限的资金下，造假股票偷走了原本属于优质股票的资金。同时，在核准制的框架下，证监会对企业的处罚措施也是十分有限的，其中"顶格处罚 60 万元"一直被人诟病，如 2019 年康美药业 300 亿元资金不翼而飞，高管顶格处罚 60 万元；2019 年 9 月，獐子岛扇贝离家出走，高管顶格处罚 60 万元。核准制的若干弊端相继出现，注册制改革势在必行。在这种背景下，2019 年国家首次设立科创板作为中国证券市场注册制度改革的试点，2019 年 7 月首批科创板上市公司在上海证券交易所揭幕，2020 年 6 月注册制正式登陆深圳证券交易所，创业板注册制改革落地。

表 1　注册制与核准制的区别

项目	注册制	核准制
原则	信息公开原则	实质性管理原则
基础	事后监管	以监管机关审核为本
审核方式	形式审核，事后监管	实质审核，事前监管
审核效率	较高	较低
上市周期	较短（1 年）	较长
公司定价	市场自主决定	市场主导，政策与法律监管的参与度高
上市门槛	较低	较高
退市制度	制度完善，效率、频率较高	制度不完善，效率、频率较低
投资者特征	相对成熟，自我判断	成熟度相对较低，经验少

① 李有星，侯凌霄. 注册制下重大违法强制退市制度的困境与破解 [J]. 证券市场导报，2021（10）：73.

续表

项目	注册制	核准制
投资者保护	保护机制较为完善	保护机制存在欠缺
上市企业特征	符合规定的各种企业，包含成熟型与成长型企业	以成熟型企业为主
上市条件与标准	一般不要求企业满足盈利条件	一般要求企业满足盈利条件

（二）注册制的特点

注册制严格规范上市程序（如图1），从发行条件来看，新《证券法》将法条内容作了部分修改，取消了营业收入、现金流量和净利润等财务指标，为具有良好发展预期和基体的新兴企业发行上市提供机遇①。在发行程序方面，新《证券法》直接取消了证监会的发行审核委员会，由证券交易所审核股票发行，证监会只负责登记；同样，从公开发行公司债券的角度来看，证监会和国家发展改革委将把审查重点转移到证券交易所，仅保留注册功能，注册系统带来的简化发行程序将是革命性的②。另外，注册制的推行更加注重强化事中和事后的监管，严格相关主体责任，加强对舞弊主体的处罚。例如，科创板进一步规定了发行人承担法律责任和信息披露的诚信义务；在申报时，保荐机构同时归档工作底稿、审核期间适时启动现场检查，发挥好中介机构尽职调查、审慎核查的"守门员"作用，同时也加强了保荐机构对发行人的持续督导职责③。

① 张艳．注册制下科创板退市法律规制模式转型——以投资者妥适保护为核心［J］．上海财经大学学报，2021，23（3）：138-140.
② 巫文勇，余雪扬．注册制下股票发行标准重建研究——基于注册发行与相关上市规则的冲突分析［J］．江西财经大学学报，2019（4）：139-140.
③ 刘李胜．证券发行注册制的实质［J］．中国金融，2021（11）：72.

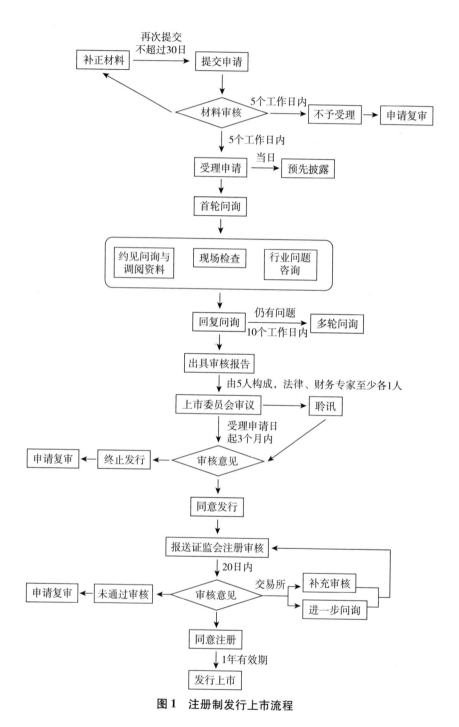

图 1　注册制发行上市流程

我国引入注册制更加关注企业的未来，不再以盈利为考核标准，愈加减少与企业定价相关的审查内容，降低财务标准，强化信息披露制度，注册制更着眼于公司的持续经营能力，部分降低了公司的市场准入门槛。新《证券法》新增了证券交易停复牌制度和程序化交易制度以规范上市交易业务流程，通过交易所规则调整终止上市的具体情形以终结暂停上市的乱象，进而推进相关不合规企业的退市工作。通过建立规范的退市机制，全方位地纠正不合理的股价形成机制，科学简化退市流程，逐渐降低上市公司"壳价值"，对降低市场的整体交易成本，促进市场经济的健全以及助力投资者合法权益保护都将产生积极效用。① 总体来说，注册制相较于核准制有以下几个方面的优势：

1. 有效解决企业融资问题

注册制更加灵活，它采用的准入和清出制度较为科学，注册制采用标准化的规则框架，对于企业的盈利能力、财务状况相对宽松，满足条件即可申请上市，为各类难以上市的中小企业，能够通过股权融资降低自身杠杆，缓解资金压力。

2. 留住本土企业

当前，中国香港和欧美的资本市场均采用注册制，对于初期难盈利但有潜力的科创公司更为友好，以腾讯、百度为代表的早期中国互联网巨头，包括近几年来如爱奇艺、京东、B站、拼多多等互联网公司都纷纷选择在港股、美股上市。② 这些公司本身具有成熟的业务模式，但目前还无法实现盈利，从而无法通过核准制在A股上市，最终导致中国股民无法分享这些优质中国企业成长的红利。如今注册制的实行不仅能够培育大量的本土公司，还能吸引大批"海龟"企业，

---

① 徐文鸣.注册制背景下债市虚假陈述司法裁判的金融逻辑——以五洋债代表人诉讼为例［J］.证券市场导报，2021（5）：73-75.
② 周卫青.IPO注册制下发行人与中介机构虚假陈述民事责任研究［J］.证券市场导报，2021（4）：66.

如 2020 年从美股退市的中芯国际以及当前处在新冠肺炎疫苗研制第一梯队的康希诺都选择回到科创板上市。①

3. 维护市场经济生态

注册制的最终目的是打造一个健康的投资、融资平台。在核准制的前提下，股票设有 10% 的涨跌幅限制，市场清出通道闭塞；而注册制的涨跌幅限制为 20%，一上一下 40% 的振幅，打新、打板的炒作势头将会减弱，同时严厉的退市制度以及惩罚措施让垃圾股无所遁形，市场的风格将逐渐由投机转向投资，市场的资金将会集中到优质公司，短期炒作的回报率将远远低于长期持有的龙头企业。以美国的资本市场为例，此次美股从熔断到再创新高，主要领涨的力量是科技行业的龙头，而"垃圾股"最终会因为无人问津导致自动退市，注册制去散户化也成为必然的趋势。

综上所述，核准制向注册制的转变必然导致国内市场生态的重大变化，优质公司愈加容易上市，加快劣质公司的退市，投资者需要依据披露信息自行作出投资决策，"去散户"成为市场趋势。另外，目前已经颁布的各项规则中，证监会和交易所坚持以信息披露为核心的理念，将市场作为风向标，充分释放了对市场的尊重，为市场经济与优秀企业的共赢留出了足够的空间。

三、指标分析：注册制对融资方式的影响

（一）全国核发 IPO 总量

注册制改革实现了市场经济与优秀企业的共同发展，为市场上成长的创新创业公司利用市场经济扩大直接融资提供了历史性机遇。注册制实施以来，企业上市融资热情高涨，证监会核发 IPO 数量、融

---

① 任泽宇. 美国"蓝天法"对科创板发行审核裁量权边界的启示——兼论新《证券法》下注册制进阶路径［J］. 财经法学，2021（4）：89-91.

资金额均呈井喷式增长①。2019 年科创板注册制正式推出后，证监会核发 IPO 数量首次实现近三年来累计增长量正数发展，环比发展速度大幅提高（见图 2、表 2）。同时，根据证监会披露的数据统计分析，截至 2022 年 1 月 31 日，全国创业板累计受理注册申请共计 828 家，其中 294 家已注册生效，总融资金额 2023.2365 亿元；科创板累计受理注册申请共 709 家，其中 401 家已成功登陆科创板，总融资金额 4840.5322 亿元。2022 年是中国股市改革不断深化的一年，虽然受国际国内疫情影响，我国证监会核发 IPO 数量环比增长速度呈现巨大波动，但总体增长速度依旧保持在较高水平，我国市场活力被有效激发，注册制发展势如破竹。

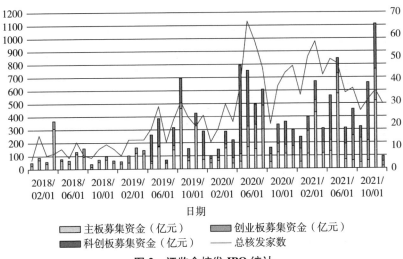

图 2　证监会核发 IPO 统计

---

① 徐瑜璐．论注册制下的证券市场治理权能转向［J］．河北法学，2020（12）：173.

表 2　证监会核发 IPO 数量的水平分析与速度分析

截止日期	全部核发量（家）	逐期增长量（家）	累计增长量（家）	环比发展速度（％）	定基发展速度（％）	环比增长速度（％）	定基增长速度（％）
2018-02-01	4	—	—	100.00	—	—	0.00
2018-05-01	25	21	21	625	625	525	525
2018-08-01	21	-4	17	84	525	-16	425
2018-11-01	23	2	19	109.52	575	9.52	475
2019-02-01	29	6	25	126.09	725	26.09	625
2019-05-01	32	3	28	110.34	800	10.34	700
2019-08-01	59	27	55	184.38	1475	84.38	1375
2019-11-01	64	5	60	108.47	1600	8.47	1500
2020-02-01	66	2	62	103.13	1650	3.13	1550
2020-05-01	59	-7	55	89.39	1475	-10.61	1375
2020-08-01	124	65	120	210.17	3100	110.17	3000
2020-11-01	122	-2	118	98.39	3050	-1.61	2950
2021-02-01	126	4	122	103.28	3150	3.28	3050
2021-05-01	140	14	136	111.11	3500	11.11	3400
2021-08-01	138	-2	134	98.57	3450	-1.43	3350
2021-11-01	96	-42	92	69.57	2400	-30.43	2300
2022-02-01	95	-1	91	98.96	2375	-1.04	2275

　　根据证监会披露的申报企业招股说明书中地区的分类，对已注册生效的企业地区分布和融资占比进行统计（见表3）。数据显示，当前注册制下各省企业的注册总量、融资金额呈现出较强的地区集中、行业集中，头部效应明显。已经注册生效的企业中各省（市）融资

金额总量居前列的分别是广东、江苏、浙江、上海和北京，该五个省（市）注册生效的企业数量占总体注册生效企业总量的 69.93%，在创业板和科创板的融资金额占总体的 65.84%，这一结果与我国各省（市）经济发展水平以及科技创新水平基本吻合。另外，对已注册生效的 695 家企业按照所属行业和地区进行分类，发现有 70% 左右的企业集中在专用设备制造业、电子设备制造业、信息技术服务业和医药业。从上述四大行业领域来看，多属于符合国家战略、市场认可度高、物质资源消耗少、具有成长潜力的技术密集型企业。因此，注册制将资金从企业产能配置向科技创新领域，有力减轻了中国经济向高端高附加值转型升级的重担，缓解了高新技术企业在早期研发阶段深受困扰的资金问题。

表3 全国各省注册生效企业的融资金额总量

注册地	注册生效总量（家）	科创板注册生效数量（家）	创业板注册生效数量（家）	科创板融资金额（亿元）	创业板融资金额（亿元）	总融资金额（亿元）	融资占比（%）
广东	127	62	65	475.80	464.00	939.80	13.69
江苏	127	75	52	621.01	312.02	933.04	13.59
浙江	85	35	50	716.89	240.50	957.40	13.95
上海	80	60	20	785.80	226.07	1011.87	14.74
北京	67	51	16	525.67	151.45	677.12	9.87
山东	36	19	17	208.15	100.48	308.63	4.50
安徽	26	15	11	97.09	56.60	153.69	2.24
四川	20	14	6	110.22	26.78	137.00	2.00
福建	18	8	10	53.19	81.66	134.84	1.96
湖北	17	8	9	62.69	59.52	122.21	1.78
湖南	17	12	5	238.09	38.49	276.57	4.03

续表

注册地	注册生效总量（家）	科创板注册生效数量（家）	创业板注册生效数量（家）	科创板融资金额（亿元）	创业板融资金额（亿元）	总融资金额（亿元）	融资占比（%）
陕西	13	11	2	95.71	27.36	123.07	1.79
河南	11	4	7	19.98	52.84	72.82	1.06
江西	10	5	5	111.34	55.08	166.41	2.42
辽宁	8	6	2	60.80	12.50	73.30	1.07
天津	7	4	3	30.99	23.30	54.29	0.79
吉林	5	2	3	23.58	15.58	39.16	0.57
境外	5	5	0	520.37	0.00	520.37	7.58
河北	4	0	4	0.00	17.42	17.42	0.25
贵州	3	2	1	19.00	16.62	35.62	0.52
西藏	2	0	2	0.00	10.15	10.15	0.15
黑龙江	2	1	1	8.76	7.21	15.97	0.23
海南	1	1	0	5.41	0.00	5.41	0.08
云南	1	0	1	0.00	15.35	15.35	0.22
新疆	1	1	0	50.00	0.00	50.00	0.73
宁夏	1	0	1	0.00	6.02	6.02	0.09
广西	1	0	1	0.00	6.24	6.24	0.09
合计	695	401	294	4840.53	2023.24	6863.77	100

（二）山东省注册制改革现状

注册制实施以来，山东省多家企业通过发行上市、完善公司治理等多元化融资方式筹集了大量资金，借此机遇该类企业成为行业龙头，不仅推动了实施山东省创新战略和产业结构优化升级，也加快了山东省金融业的发展和资本要素的积累。根据统计数据分析（见表

4、表5），山东省在创业板、科创板的后备资源丰富，省内企业在注册制改革中的成效显著。当前山东省高新技术企业超5万家，区域内部"三创四新"公司基数大，创业板和科创板上市后备资源丰富。截至2021年3月1日，山东省已有74家公司办理了注册备案，其中43家拟申报创业板，31家拟申报科创板，同比增长约30%。在已提交注册的74家企业中，已经完成注册的企业共计34家，通过上市委会议的企业共计1家，处于提交注册阶段的企业共计5家，处于问询阶段的企业共计12家。从融资方面来看，山东省全国排名第6，已实现融资金额达308.63亿元，占全国总融资比重的4.5%。从数量方面来看，大批企业正在奔赴注册制的路上，如科捷智能、德邦科技等已经公布了IPO辅导总结报告；盘古智能、海看科技等公司计划在创业板上市的企业，已经完成了上市辅导工作，上市委会议审议结果通过，即将完成注册。实施注册制加快了山东省金融业发展和资本要素积累，夯实了实施创新战略的经济基础，然而由于省内经济发展不平衡、产业发展过度集中，山东省市场经济发展并不均衡，省内上市公司集中在东南沿海。其中，济南和青岛各项资源集中，是山东省上市公司数量最多的城市。注册制实施以来，在申请数量方面，青岛市申请上市公司数量居省内首位，占全省数量的29.73%；在融资金额方面，济南和青岛的预计融资总额占全省的51.36%，龙头效应明显。注册制全面实施以来，资本市场的包容化越发增强，省内各区域将会有更多的企业进入资本市场，同时区域差距也渐渐拉大，能否抓住注册制改革红利，实现逆风翻盘，成为各区域经济改革的焦点问题。

表 4　山东省各市企业注册数量统计

注册地	注册生效	上市委会议通过	提交注册	已问询	撤回	中止	终止	总计
青岛	9	0	2	5	1	1	4	22
济南	10	1	0	0	1	2	2	16
淄博	5	0	0	1	0	2	0	8
烟台	4	0	0	2	0	1	0	7
潍坊	3	0	1	0	1	0	0	5
威海	1	0	1	0	1	0	1	4
济宁	1	0	1	0	0	0	1	3
滨州	1	0	0	0	0	0	1	2
德州	2	0	0	0	0	0	0	2
东营	0	0	0	2	0	0	0	2
泰安	0	0	0	0	0	1	0	1
聊城	0	0	0	1	0	0	0	1
日照	0	0	0	1	0	0	0	1
合计	36	1	5	12	4	7	9	74

表 5　山东省各市注册生效企业的融资金额统计

注册地	创业板融资金额（亿元）	科创板融资金额（亿元）	总融资金额（亿元）	总融资占比（%）
济南	19.91	82.53	102.45	33.19
烟台	12.24	44.50	56.74	18.38
青岛	20.20	35.88	56.07	18.17
潍坊	26.63	0.00	26.63	8.63

续表

注册地	创业板融资金额（亿元）	科创板融资金额（亿元）	总融资金额（亿元）	总融资占比（%）
淄博	8.50	14.76	23.26	7.54
威海	0.00	18.81	18.81	6.09
德州	4.00	5.77	9.77	3.17
滨州	9.00	0.00	9.00	2.92
济宁	0.00	5.90	5.90	1.91
合计	100.48	208.15	308.63	100.00

（三）注册制改革对青岛融资方式的影响

融资困难已然成为制约青岛市企业发展的现实困境，许多企业迫切需要通过证券市场获取融资，抓住注册制上市的风口，对青岛企业来说相当于抓住了救命甘泉，尤其2019年以来，在新冠肺炎疫情影响下该制度为企业减少上市排队等候时间，避免错过稍纵即逝的机遇，为实现高效率上市融资提供了巨大便捷。注册制实施以来，青岛市抢抓注册制改革红利带来的发展红利，截至2022年2月1日，青岛累计受理企业注册申请共计22家，居山东省首位，其中科创板10家、创业板12家（见表6）。

表6　青岛市企业注册发行信息统计

板块	发行人名称	审核状态	注册地	融资金额（亿元）	证监会行业
创业板	海泰科	注册生效	青岛城阳	4.0965	专用设备制造业
创业板	百洋医药	注册生效	青岛市北	7.0217	批发业
创业板	德固特	注册生效	青岛胶州	4.5351	专用设备制造业
创业板	冠中生态	注册生效	青岛崂山	4.5448	生态保护和环境治理业

续表

板块	发行人名称	审核状态	注册地	融资金额（亿元）	证监会行业
创业板	日日顺	已问询	青岛崂山	27.7063	商务服务业
创业板	歌尔微	已问询	青岛崂山	31.9133	计算机、通信和其他电子设备制造业
创业板	有屋智能	已问询	青岛胶州	12.8131	家具制造业
创业板	思普润	已问询	青岛黄岛	4.0163	生态保护和环境治理业
创业板	豪江智能	已问询	青岛即墨	6.6077	电气机械和器材制造业
创业板	盘古智能	提交注册	青岛高新	7.5000	专用设备制造业
创业板	朗夫科技	中止	青岛即墨	4.7880	橡胶和塑料制品业
创业板	德盛利	撤回	青岛黄岛	3.6220	专用设备制造业
科创板	高测股份	注册生效	青岛高新区	6.0000	专用设备制造业
科创板	海泰新光	注册生效	青岛崂山	8.6237	专用设备制造业
科创板	海尔生物	注册生效	青岛黄岛	10.0000	专用设备制造业
科创板	云路股份	注册生效	青岛即墨	8.0000	金属制品业
科创板	青达环保	注册生效	青岛胶州	3.2523	专用设备制造业
科创板	科捷智能	提交注册	青岛市高新区	4.4837	通用设备制造业
科创板	中科英泰	终止	青岛市高新区	4.9536	计算机、通信和其他电子设备制造业
科创板	易来智能	终止	青岛崂山	5.5000	电气机械和器材制造业
科创板	中加特	终止	青岛市黄岛区	25.0210	专用设备制造业
科创板	华夏天信	终止	青岛黄岛	9.2803	专用设备制造业

在行业分布方面，新旧动能转换已然成为传统企业榜单的突破点。目前，青岛市 22 家过会企业主要分布于专业设备制造等传统制

造业，部分涵盖节能、环保、医药等风口行业。其中，思普润和冠中生态等聚焦环境治理业；海泰科、高测股份、海尔生物等10家企业聚焦专用设备制造业；百洋医药专注于医药批发；易来智能和豪江智能等公司涉猎电气机械和器材制造业，专注于智能控制系统的设计、研发、生产和销售；中科英泰是以设计研发商用智能终端系统为核心的高新技术企业。"十四五"规划出台后，环保专用设备制造成为行业新的增长点，受到国家能源与环保部门的聚焦与支持，据天眼调查数据，近年来我国证券市场已然逐步向环保设备制造行业聚焦，国内经营制造环保专用设备的企业增长至15080家，呈现出持续增长走向，青岛的企业也在此次增长浪潮中迎头赶上。当前，青岛申请注册上市的本土企业中大多数集中于专用设备制造和生态保护，力推以"品牌之都、工匠之城"为核心的青岛制造业的发展。与此同时，青岛正逐步放宽优秀人才引进措施，积极释放来青岛创业就业的利好政策，着力推进本土的明星产业成长发展，引入大量产业投资，推动传统工业制造业的创新发展。作为山东省的重要传统工业的龙头，青岛众多传统工业制造企业成功冲击IPO屡见不鲜，2020年以来在新上市企业中，有多家传统行业企业为企业注入发展新动能主动通过融入工业互联网领域、贴近国家战略规划，进而更加备受瞩目，增强了企业上市的竞争内核。青岛市制造业杀出重围，"工匠之城"已具雏形①。注册制下青岛新增企业在宽口径统算中的上市表现优异，青岛市各类企业表现出了精准对接证券市场的能力，表现出青岛市政府力推优质本土企业快速上市的决心和善用市场资本振兴润活本土经济的实力。当然，青岛市在注册制改革方面尚有不足的地方，通过对比（见表7、表8）我们不难发现，青岛市企业在上市数量、融资金额、企业储备等方面与深圳市存在很大差距。1978年实行改革开放后，国内民营企业为地方经济市场带来了强大的活力空间，上市企业作为

---

①　王伦强. 论我国证券发行注册制推进的路径［J］. 西南金融，2020（8）：47.

城市最具活力的微观经济主体，主体的体量与品质于很大程度呈现出一个城市的整体实力和生命力。伴随改革开放进一步深化，深圳牢牢攥住改革发展的东风快速提升本土经济基础，上市公司体量于此 40 多年内突增猛涨，上市总市值在全国名列前茅，市场经济活力独占鳌头。其中，截至 2022 年 2 月 1 日，深圳共计 67 家企业完成注册上市，实现融资金额高达 462.3509 亿元，无论是数量还是质量都远超青岛，注册制改革对助力深圳资本动能转换效果明显。市场经济良好的运行，离不开优质的营商环境，"电子产业""民营经济"是当前深圳资本市场运行的两个关键词。作为中国新兴电子信息科技硅谷的深圳，由于信息技术和产业链的聚合与统筹，掌握了一众知名的电子信息技术企业，这就为注册制下企业上市累积了丰富后备资源。青岛要"学深圳，赶深圳"，必须根植于本土主业创新保质成长，认真分析自身发展环境，主动指引企业冲击 IPO，为实现本土制造行业优化升级提供肥沃的土壤。

表 7　深圳市注册生效企业信息统计①

板块	发行人名称	审核状态	注册地	融资金额（亿元）	证监会行业
创业板	崧盛股份	注册生效	深圳	4.59	电子设备制造业
创业板	翔丰华	注册生效	深圳	5.00	非金属矿物制品业
创业板	蕾奥规划	注册生效	深圳	4.90	专业技术服务业
创业板	显盈科技	注册生效	深圳	3.50	电子设备制造业
创业板	奥尼电子	注册生效	深圳	8.09	电子设备制造业
创业板	深水规院	注册生效	深圳	4.51	专业技术服务业
创业板	博硕科技	注册生效	深圳	7.50	电子设备制造业

---

①　统计时间截止到 2022 年 2 月 1 日。

续表

板块	发行人名称	审核状态	注册地	融资金额（亿元）	证监会行业
创业板	迪阿股份	注册生效	深圳	12.84	零售业
创业板	强瑞技术	注册生效	深圳	3.76	专用设备制造业
创业板	创益通	注册生效	深圳	5.96	电子设备制造业
创业板	通业科技	注册生效	深圳	3.84	运输设备制造业
创业板	奥雅设计	注册生效	深圳	7.50	专业技术服务业
创业板	信濠光电	注册生效	深圳	18.00	电子设备制造业
创业板	易瑞生物	注册生效	深圳	2.13	医药制造业
创业板	爱克股份	注册生效	深圳	8.45	电气机械和器材制造业
创业板	南极光	注册生效	深圳	5.21	电子设备制造业
创业板	南凌科技	注册生效	深圳	4.21	软件和信息技术服务业
创业板	深圳瑞捷	注册生效	深圳	6.21	专业技术服务业
创业板	深城交	注册生效	深圳	8.86	专业技术服务业
创业板	特发服务	注册生效	深圳	3.45	房地产业
创业板	秋田微	注册生效	深圳	4.97	电子设备制造业
创业板	稳健医疗	注册生效	深圳	15.19	纺织业
创业板	欧陆通	注册生效	深圳	5.54	电子设备制造业
创业板	朗特智能	注册生效	深圳	3.77	电子设备制造业
创业板	深水海纳	注册生效	深圳	6.04	生态保护和环境治理业
创业板	大族数控	注册生效	深圳	17.07	专用设备制造业
创业板	中集车辆	注册生效	深圳	20.00	汽车制造业
创业板	英诺激光	注册生效	深圳	4.85	电子设备制造业

续表

板块	发行人名称	审核状态	注册地	融资金额（亿元）	证监会行业
创业板	利和兴	注册生效	深圳	5.81	专用设备制造业
创业板	中兰环保	注册生效	深圳	5.63	生态保护和环境治理业
创业板	杰美特	注册生效	深圳	4.46	电子设备制造业
创业板	法本信息	注册生效	深圳	4.58	软件和信息技术服务业
创业板	信测标准	注册生效	深圳	3.54	专业技术服务业
创业板	中富电路	注册生效	深圳	7.59	电子设备制造业
创业板	鸿富瀚	注册生效	深圳	6.98	电子设备制造业
创业板	汇创达	注册生效	深圳	4.58	电子设备制造业
创业板	金百泽	注册生效	深圳	4.93	电子设备制造业
创业板	中金辐照	注册生效	深圳	5.63	其他制造业
科创板	统联精密	注册生效	深圳	8.98	电子设备制造业
科创板	鼎阳科技	注册生效	深圳	3.38	仪器仪表制造业
科创板	气派科技	注册生效	深圳	4.86	电子设备制造业
科创板	迅捷兴	注册生效	深圳	4.50	电子设备制造业
科创板	新益昌	注册生效	深圳	5.52	专用设备制造业
科创板	亚辉龙	注册生效	深圳	7.33	医药制造业
科创板	瑞华泰	注册生效	深圳	4.00	橡胶和塑料制品业
科创板	惠泰医疗	注册生效	深圳	8.40	专用设备制造业
科创板	三旺通信	注册生效	深圳	4.49	电子设备制造业
科创板	明微电子	注册生效	深圳	4.62	软件和信息技术服务业
科创板	科思科技	注册生效	深圳	13.07	电子设备制造业

续表

板块	发行人名称	审核状态	注册地	融资金额（亿元）	证监会行业
科创板	海目星	注册生效	深圳	8.00	专用设备制造业
科创板	力合微	注册生效	深圳	3.18	电子设备制造业
科创板	震有科技	注册生效	深圳	5.45	电子设备制造业
科创板	燕麦科技	注册生效	深圳	5.38	专用设备制造业
科创板	财富趋势	注册生效	深圳	7.78	软件和信息技术服务业
科创板	道通科技	注册生效	深圳	6.50	电子设备制造业
科创板	清溢光电	注册生效	深圳	4.03	电子设备制造业
科创板	普门科技	注册生效	深圳	6.32	医药制造业
科创板	传音控股	注册生效	深圳	30.11	电子设备制造业
科创板	微芯生物	注册生效	深圳	8.04	医药制造业
科创板	光峰科技	注册生效	深圳	10.00	电子设备制造业
科创板	深科达	注册生效	深圳	3.49	专用设备制造业
科创板	联赢激光	注册生效	深圳	5.81	专用设备制造业
科创板	正弦电气	注册生效	深圳	3.73	电气机械和器材制造业
科创板	有方科技	注册生效	深圳	5.56	电子设备制造业
科创板	倍轻松	注册生效	深圳	4.97	电子设备制造业
科创板	芯海科技	注册生效	深圳	5.45	电子设备制造业
科创板	杰普特	注册生效	深圳	9.73	电子设备制造业

表 8　青岛与深圳注册生效企业信息对比图①

注册地	创业板		科创板		总量	
	注册生效量（家）	融资金额（亿元）	注册生效量（家）	融资金额（亿元）	注册生效量（家）	融资金额（亿元）
青岛	12	119.1648	10	85.1146	22	204.2794
深圳	38	259.6679	29	202.683	67	462.3509
比较相对指标（以青岛为100）	316.67	217.91	290.00	238.13	304.55	226.33

四、青岛市融资环境 SWOT 分析

通过上述分析显而易见的是，青岛市近年来更加关注优化营商环境，着力打造和提升本土经济市场活力。与深圳市相比，青岛市场经济发展的历史条件相对较弱，在学习追赶深圳的过程中不难发现青岛本土企业发展的诸多学习经验在实践中并未真正落地，本章运用 SWOT 分析进一步研究注册制下青岛市融资环境存在的问题。

（一）内在优势（Strengths）

1. 产业环境

根据青岛市统计局公布的数据分析，2020 年，青岛市生产总值12400.56 亿元，较 2019 年增长 3.7%。其中，第一产业增加 425.41 亿元，较 2019 年增长 2.6%；第二产业增加 4361.56 亿元，增长 3.0%；第三产业增加 7613.59 亿元，增长 4.1%。"十三五"时期，三次产业结构由 2015 年的 4.1 : 40.5 : 55.4 调整为 2020 年的 3.4 : 35.2 : 61.4。2020 年，青岛市新产业稳步发展，全市高技术产业增加值提高 11.7%，占 GDP 的 6.4%。其中，高新技术制造业增长 1.7%、战略新兴产业增长 5.2%、高新服务业增长 17.5%。伴随"项目落地"计划的实施，2021 年青岛市投资总量稳步增长，投资结构愈益优化，投资引进工作

---

① 统计时间截止到 2022 年 2 月 1 日。

成效明显。在工业投资建设的带动下，2021 年年度投资总额达 6800 亿元，同比增长近 300 亿元，增长幅度 4.1%。在高新技术制造业投资方面，2021 年，青岛市全年高新技术制造业投资同比增长 60.5%，对高新技术投资增长贡献率高达 1147.6%。与之同时，2021 年，青岛市"四新"经济投资平稳增长，"四新"经济投资项目达 4217 个，同比增长量为 260，完成投资增长 7.1%，在全市投资中占比超过50%。伴随现代服务业实力不断增强，青岛市逐步形成了以金融服务为主的崂山金融服务圈、以港口物流服务为主的西海岸经济圈、以海洋高新技术服务为核心的蓝色经济硅谷等规划布局。青岛市产业结构、营商环境不断优化，本土战略新兴产业持续聚集，为青岛市企业搭建特色产业奠定了良好的基础，加速了"独角兽"企业的蜕变，青岛市企业注册上市的后备资源不断丰富（见表 9）。

表 9　青岛市规模以上工业企业数量统计

市、区名称	规模以上（家）	按轻重工业分		按企业规模分		
		轻工业	重工业	大型企业	中型企业	小微型企业
市南区	10	4	6	1	3	6
市北区	56	15	41	3	9	44
李沧区	94	20	74	0	7	87
崂山区	87	38	49	6	12	69
西海岸新区	818	228	590	34	106	678
城阳区	662	266	396	13	66	583
即墨区	521	248	273	10	63	448
胶州市	610	256	354	7	60	543
平度市	407	183	224	6	35	366
莱西市	270	141	129	5	25	240
合计	3535	1399	2136	85	386	3064

2. 金融环境

2021 年，青岛市金融业继续保持健康发展，截至 2021 年年底，青岛市拥有银行类营业机构 1702 家、证券机构 135 家、期货机构 35 家、保险机构 66 家，金融投资配置不断优化。其中，保险业实现保费收入 486.9 亿元，增长 10.8%；金融机构存款余额 17876.3 亿元，比年初增加 1752.0 亿元。青岛辖区全口径证券经营机构代理买卖证券交易额 69736.5 亿元，增长 41.2%；私募基金管理人登记增至 271 家，规模达 821.2 亿元，增长 28.2%。注册制实施以来，青岛市进一步加强新《证券法》宣传培训，帮助企业协同相关部门妥善应对化解金融投资风险，青岛市企业上市工作初见成效，已经提交注册新的 22 家企业预计实现融资 204.2794 亿元，融资势头强劲。

（二）内在劣势（Weaknesses）

1. 科技创新环境

新技术、新产业、新业态的创新与涌现，极大程度上加快了全球经济体量运营的效率，打造着全球竞争版图的崭新前景，未来相关企业的发展需要大量的创新推动。根据青岛市统计局公布的 2020 年 25 个重要城市专利申请量来看，深圳市以 261500 件高居榜首，北京市以 226000 件位居第二，广州、上海、苏州、南京 4 城市均在 10 万件以上，青岛市以 31929 件位居第 18，排名靠后，数量仅为深圳市的 12.2%。从企业角度看，青岛市企业科技活动与深圳市有较大差距，2020 年，深圳市企业科技经费支出累计达 2012.2800 亿元，有 R&D 活动的企业共计 4987 家，有研发机构的企业共计 5713 家，新产品开发经费支出高达 1806.2773 亿元，均远超青岛市（见表 10）。从政府角度看，青岛市在科技创新方面的投入与深圳市相差甚远，青岛市企业自身创新实力较弱，由此导致青岛市 PCT 专利申请量与专利拥有量均处在较低水平。"唯创新者进，唯创新者强"，在创新方面，青岛已经落后于国内许多城市，能否抓住注册制改革红利，实现创新与融资协同发展，成为青岛市注册制改革的重点任务。

表 10　青岛市与深圳科技创新指标对比

指标	青岛市		深圳市	
	数值	排名	数值	排名
R&D 经费支出与 GDP 比值	2.86	9	4.32	3
有 R&D 活动的企业占比率	28.6	12	31.95	9
工业企业就业人员发明专利数量	81.78	16	553.93	1
科技支出占地方财政支出比重	1.78	16	9.58	1

2. 人才环境

企业最大的资产是专业技术人才。通过数据统计分析，青岛市的 R&D 人员数在全国创新城市中排名 13，相较于深圳还有较大差距。实际上，青岛市高校数量远高于深圳市，目前青岛市共有普通本科院校 13 所，而深圳市仅有 5 所本科院校，就此来看，青岛并不缺乏人才的"培养皿"，但近十年来青岛市人才外流日渐显著，"孔雀东南飞"的现象成为趋势。造成以上现象的因素很多，一方面，青岛市的人才引进政策优惠力度不强，吸引力不足。青岛市物价水平较高，而科研人员的工资水平较低，购房等生活压力大，近年来，青岛市虽然在努力转变思路，大力实施人才引进战略，但由于实际待遇上不去，人才引进难以落到实处。另一方面，大量科研人才愈加关注各地经济的发展实力，产业发展的潜力大小或成为吸引人才的重要拉动力。

（三）外部机遇（Opportunities）

1. 政策法律

新《证券法》颁布后，注册制改革为企业实现高效率上市融资提供了巨大便捷，青岛市抢抓注册制改革红利带来的发展红利，多措并举鼓励、支持、引导企业进行上市注册。面对疫情冲击，2020 年以来，青岛市逐步启用辅导监管信息系统，全面摸排上市公司受疫情影响情况，出台多项具体帮扶措施。青岛市及时跟进线上备案公示，启动远程辅导验收工作，不断改进服务以支撑优秀本土企业尽快实现市场登陆工作，目前已然形成了"改制、辅导、申报和上市一批"的优循环程序。一系列利好政策的出台，进一步彰显了青岛市上市监管的温度与关怀。同时，青岛市政府全面改革注册制，深入科创板和创业板的实践，及时传递经济市场帮扶措施，建立注册制实践的辅导验收"绿色通道"，市相关负责人员引导后备企业赴深沪开展学习观摩实践工作，积极寻找和培育优质企业上市，引导具备硬核属性的高新产业积极登陆创业板和科创板。

2. 对外经济合作态势

对外经济合作的良好局面为青岛市企业的发展创造了沃土，近年来，青岛市的贸易进出口体量进一步增长，背靠亚洲经济贸易区的青岛市与日韩经济流量颇增。目前，已有 160 多个国家和地区在青岛市建厂和投资，共有 2000 多家外国机构和企业在青岛市开展业务。2020 年，青岛市进出口总额持续增长 11.2%，共计 5925.6 亿元；2021 年，"一带一路"引领下全国市场进出口总额增长 30%，共计 1560 亿元人民币，其中对上合组织国家进出口增长了近 17%。同时，据统计，青岛市在此期间签订服务外包合同共 8941 份，合同金额达 71.5 亿美元，总销售额增长约 6.3%，青岛港口外贸进出口总额增长了 4.0%，"青岛制造"销往世界 211 个国家和地区。2022 年前 4 个月，青岛市外贸进出口总值 2609.1 亿元人民币，比去年同期增长 6%。①

（四）外部挑战（Threats）

1. 市场波动剧烈

近年来，中美两国关系摩擦不断，国际环境的不确定性元素愈演愈烈，市场经济波动剧烈且活跃度呈下降趋势，与此同时，在国内外

---

① 2022 年前 5 个月青岛市外贸进出口增长 6.8%，青岛财经网（qdcaijing.com），最后访问时间：2022 年 6 月 9 日。

疫情干扰下，青岛市融资环境再次受到冲击，经济发展受到挑战。经济发展新态势下，国内经济发展速度减缓，各项政策趋向保守，稳健的货币策略被施行，众多银行衍生品交易等被叫停。

2. 人民币升值

在市场融资方面，国内市场利率仍为看涨周期，控制通货膨胀率和信贷规模成为财政金融政策中的核心抓手，由此进一步导致中小企业所面临的融资形势越发恶化。在国际金融环境方面，人民币兑美元汇率亦处于看涨周期，由于境外投资者面临人民币升值压力增大，进而在一定程度上也影响着投资的积极性，这对于青岛市出口型企业发展而言是一个巨大的挑战。

五、青岛市融资方式推进的对策

(一) 政府层面

抓住注册制实施的机遇，青岛市政府需要认真贯彻落实证监会的决策部署，贯通增量市场和存量市场，在推动辖区内企业上市方面，多措并举确保注册制改革政策落实落地。

1. 全力做好政策宣传解读

青岛市政府应进一步加强新《证券法》宣传培训，全力分析解读注册制政策，做好备案拟上市公司申报意向的摸查和引导，及时分析青岛市拟上市公司储备情况。2020 年 5 月开始，青岛市证监局会同当地市金融监管局、深交所等召开试点创业板注册制度的线上培训，在此期间，约 260 名拟上市公司、重点储备企业和地方财政负责人参加了培训，有效地推进了企业积极申报上市，提高拟上市公司辅导验收工作效率。此外，在疫情有所缓解的情况下，相关部门应及时启动线下活动，组织专场培训，推动各拟上市公司董监高持续深入学习新证券法的相关法规，督促董事、高级管理人员认真遵守证券法律法规，走可持续适度发展道路，进一步规划整合公司上市的内控管理体系构架，切实维护企业和投资者的合法权益。

2. 积极推进上市公司发展合作规范机制建设

青岛市政府应通过各类途径积极向省委、省政府献言建策，在努力配合山东省建立上市公司常态化发展的跨部门合作机制的同时，全面推动上市公司重大风险系统防范化，主动化解潜在难题，积极引导在青企业制定高质量的上市行动方案，同时继续加强上市公司风险的摸排和处理工作①。青岛市政府可配合相关部门妥善管理和化解股票质押、退市和债券违约等潜在风险。

3. 支持上市公司调整重组

着力发展本土标准化主业，支持上市公司规范化再融资和分拆经营，在高质量发展主业的基础上，推动青岛市传统产业转型升级。对存在生产经营困难和重组成本高的企业，协调支持其引进经营实体能力高、资金信用实力强的战略性投资者，从而进一步实现生产结构的调整、资产结构和财务结构的优化，为企业恢复产能经济，增强持续经营能力实现稳健经营构建硬核的地基②。在市场监管方面，青岛市政府在积极引导的同时也应对实施高估值、高业绩承诺的并购重组公司加强监管，重点关注公司开展产业化并购重组。

（二）企业层面

从深交所主板与中小板合并，到建立初创企业实地考察制度，再到影子交易等一系列规章制度的出台，股东、内幕信息和投资者关系经过了 30 多年的沉淀③。当前中国各大资本市场体系不断完善，各方对市场经济改革政策寄予厚望，这些期待传导至金融市场是一个复

---

① 李安兰，陈见丽. 我国股票发行审核制度比较分析——兼论我国注册制的完善 [J]. 中国注册会计师，2020（5）：79.

② 周冰，尤左伟，邓浩，等. 科创板运行中相关风险点与防范研究 [J]. 证券市场导报，2020（1）：3.

③ 陈见丽. 基于注册制视角的上市公司退市制度改革研究 [J]. 学术交流，2019（3）：117.

杂的过程,各项改革措施的成效离不开时间等条件共同作用。在面对制度改革时,青岛市企业应从两个方面考虑:一方面,从战略上认清注册制改革和金融开放的总体趋势,把握扩大企业融资的战略机遇;另一方面,从战术上要敬畏市场规则,时刻关注注册制下新环境、新风险、新规则,系统提升企业的内部管理能力和应对风险水平。

1. 加快转型升级,提高企业战略规划能力

变以求进,以进求胜。当前青岛市许多企业尚处于实体经济转型期,破除传统产业融资难题,完成企业转型升级迫在眉睫,注册制的实施为青岛市企业转型发展提供契机。但是机会总是留给有准备的人,企业应进一步完善企业内部产权、企业法人治理制度,科学优化现代化企业经营管理方式,完善自身治理机制,为企业上市融资夯实基础。另外,企业应更加注重中、长期战略规划,精确分析企业内外环境,打造卓越业务能力和文化软实力,对企业在未来5年甚至更远的时期内所要达成的目标作出明确规划,为成功上市加持底牌。

2. 增强规则意识,完善重要信息披露

信息披露是注册制的核心,《证券法》第63条明确规定"发行人、上市公司依法披露的信息,必须真实、准确、完整,不得有虚假记载、误导性陈述或者重大遗漏",《上市规则》和《创业板上市规则》中进一步突出对增加股权质押等中高经营风险景况的披露,改进了重大关联交易的披露和决策流程①。因此,青岛市企业应加强规则意识,在政府的指导下积极学习相关政策法规,从源头上避免因招股说明书披露不实而带来的法律风险,改变由承销商撰写招股说明书的状况,聘请专业事务所对企业上市进行专业评估,完善企业信息披露制度。

3. 加强与综合实力强的证券承销商合作

"生于斯,反哺斯,必胜于斯",由于投资者更倾向于依据承销

---

① 卫恪锐. 美国IPO注册制及其对中国的启示 [J]. 金融与经济, 2017 (10): 85.

商在市场上的信誉度判断发行人质量的高低，为了自身长远发展，承销商更倾向于承揽优质且低风险的发行人，并对发行人合理定价，以此减少 IPO 的溢价率，销商与发行人形成了事实上的利益共同体。因此，注册制下企业应寻求与实力强、信誉好的证券承销商合作，以提高成功上市的概率。

六、结语

注册制改革对于青岛市企业融资而言，是历史性的机遇，更是跨时代的挑战。注册制系统的实践为企业提供了便捷高效的融资途径，但中小企业上市后能融资多少资金，在竞争激烈的证券市场能生存多久仍取决于公司自身。注册制改革实现了资本市场与优秀企业的共同发展，为市场上成长的创新创业公司利用资本市场扩大直接融资提供了机遇，但是对于企业来说，融资上市只是企业成长的萌芽阶段。只有抓住机遇，不断提升竞争力，青岛市企业才能在云谲波诡的市场中实现真正不败的傲然。政府方面，要实地统筹市场经济支持机制，完善退市制度，加强企业上市后监管作业，形成颇具中国特色的注册制度。注册制的推出是中国证券市场迈出的重要一步，必将改善中国企业融资难的窘境。

注册制下欺诈发行证券罪的规范分析

邵朱珂*

摘　要：注册制下，信息披露成为资本市场制度的核心。欺诈发行证券罪的保护法益应界定为市场主体间交互性的金融信用。欺诈发行证券罪属于脱财产犯性质的金融犯罪，具体投资者的财产利益不是本罪保护法益。欺诈发行证券罪的证券包括私募债券。欺诈发行事项应参考《证券法》第80条、第81条规定的强制披露事项，同时借鉴《格式准则》规定的风险因素、业务与技术、募集资金运用与未来发展规划事项，并结合投资者所在行业特点，判定欺诈发行事项重大信息的标准。控股股东、实际控制人刑事责任应根据其是否制订详细计划、执行者是否受其意思约束而进行实质判定是否属于共犯行为正犯化。

关键词：欺诈发行证券罪　《刑法修正案（十一）》　注册制　金融信用

欺诈发行证券被认为是资本市场的"造假之始""万恶之源"。证券欺诈发行后，必然伴随虚假披露等违法行为。根据2021年证监会案件办理情况通报得出：全年共办理案件609件，其中移送涉嫌犯

---

* 邵朱珂，山东汶上人，山东省郓城县人民检察院检察官助理。

罪案件（线索）率 29.06%，同比增长 53%；其中，虚假陈述（约占全年办理案件总量的 26.77%，其中移送涉嫌犯罪案件率约为 19.63%，同比增长 50%）、内部交易（约占全年办理案件总量的 33.00%）、操纵市场（约占全年办理案件总量的 18.06%，其中移送涉嫌犯罪案件率约为 37.27%，同比增长 1.5 倍）数量占比超过 70%。资本市场是一个由信息信用支撑的市场，这些违法犯罪无一不是利用信息、破坏资本信用的行为。

2020 年 3 月，《证券法》的修订提高了对欺诈发行证券的罚款金额，强调控股股东、实际控制人责任。2020 年年末，全国人大常委会审议通过《刑法修正案（十一）》，修改完善欺诈发行证券等犯罪法律规范，加强资本市场违法犯罪行为的惩治力。① 2021 年 3 月，原《刑法》第 160 条中的"欺诈发行股票、债券罪"修改为"欺诈发行证券罪"。2022 年 4 月，《最高人民检察院 公安部关于公安机关管辖的刑事案件立案追诉标准的规定（二）》（以下简称《追诉标准》）更新了欺诈发行证券罪等金融犯罪的追诉标准。无论是执法情况通报还是立法情况均反映了金融犯罪现象愈演愈烈，立足资本市场注册制不断改革推进的大背景，要正确解读欺诈发行证券罪，须了解资本市场形成与运作规律，把握证券法治的精神要义，综合运用刑事法律原理。

一、证券市场机制变革

（一）行政干预减弱：核准制改为注册制

1999 年《证券法》颁布，证券发行审批制，转为核准制。2000

---

① 主要体现在：在"招股说明书、认股书、公司、企业债券募集办法"的基础上补充"等发行文件"；在"发行股票或者公司、企业债券"的基础上补充"存托凭证或国务院依法认定的其他证券"；加大欺诈发行证券的刑罚力度，刑期上限由 5 年有期徒刑提高至 15 年有期徒刑，取消个人罚金 5%的上限限制，对单位罚金由非法募集资金的 1%~5%提高至 20%~1 倍；强化控股股东、实际控制人的刑事责任，规制控股股东、实际控制人组织、指使实施欺诈发行的行为。

年3月后，核准制下的保荐人制度登台。核准制下，既要保证发行文件真实可靠，也要保证发行的证券质量很好。[①] 2020年10月15日，证监会主席易会满作的《关于股票发行注册制改革有关工作情况的报告》指出，已初步建立"一个核心、两个环节、三项市场化安排"的注册制架构。[②] 相较于核准制，注册制只要求证监会对发行文件进行真实、准确、完整的形式审查，证券的价值好坏、多少由投资者根据发行文件披露的信息自行了解、判断、抉择。行政机构的审查核准职能逐渐削弱，政府管控逐渐宽松，极大释放了资本市场竞争的自由度。行政机关由原来资本市场中的"家长"变成了"守夜人"，协助投资者对发行人进行价值判断，投资者自主性得到提升，成为完全自我判断、自我选择、自我负责的证券市场主体。

（二）有效市场假说：信息披露位居核心

正确理解证券市场立基与运行的基础理论，精准把握证券市场形成与运作的机制与规律，为欺诈发行证券罪的规范分析提供有益借鉴。资本市场价格行为模式的主流理论是美国经济学家尤金·法玛提出的"有效市场假说"，其理论支撑源于新古典主义的"理性人假设"。理性投资者将最大限度地借力科技、发掘信息，以便实现预期效用或效用的最大化。在整个资本市场中，大量的理性投资者的理性交易抵消了非理性投资者的随机交易，投资者交易行为对资产价格的影响便可忽略不计，由此，市场价格便是资产的真实价格。

有效市场的建立，资产真实价格的产生，其关键在于"完全信息"。只要发行人能够将证券发行相关重要信息全面、及时、准确地予以披露，投资者就能充分获取、处理，进而作出投资决定，影响证

---

① 朱锦清. 证券法学（第四版）［M］. 北京：北京大学出版社，2019：122.

② 以信息披露为核心，待审核注册分为交易所审核和证监会注册两个环节，各有侧重，相互衔接；设立多元包容的发行上市条件，建立市场化的新股发行承销机制，构建公开、透明、可逾期的审核注册机制。参见《国务院关于股票发行注册制改革有关工作情况的报告——2020年10月15日在第十三届全国人民代表大会常务委员会第二十二次会议上》。

券价格，信息与价格实现了捆绑，每一份相关信息都指向价格涨跌，资本市场的价格便是基于信息而形成的。这样的价格形成机制也决定了所有的资本市场行为均以信息产生、披露、获取为核心。"信息决定着资本的流向和流量，它在促进储蓄向投资转化和资源配置中具有核心作用，是市场优化资源的依据，是资本市场生存与发展的基石。"①

二、欺诈发行证券罪的保护法益

注册制下，证券市场运作机制由行政权力驱动变成以"信息"为要素的市场自发力量驱动。欺诈发行证券罪的法益内涵随之更新变化，梳理过往的法益界定之争议，明晰当下该罪的保护法益，法益具有解释机能，法律的适用过程就是法律的解释过程，界定欺诈发行证券罪的保护法益能够为解决相关法律适用问题提供基础指引。

（一）欺诈发行证券罪的法益之争

传统理论带有核准制的烙印，界定欺诈发行证券罪法益，诉诸秩序法益。第一种观点，欺诈发行证券罪的法益包含证券市场的正常管理秩序和证券投资者的合法利益。② 第二种观点，欺诈发行证券罪的法益为证券市场的公平性，证券市场的公平性能够具体还原为投资者利益的最大化。③ 秩序法益观是管制时代的产物，在注册制改革的背景下，这两种界定欺诈发行证券罪法益的观点已不再妥切。

秩序法益存在滞后性和抽象性的问题。关于滞后性，有学者认为，核准制下，证监会下发的 IPO 批文属于行政许可；但注册制下，

---

① P. M. Healy, K. G. Palepu. Information Asymmetry, Corporate Disclosure and the Capital Markets: A Review of the Empirical Disclosure Literature, Journal of Accounting and Economics, Vol. 31: 1-3, pp. 405-440 (2001). 转引自张程睿，徐嘉倩. 中国上市公司信息披露制度变迁与股票市场有效性 [J]. 华南师范大学学报（社会科学版），2019 (4)：75.

② 陈兴良. 论证券犯罪及其刑法调控 [J]. 中国法学，1994 (4)：84-85.

③ 高巍. 欺诈发行股票、债券罪的危险犯性质与解释路径 [J]. 政治与法律，2018 (4)：38-40.

交易所的发行注册审核是"受监管的自律管理"。① 行政管控力回缩和减弱，事前审查转到事后监管，行政管控力与证券市场运作的关联不再如核准制时期那样紧密。关于抽象性，秩序法益指导下的罪与非罪关键看涉案行为是否获得有关行政批准，势必导致用刑罚处罚单纯的行政不服从。② 由此，将会模糊行政违法与刑事违法，难以发挥其作为法益的解释功能。

秩序法益观将投资者的利益纳入法益保护范围，而金融犯罪的脱财产犯性质决定了投资者利益不宜纳入欺诈发行证券罪的保护法益。从体系解释的角度，欺诈发行证券罪应与"擅自发行股票、公司、企业债券罪""操纵证券、期货市场罪""内幕交易、泄露内幕交易罪"等证券类犯罪列入刑法分则的第三章"破坏金融管理秩序"一节，③ 还原其属于金融犯罪的性质。虽然欺诈发行证券罪与财产类诈骗罪存在一定的相似之处，即行为人通过欺诈手段使得被害人陷入认识错误，并基于该认识错误而处分财产，遭受财产损失。但是欺诈发行证券罪与该类财产犯罪存在本质的区别：第一，发行人发行证券一般不具有非法占有目的，而是抱持引入投资实现盈利共赢的想法；第二，发行人的欺诈行为与投资者的财产损失之间的因果关系难以证明，证券价格波动与发行人虚假披露、隐瞒信息的行为并不必然相关。

投资者自我选择、自负盈亏，理应自我答责；从这个角度来看，欺诈发行证券罪的保护法益亦应将投资者具体利益排除在外。也许会有这样的疑惑，证券市场是由信息要素构建的信用市场，当发行人实

---

① 冷静. 注册制下发行审核监管的分权重整 [J]. 法学评论, 2016 (1)：174-176.

② 蓝学友. 互联网环境中金融犯罪的秩序法益：从主体性法益观到主体间性法益观 [J]. 中国法律评论, 2020 (2)：134.

③ 欺诈发行证券罪目前规定在刑法分则第三章"破坏社会主义市场经济秩序罪"的"妨害对公司、企业的管理秩序罪"一节，这种章节安排由1997年刑法确定沿用至今，不可避免带有证券发行"核准制""审批制"的行政色彩。张忆然. 注册制改革背景下欺诈发行证券罪的教义学再建构 [J]. 政治与法律, 2022 (5)：65.

施欺诈发行行为，投资者是否还是基于获取了充分信息而独立判断的主体？是否能适用被害人自我答责？也许会有这样的观点，当发行人实施了欺诈行为，投资者处于信息劣势地位时作出投资决策，不具备自我答责的充分条件。但是，如上文所述，这样的观点陷入了财产类诈骗犯罪的误区，发行人欺诈发行行为与投资者损失缺少事实性因果关系，因此无法在此基础上进行规范归责，因为发行人违反的强制披露义务，升高了投资风险，但该风险是否必然成为现实化的投资者损失以及在多大比例上现实化为投资者损失，存在很大疑问，根据刑法谦抑性，该部分的财产损失不应归责于发行人。《证券法》第 24 条规定了针对欺诈发行上市的责令回购制度，投资者可通过该制度实现损失的填补。

2022 年《追诉标准》将"投资者损失一百万"列入欺诈发行证券罪的追诉标准，但这并不意味着投资者利益应纳入欺诈发行证券罪的保护法益，而是为了规制欺诈发行私募债的问题。私募债券的投资人与发行人欺诈发行行为的因果关系不难认定，如果合格投资者的财产利益能够成为欺诈发行证券罪的保护法益，那么不特定或多数投资人的财产利益可以等而视之吗？答案是否定的，因为不特定或多数投资者受限于因果关系的证明。因此，投资者的财产损失应限定在私募发行债券的情形之中，投资者利益仍不宜成为欺诈发行证券罪的保护法益。

（二）欺诈发行证券罪的法益界定

《证券法》规定了证券发行应符合"三公"原则，不得欺诈。证券市场具有公众面向，发行人在投资者心中的分量就是以信息披露为基础的，信息披露制度是连接投融资两端的通道。披露的信息应当真实、准确、完整，只有这样的信息在证券市场流动，才能维持市场的健康运转，无论市场经济趋势向好抑或下行，投资者只要能够看到如实披露、值得信任的发行人，就不会失去投资的信心。反之，如果发行人弄虚作假，不实的信息充斥证券市场，投资人逐渐丧失信心，那么就会拒绝投资，证券市场将因缺乏资金而逐渐萎靡。

注册制的成功实施不仅有赖于政府建立了完备的信息披露制度，关键在于发行人信息披露义务的履行。资本市场是信息驱动的市场，有效的信息传递是资本市场充分发挥资源配置功能的重要保证之一。① 发行人通过信息披露使得投资者了解、判断发行的证券价值，而为了成功发行证券，发行人往往"粉妆优好、掩饰劣坏"，编造重大虚假向好内容或隐瞒重要不良事实，此种做法严重破坏了证券市场以信息为基构建的公平诚信体系，扭曲了市场的资源配置流向。但信息披露制度本身并不宜成为欺诈发行证券罪的保护法益，因为它没有体现投资者主体特征。

笔者认为，资本市场信息所支撑的金融信用是欺诈发行证券罪所保护的法益。金融信用是维系资本市场主体、金融工具和交易行为三者关系的基础。② 这种金融信用不是国家机关所形塑的单向信用，而是平等主体之间的交互性信用，即"市场参与者相信'其他市场参与者也相信金融市场'"。投资者通过发行人的信息披露获得对发行证券的"相信"，这种相信包含对证券质量的评估，并且相信其他参与者能有一样的"相信"。投资者能力差异客观存在，资本市场逆向选择不可去除。这种金融信用并不排斥投资者间的博弈，金融市场通过金融信用的"波动"自发运转，就像价格围绕价值波动的曲线一样，"博弈"围绕金融信用上下波动，这也是市场的驱动力量。

三、欺诈发行证券罪的客观要素

（一）欺诈发行证券罪的证券范畴

关于欺诈发行证券罪的证券范畴，其问题之一，私募债券是否属

---

① 毛新述，等. 信息发布者与资本市场效率［J］. 经济研究，2013（10）：69.
② 商浩文. 论欺诈发行证券罪的规范构造——以《刑法修正案（十一）》为视角［J］. 中国政法大学学报，2021（5）：251.

于欺诈发行证券罪的证券。公司、企业债券未作公开发行的限定，并且在中国裁判文书网中所检索到的欺诈发行债券案中的发行人也都是发行的私募债券。有学者认为，欺诈发行证券罪的保护法益是投资者对审查机关的信赖，而 2021 年 2 月《公司债券发行与交易管理办法》规定私募债券仅需向证券业协会履行程序性的事后备案手续，不涉及机关审查问题。① 该观点在某种程度上还遗留了"核准制"的印记。

其问题之二，即关于存托凭证。2020 年修订后的《证券法》将存托凭证纳入证券范围，然而关于存托凭证的规范较为分散，多分布在银保监会、证监会的规范性文件，以及证交所的一些文件。有关存托凭证在实践中的法律问题并不明确，存托凭证的投资人不直接享有基础证券所在公司的股东权利，而是借助于存托人享有相关权利。② 从这个意义上来说，存托凭证是证明投资人可以间接行使存托人对境外证券所享有的权利的文件，类似于无名合同。

其问题之三，目前还没有"国务院认定的其他证券"。这里的其他证券应该和《证券法》第 2 条第 1 款的含义一致，国务院认定其他证券应遵循法治理念，权限合理、程序正当。

（二）欺诈发行证券罪的欺诈事项

欺诈事项的载体发行文件，《证券法》中"等发行文件"的增加，为将来可能出现的新型发行文件创造了法律适用空间。发行文件的范围可以参照《证券法》第 13 条、第 16 条规定报送的文件。但上述报送文件不宜全部认定为欺诈发行证券罪里的"发行文件"，也并非仅限于上述报送文件范围。第三方中介机构出具的文件，不宜纳入其中。发行审核问询回复文件同样可以纳入，发行审核询问具有一定的专业性、针对性，从某种程度来说也在为投资者把关，其面向投

---

① 柏浪涛. 欺诈发行证券罪的教义学分析［J］. 中国刑事法杂志，2021（4）：35-37.
② 郭锋. 中国存托凭证（CDR）：基本原理与制度体系［J］. 证券法律评论，2020：34-36.

资者公开，投资者能够从中得到有价值的信息。总之，发行文件的界定应限制在发行人自身可操作范围的相关文件，且是决定证券发行能否成功的文件，如募集说明书、董事会决议、股东大会决议等。

表1　欺诈发行证券罪案件文件类型

发行文件类型	募集说明书	首次公开发行股票并在创业板上市招股说明书	中小企业私募债券	中小企私募债券募集说明书
案件量	6	1	1	1

注：数据根据中国裁判文书网欺诈发行股票、债券案整理得出。

明确了发行文件，接下来探讨"不符合发行条件是否具有刑事违法性"。第一，当前《证券法》对股票发行只要求发行人具有完整的组织机构和持续经营能力即可，而不再做持续盈利、财务良好的要求；而且，发行人最近三年财务会计报告只需无保留意见审计报告，删除了"无虚假记载，无其他重大违法行为"。① 债券发行也是如此。② 可见，注册制下发行人发行证券的门槛大大降低，可以说"几乎没有任何具备了公司资质的发行人不符合上述发行条件"。③ 第二，不符合发行条件，证券法规定了股份责令回购，通过民事与行政手段即可达到保护法益和维护社会秩序的目的。第三，在欺诈发行罪的追诉标准中，也没有"不符合发行条件"这一情形。因此，不符合"发行条件"不再具有刑事违法性。

信息披露制度并非要求发行人将有关发行人绩效的全部事项一一

---

① 《证券法》第12条规定："公司首次公开发行新股，应当符合下列条件：（一）具备健全且运行良好的组织机构；（二）具有持续经营能力；（三）最近三年财务会计报告被出具无保留意见审计报告；（四）发行人及其控股股东、实际控制人最近三年不存在贪污、贿赂、侵占财产、挪用财产或者破坏社会主义市场经济秩序的刑事犯罪；（五）经国务院批准的国务院证券监督管理机构规定的其他条件。"

② 《证券法》第15条规定："公开发行公司债券，应当符合下列条件：（一）具备健全且运行良好的组织机构；（二）最近三年平均可分配利润足以支付公司债券一年的利息；（三）国务院规定的其他条件。"

③ 张忆然．注册制改革背景下欺诈发行证券罪的教义学再建构［J］．政治与法律，2022（5）：72．

列明，因为这样做不符合成本收益的经济原理，事无巨细地披露不仅增加公司发行成本，而且也会让投资者面临"信息海啸"，投资者需要投入更多精力"沙漠淘金"般处理全部信息。因此，界定"隐瞒重要事实或者编造重大虚假内容"十分关键。

有学者主张，欺诈发行事项可以参照《证券法》第 80 条、第 81 条规定强制披露的重大事项。① 笔者赞同该观点。《证券法》第 80 条、第 81 条主要规定了两类实质性的事项，一是财产事项，如买卖重大资产、订立重要合同、发生重大债务、债券信用评级等；二是经营管理事项，如内部经营方针变化、外部市场变化、股权结构变化、重要人事变动等。② 《追诉标准》第（二）项至第（五）项对虚假增减资产、

<hr />

① 柏浪涛. 欺诈发行证券罪的教义学分析［J］. 中国刑事法杂志，2021（4）：39.

② 《证券法》第 80 条规定的发生可能对上市公司、股票在国务院批准的其他全国性证券交易场所交易的公司的股票交易价格产生较大影响的重大事件，包括：（一）公司的经营方针和经营范围的重大变化；（二）公司的重大投资行为，公司在一年内购买、出售重大资产超过公司资产总额百分之三十，或者公司营业用主要资产的抵押、质押、出售或者报废一次超过该资产的百分之三十；（三）公司订立重要合同、提供重大担保或者从事关联交易，可能对公司的资产、负债、权益和经营成果产生重要影响；（四）公司发生重大债务和未能清偿到期重大债务的违约情况；（五）公司发生重大亏损或者重大损失；（六）公司生产经营的外部条件发生的重大变化；（七）公司的董事、三分之一以上监事或者经理发生变动，董事长或者经理无法履行职责；（八）持有公司百分之五以上股份的股东或者实际控制人持有股份或者控制公司的情况发生较大变化，公司的实际控制人及其控制的其他企业从事与公司相同或者相似业务的情况发生较大变化；（九）公司分配股利、增资的计划，公司股权结构的重要变化，公司减资、合并、分立、解散及申请破产的决定，或者依法进入破产程序、被责令关闭；（十）涉及公司的重大诉讼、仲裁，股东大会、董事会决议被依法撤销或者宣告无效；（十一）公司涉嫌犯罪被依法立案调查，公司的控股股东、实际控制人、董事、监事、高级管理人员涉嫌犯罪被依法采取强制措施；（十二）国务院证券监督管理机构规定的其他事项。第 81 条规定的发生可能对上市交易公司债券的交易价格产生较大影响的重大事件包括：（一）公司股权结构或者生产经营状况发生重大变化；（二）公司债券信用评级发生变化；（三）公司重大资产抵押、质押、出售、转让、报废；（四）公司发生未能清偿到期债务的情况；（五）公司新增借款或者对外提供担保超过上年末净资产的百分之二十；（六）公司放弃债权或者财产超过上年末净资产的百分之十；（七）公司发生超过上年末净资产百分之十的重大损失；（八）公司分配股利，作出减资、合并、分立、解散及申请破产的决定，或者依法进入破产程序、被责令关闭；（九）涉及公司的重大诉讼、仲裁；（十）公司涉嫌犯罪被依法立案调查，公司的控股股东、实际控制人、董事、监事、高级管理人员涉嫌犯罪被依法采取强制措施；（十一）国务院证券监督管理机构规定的其他事项。

应收、利润的规定并没有违背注册制宗旨精神，交易所依然进行"实质审核"。实践中，欺诈发行事项多集中在财产的虚构和隐瞒。

表 2　欺诈发行证卷罪案件欺诈发行行为

发行人	欺诈发行行为（单位：元，精确度：小数点后两位）
金亚科技股份有限公司	虚增：营收约 2.16 亿，净利润 0.61 亿，净资产 3.45 亿
中恒通（福建）机械制造有限公司	虚增：营收 5.13 亿，净利润 1.31 亿，资本公积 0.65 亿；隐瞒负债 0.20 亿，虚构授信额度 0.05 亿
宿迁市致富皮业有限公司	虚增：营收 6.77 亿，净利润 1.03 亿
邹平市电力集团有限公司	虚构电力集团#5、#6 机组已并网发电
江苏北极皓天科技有限公司	隐瞒：公司尚未投产、尚无销售收入和利润；虚假认购 0.67 亿

注：数据根据中国裁判文书网欺诈发行股票、债券案整理得出。

欺诈发行事项的认定，不仅可以参考《证券法》第 80 条、第 81 条的规定，《公开发行证券的公司信息披露内容与格式准则第 28 号——创业板公司招股说明书（2020 年修订）》（以下简称《格式准则》）第四节、第六节、筹备组九节规定的风险因素、业务与技术、募集资金运用与未来发展规划对于认定欺诈发行事项"隐瞒重要实施或编造虚假内容"同样具有参考意义，并结合发行人自身业务特点，确定披露重要性的标准和依据。而其他章节多属于《证券法》规定强制披露的财务状况、人事管理等事项。例如，曾经的"红光实业欺诈上市案"隐瞒废品率高等严重生产问题的经营风险，违背《格式准则》第 49 条规定的披露"影响经营模式的关键因素"。再如"骆驼股份欺诈上市案"因违反环保方面的法律法规在上市后被要求停产整治，企业对于该违法违规肯定早就知情，只是隐瞒不报，不符合《格式准则》第 50 条的规定。① 认定重要实施或虚假内容还可以利用反证逻辑，即若不进行该事项的虚构隐瞒，是否会影响投资者的认购选择。

注册制下，欺诈发行事项"隐瞒重要事实或者编造重大虚假内容"面向的是投资者，不再是核准制下取得审核批准面向的是国家机关。但《追诉标准》所列的判断要素仍需要审视检讨。《追诉标准》第 5 条第（七）项规定的"伪造、编造国家机关公文、有效证明文件或相关凭证、单据"不宜再作为追诉标准。将该类伪造、变造行为作为欺诈发行证券罪的追诉标准是核准制下的产物，带有秩序法益的行政色彩。刑法中规定了伪造国家机关公文、证件、印章罪，伪造金融票证罪，虚开发票罪等，不必作为欺诈发行证券罪的一种入罪情节。

笔者认为，如果上述案例发行数额未达到追诉标准第（一）项规定的 1000 万元，无论其伪造、变造多么情节恶劣，都不宜以欺诈发行证券罪追诉，可将其评价为相应的伪造、变造犯罪。如果行为人达到了发行数额 1000 万元的条件，并使用了伪造、变造手段，那么此时可以进行欺诈发行证券罪与伪造、变造国家机关公文、证件、印章罪的数罪并罚，这样并非重复评价。《追诉标准》第（一）项规定的发行数额 1000 万元相较于 2010 年规定的 500 万元提高了一倍，但结合资本市场实际仍需要再适当提高该入罪门槛，避免刑罚泛滥。《追诉标准》第（九）项规定"募集资金全部用于或主要用于违法犯罪活动"删除了旧有的"转移或隐瞒所募集资金"情形，但在裁判文书网检索到的判决文书中并未发现第（九）项规定的情况，反而转移使用所募集资金还债的情况倒是存在，如中恒通公司欺诈发行债

---

① 《格式准则》第 50 条规定的应披露"预计近期出台的与发行人生产经营密切相关的法律法规、行业政策，披露对发行人经营资质、准入门槛、运营模式、所在行业竞争格局等方面的具体影响""市场地位、技术水平等在报告期内的变化及未来可预见的变化趋势"。

券一案。投资者持股购债是为了获取正常经营利益，而无论是发行人转移或隐瞒还是进行违法活动，都违背了最初在相关文件中表明的资金用途。因此，第（九）项可以扩展至"擅自改变资金用途"的情形。

四、欺诈发行证券罪的主体要素

注册制改革将证券价值的实质评判交由投资者手中，投资者判断价值的依据是发行人披露的信息。注册制并非放任各公司、企业自由发行，而是将对证券市场的关注重点转向了发行人信息的充分披露，扩大了信息披露的行为主体和责任主体。发行人负有信息披露义务，其信息披露违法犯罪行为往往是在控股股东、实际控制人的授意下进行的，控股股东、实际控制人有获取非法利益的动机，也有进行组织、操纵的能力和实力。因此，《刑法修正案（十一）》增设了控股股东、实际控制人组织、指使实施欺诈发行证券行为负担刑事责任的规定。有观点认为，该规定属于注意规定，没有增设的必要。[①] 也有观点认为，这是将共犯行为正犯化。[②] 如果将"组织、指使"视为教唆行为，那么该规定便是将共犯行为正犯化；但如果"组织、指使"本就是正犯行为，那么该规定无疑仅是注意规定。如果控股股东、实际控制人制订了具体的计划方案，实行者（如财务经理、销售经理乃至负责创新科技的部门经理）纯粹地执行，没有自主决定权力，并且公司职员在这样的隶属关系中，其意思受控股股东、实际控制人的约束，那么实行者的犯罪结果便可视为计划者、组织者的"作品"。在这种情况下，欺诈发行证券罪的第 2 款便不存在共犯行为正犯化问题，仅作为注意规定存在。但若控股股东、实际控制人没有具体的计划方案，或者实行者拥有自主决定权，不受他人意思约束，那

---

① 张明楷．增设新罪的原则——对《刑法修正案十一（草案）》的修改意见［J］．政法论丛，2020（6）：4.

② 刘宪权．金融犯罪最新刑事立法论评［J］．法学，2021（1）：55.

么，该款便是将共犯行为（教唆）正犯化。在实践中，公司的控股股东、实际控制人对于公司的发行上市事项的控制力是很强的，公司的管理层人员一般是受其命令行事，因此，笔者也倾向于该规定属于注意规定的观点。

控股股东、实际控制人对于公司的控制权便是其对组织行为承担刑事责任的基础。对于实际控制人界定存在一个争议，有规定认为，不论直接或间接持股，只要对公司有实际支配力的人就是实际控制人；① 也有规定认为，只有不持股但对公司有实际支配力的才能认定为实际控制人。② 为了避免刑法打击的真空，不应以是否持股作为判定控股股东和实际控制人的依据，而是看其是否能够真正影响或决定公司决策。在认定控股股东、实际控制人时，我们应采用实质认定的方式。③ 认定控股股东相较于认定实际控制人要容易很多，审查持股比例等书证即可。实际控制人多采用他人代持或空壳公司代持等隐蔽手段来控制公司，因此在调取证据上就要更加全面、穿透、综合，调取相关书证并结合关联性高、指向性高的供述与辩解、证人证言进行认定。

五、结语

注册制改革降低了发行人的发行门槛，激发了市场活力；同时，强化了发行人的信息披露义务。只有信息披露制度不折不扣地落实，才能让投资者得到注册制实施下资本市场释放的真实利益。欺诈发行证券是源头的、严重的破坏信息披露制度的行为，但信息披露制度本身并不能成为欺诈发行证券罪的保护法益，而是信息披露制度维持下的交互性金融信用。欺诈发行事项可以参照《证券法》的强制披露

---

① 2007 年证监会《〈首次公开发行股票并上市管理办法〉第 12 条"实际控制人没有发生变更"的理解和适用——证券期货法律适用意见第 1 号》。

② 上海证券交易所 2020 年 12 月颁行的《股票上市规则》。

③ 曹坚. 以"穿透式"思维理解刑法实际控制人条款 [N]. 检察日报，2021-2-4 (3).

信息条款，《格式准则》的风险因素、业务与技术、募集资金运用与未来发展规划的信息披露可作为补充参考。信息披露违法犯罪多是授意于公司、企业的控股股东、实际控制人，因此，强化"关键少数"的刑事责任是必要的，但也要科学合理把握该罪构成，准确适用法律，以期有效打击欺诈发行证券犯罪，维护资本市场良好运转。

"原油宝"法律属性分析

张志晓[*]　蔡　亮[**]

摘　要：本文从监管的角度，基于银行法具有公法的性质，论证了对原油宝金融监管的必要性，认为金融衍生品均应该纳入监管，而且金融衍生品的审查批准是其诞生和上市交易的前提，没有经过审批的衍生品是不存在的。并从原油宝的交易结构和过程，分析了原油宝产品设计上的残缺，说明它不符合完整的衍生品特征和没有对应的基础资产。它并不与国际原油产品关联，中国银行子公司在 CME 的交易只是对冲国内原油宝的风险，甚至原油宝也不具备民事合同的基本要素，总之，原油宝不是合法存在的法律关系。

关键词：原油宝　金融衍生品　期货　监管　基础资产

2020 年 4 月 20 日夜间，美国 CME 的 WTI05 合约结算价悚然跌为 -37.63 美元，而中国银行按照协议约定的结算价——在美国 WTI 原油合约下为 CME 当日结算价（北京时间次日凌晨 2：28-2：30 之间 CME 相关合约的交易加权平均价）与客户结算，导致大量中国客户严重亏损，不仅亏掉了全部本金，甚至还要再向中国银行支付一笔资金。

---

　*　张志晓，河北省邢台人，北京市万商天勤律师事务所律师合伙人，研究方向：公司法、金融法。

　**　蔡亮，河北黄骅人，河北省黄骅市人民法院法官，研究方向：公司法。

事件发生后，众多投资者通过各种途径向中国银行主张权利，向有关部门进行举报、维权。银保监会作出了银保监罚决字〔2020〕60号处罚，有关人士也撰文对原油宝进行了评析，如北京大学刘燕教授的《横看成岭侧成峰——关于原油宝的一种法律叙事》①，北京航空航天大学的部慧博士等人的《"原油宝"穿仓谁之过？我国商业银行产品创新的教训与反思》②，李依琳、康习风的《中国商业银行金融产品市场的法律监管》③，但由于各种原因，对原油宝的分析仍不透彻，因此本文是在他人的基础上对原油宝的法律性质继续进行探析。

原油宝，为中国银行所"发行"的一款"产品"④，根据中国银行官网介绍：原油宝是指中国银行面向个人客户发行的交易产品，它挂钩境内外原油期货合约，包括美国"WTI原油期货合约"和英国"布伦特原油期货合约"，并均以美元和人民币计价。个人客户与中国银行签订协议，由客户在中国银行开立综合保证金账户，存入足额保证金，作为做多与做空双向选择的原油交易工具。中国银行以做市商身份提供报价并进行风险管理。

就目前原油宝的市场存量看，可以说是公开地进行了"发行"，在投资者诉中国银行的诉讼中，中国银行也答辩称原油宝是金融合约，因此，对于原油宝的法律属性就从金融法的角度进行分析。

一、金融衍生品的法律监管

从金融衍生品监管的角度来看，各国均把金融衍生品纳入监管范

---

① 刘燕：横看成岭侧成峰——关于原油宝的一种法律叙事，北京大学金融法研究中心，2020年5月10日，微信号：pku-finlaw.

② 部慧，陆凤彬，魏云捷．"原油宝"穿仓谁之过？我国商业银行产品创新的教训与反思［J］．管理评论，2020（9）：308-322．

③ 李依琳、康习风：《中国外资》2021年10月（上）第19期，70-74页。

④ 关于原油宝到底是什么"产品"，正是本文研究的内容，所以加以引号，后文中使用"产品"一词指代原油宝，鉴于该"产品"属性并不明确，所以用发行一词也并不准确，暂时先以"发行"进行表述。

围，由监管部门进行审批、备案。

金融衍生产品是指其价值依赖于基础资产价值变动的合约，这种合约可以是标准化的，也可以是非标准化的。金融衍生产品又被称为金融衍生工具，是指在原生金融工具基础上派生出来的各种金融合约及其组合形式的总称。原生金融工具主要有商业票据、股票、债券以及基金等，它是金融市场上最广泛使用的工具，也是衍生金融工具赖以存在的基础。对于金融衍生产品的监管，国际上基本上采取企业自控、行业协会和交易所自律、政府部门监管的三级风险管理模式。

从经济学的角度来看，由于金融衍生工具市具有垄断性，不是理想的完全竞争市场；市场信息也具有不对称性，会导致逆向选择和道德风险，所以，衍生品市场需要进行监管。从法律的角度来看，由于金融衍生工具交易面临更多的风险，具有双重虚拟性，透明度不高，稳定性不强，也需要进行监管。①

金融衍生工具的法律监管，是监管主体对合约双方及其行为进行限制和约束。例如，对衍生合约订立的主体资格准入，对金融衍生工具交易品种的审批，对中介机构的许可，对强制性信息披露的规定等，是用公法的方法调整原来由私法调整的领域。②

金融衍生产品上市监管，大多数国家尤其是以产品为基础进行监管的国家往往采用分类列举的方式对产品进行限定。各国在新合约上市监管上分三种做法：一是审批制，即衍生工具品种合约的上市必须经过监管部门审批，如法国、日本、新加坡等国；二是核准制，即合约品种的上市由交易所决定，监管部门通过交易规则的审查对交易进行间接干预，如德国、意大利、澳大利亚、瑞士等国家；三是备案制，监管当局不对具体的上市品种进行审查或核准，合约的开发完全由交易所根据市场的需求作出决定，上市时只需要在监管当局登记，

① 熊玉莲.金融衍生工具法律监管问题研究［D］.上海：华东政法学院：21-27.
② 熊玉莲.金融衍生工具法律监管问题研究［D］.上海：华东政法学院：21-27.

典型的国家是英国，美国是以上市备案制为主，兼有其他监管。

我国 2022 年 8 月 1 日实施的《期货和衍生品法》第 8 条规定，国务院期货监督管理机构（证监会）依法对全国期货市场实行集中统一监督管理。衍生品市场由国务院期货监督管理机构或者国务院授权的部门按照职责分工实行监督管理。银保监会无权批准银行作为金融衍生品的交易所。

《期货交易管理条例》第 6 条规定，设立期货交易所，由国务院期货监督管理机构审批。未经国务院批准或者国务院期货监督管理机构批准，任何单位或者个人不得设立期货交易场所或者以任何形式组织期货交易及其相关活动。

《期货和衍生品法》① 也规定期货交易应当在依法设立的期货交易所，采用公开的集中交易方式或者经批准的其他方式进行。我国目前的金融衍生品交易所有郑州商品交易所、大连商品交易所、中国金融期货交易所、上海期货交易所、广州期货交易所。

具体到期货及其衍生品的监管而言，《期货交易管理条例》第 13 条规定，上市、中止、取消或恢复期货交易品种，上市、修改或者终止期货合约，由中国证监会批准。《期货和衍生品法》第 17 条规定，期货合约品种和标准化期权合约品种的上市应当符合监管机构的规定，由期货交易场所依法报经国务院期货监督管理机构注册。按照《期货和衍生品法》的规定，金融衍生品的上市应当报经监管部门注册。

因此，金融衍生品的品种的监管由证监会负责，不是银保监会。所以银监会无权批准金融衍生品的具体品种。由于金融监管的要求，

---

①　实际上期货就是金融衍生品，我国立法时把法律名称定为期货和衍生品法，实际上是把期货的范围定义于场内交易的衍生品，而把字面意义上的衍生品定于场外交易的衍生品。传统上，期货是与远期、互换、期权并列的概念，特指场内交易的标准化远期合约，但我国制定的《期货交易管理条例》将期货界定为"场内交易的期货合约与期权合约"后，"期货概念的纯粹性已经被瓦解了"，导致期货作为远期、互换、期权之对立面的观念不再准确。参见：刘燕：《从合同之治到商法之治——简评我国场外衍生品入法的模式创新》，《资本市场》108 期，79 页。

没有经过审批或注册的产品，是完全不能上市的，如果上市，即是黑金融。

二、原油宝的审批与备案

原油宝是由作为商业银行的中国银行发行的，根据我国《商业银行法》第 3 条对业务范围的规定，原油宝不属于第 1~13 款规定的业务类型，如果是在银行的经营范围内，就只能属于第 3 条第 14 款规定的经国务院银行业监督管理机构批准的其他业务。根据《银行业监督管理法》第 18 条规定，银行业金融机构业务需要审查批准的业务品种，由国务院银行业监督管理机构依照法律、行政法规作出规定并公布。原油宝存在一个合法性问题，即中国银行发行原油宝，有没有经过银保监会批准。

中国银行提出，原油宝是依据《银行业金融机构衍生产品交易业务管理办法》（以下简称《办法》）发行的。根据《办法》第 6 条规定，中国银行开办衍生产品交易业务，应当经中国银监会批准，并接受其监督与检查。中国银行开办金融衍生品交易有两项监管部门的批复：《中国人民银行关于中国银行开办金融衍生品交易业务的批复》（银复〔2002〕185 号）和中国银监会《关于中国银行开办衍生品交易业务有关问题的批复》（银监复〔2004〕104 号），下文将结合上述规范性文件逐项进行分析。

（一）中国银行不具备发行金融衍生产品资格

1.《办法》没有赋予中国银行金融衍生品发行资格

《办法》在市场准入管理方面规定，银行业金融机构可以开办两类衍生产品交易业务，一是只能从事套期保值类衍生产品交易；二是从事套期保值类衍生产品交易之外，还可以从事非套期保值类衍生产品交易。《办法》在其他章节中对银行业金融机构从事衍生产品交易的资本实力、管理能力、客户适度评估制度等方面提出了具体要求。

《期货交易管理条例》规定了期货交易所设计合约、安排合约上市等职责，以及期货公司接受客户委托、以自己的名义为客户进行期货交易业务的经纪业务活动规则。《期货交易管理条例》规范一个由交易所发行、期货公司进行经纪业务、投资者参与买卖构成的完整的系统。而《金融机构衍生产品交易业务管理办法》只规定了银行的市场准入，根本就没有规定银行准入交易的衍生品由谁来发行，也没有规定发行的规则，只是提示注意风险管理和客户评估，《办法》并没有提供银行如何"发行"衍生品的制度，银行参与交易的金融衍生品，只能是由证监会监管的金融机构发行的产品。如果银行自己发行，自己又从事衍生品的经纪业务，这是不符合市场逻辑的。

相较于《中华人民共和国期货和衍生品法》规定的期货交易和衍生品交易、期货结算与交割、期货交易者、期货经营机构、期货交易场所、期货结算机构、期货服务机构、期货业协会等多主体市场交易制度，《办法》无论是从文件形式上，还是从文件规定的市场主体上，都只能是银行从事金融衍生品"交易"的规定，银行不能自己设立、发行金融衍生品①。

2. 金融分业经营限制银行发行金融衍生品

首先，我国金融业实行分业经营、分业监管的体制，银行由银保监会监管。证券和期货公司、基金归证监会监管，同时有行业协会进行行业自律。从行业发展经历来看，查阅证监会官网，我国的各种金融衍生品由证监会监管。

其次，从金融行业的特性来看，股票、企业债券、期货、衍生品都属于高风险金融产品，而银行提供的金融产品属于低风险级别。因此，银监会监管不应当监管高风险的金融衍生品，银行也不能发行高风险的金融衍生品。著名的巴林银行案，巴林银行也只是金融衍生品的买卖者，是以买空的做法在日本期货市场买进了价值200亿美元的

---

① 至少是不能进行场内衍生品发行。

短期利率债券，而不是衍生品的发行者。①

3. 银行只能从事经纪业务或参与外汇衍生品买卖

根据《办法》第 6 条规定获准开办衍生产品"交易业务"的银行业金融机构，也只能从事与其自身风险管理能力相适应的业务活动。《办法》第 17 条规定办理衍生产品交易业务的银行业金融机构法人授权其分支机构办理该业务的，应对分支机构的风险管理能力进行严格审核，并出具有关交易品种和限额等方面的正式书面授权文件；由总行（部）系统统一对境内分支机构办理衍生产品交易业务进行实时平盘，由总行（部）统一进行平盘、敞口管理和风险控制。从"平盘""敞口"的规定说明，根据《办法》规定，一是银行作为金融衍生品的买卖（投机，或风险对冲）者参与交易的，不是自己发行，如果是发行衍生品而不交易，银行就没有风险敞口，也不需要平仓、平盘；二是《办法》其实是规定我国银行在国际市场上如何进行外汇衍生品的交易。所以才强调境内分支机构，应该由总行（部）统一平盘。

根据《期货与衍生品法》第 85 条规定，期货交易场所才能设计期货合约、标准化期权合约品种，安排期货合约、标准化期权合约品种上市。而《办法》通篇没有相应的设计金融往生产品的规定，《办法》是一个风险控制制度，并没有构建一个完整的金融衍生品市场体系。②

（二）银监会"批复"未赋予中国银行发行衍生品的资格

关于金融衍生品的批复，中国人民银行在银复〔2002〕185 号批复中称：一、同意你行开办金融衍生交易业务，具体包括：远期、期

---

① https：//baike. so. com/doc/403940-427759. html.

② 《办法》与银行间交易商协议发布的《中国银行间市场金融衍生产品交易主协议（2009 年）》及相应的配套协议，构建了场外衍生品市场的体系，但场外市场是一对一的私人市场，不是公开交易的市场，在公开市场上，还没有形成一个交易制度体系。但场外市场并不完全是基于《办法》建立起来的。见中国银行间市场交易商协会首页（www. nafmii. org. cn）。

货、互换和期权。该批复从文字上看，同意中国银行开展包括"期货"在内的衍生业务，"期货"肯定不是银行发行的，因此，与其并列列举的远期、期货、互换和期权，也不应该是银行发行的。该批复第六条，中国银行因开办金融衍生交易业务而发生的净亏损，需以外汇盈利或外汇资本金进行冲抵，不得自行进入银行间外汇市场购汇。从这个规定也能看出来，当时中国人民银行允许中国银行在国际金融市场上进行金融衍生品交易，表明中国银行是交易参与者，而不是金融衍生品的发行者。另外，只有交易参与者才可能发生亏损，有交易所因衍生品交易亏损的吗？所以，中国人民银行批复的就是让中国银行参与衍生品的交易，不是发行衍生品。

首先，2004年中国银监会作出《关于中国银行开发衍生产品交易业务有关问题的批复》（银监复〔2004〕104号），指出《中国人民银行关于中国银行开办金融衍生交易业务的批复》（银复〔2002〕185号）仍然有效。其次，银监会同意中国银行开办代客商品类衍生产品交易业务，应遵守《期货交易管理暂行条例》和其他相关规定，不得进行投机交易。未经银监会批准，不得开办自营商品类衍生产品交易业务（贵金属除外）。再次，鉴于我国尚不具备开办人民币衍生产品业务和股票指数期货交易的基础条件，暂不同意中国银行开办人民币衍生产品交易业务；暂不同意中国银行开展与境外股票指数挂钩的衍生产品业务。

根据银监复〔2004〕104号批复，中国银行开展的主要是外汇衍生品交易，代客商品类衍生产品交易业务应该是经纪业务、代理业务。该批复要求中国银行遵守《期货交易管理暂行条例》和其他相关规定，而期货是在商品交易所交易的，银行只能是交易参与者，不能是产品发行者。所以，批复批准中国银行开办交易业务，不是批复中国银行发行衍生品，在刚制定的《期货和衍生品法》里，金融衍生品属于证监会监管范围，银行监管部门无权批准"发行"衍生品，只具有批准"交易"资格，而且仅批准了外汇业务，没有批其他业务。

三、原油宝的金融衍生品法律属性分析

（一）原油宝不是场外金融衍生品

由于期货有明确的监管部门、有固定的交易场所、有标准化合约作为交易工具，因此属于场内金融衍生品。场内衍生品的监管机制要求它要通过监管部门审批或备案的。目前没有看到原油宝的审批文件，如果不能确定原油宝的场内交易的金融衍生品属性，那它是否属于场外衍生品呢？

衍生品根据其发行或交易的市场可以分为两大类：场内交易衍生品和场外交易（OTC）衍生品。场内交易衍生品在法定交易场所内被定型化，代表一种成熟的市场，受交易市场和政府的调控[①]。场外衍生交易表现出个性化的特征，即根据客户的不同风险管理需求为其量身定做风险管理服务，场外衍生交易是使用者和交易商进行个别协商，就每一个合同的具体内容及处置方法达成合意，场外交易没有确定的交易场所、没有统一规格的交易合同、没有统一的交易规则和结算体系、没有公开的价格形成机制[②]。

《国务院办公厅关于清理整顿各类交易场所的实施意见》（国办发〔2012〕37 号）将场内交易定义为：将权益拆分成均等份额公开发行，采取集中交易方式交易，按照标准化交易单位持续挂牌交易，权益持有人累计超过 200 人，以集中交易方式进行标准化合约交易，经国务院相关金融管理部门批准。按这个标准，原油宝是符合场内交易定义的，而不是场外交易。

《中国人民银行、银保监会、证监会、外汇局关于促进衍生品业

---

① 陈雪萍. 场外交易衍生产品风险的法律规制［J］. 中南民族大学学报，2012（4）：112.

② 王旸. 场外衍生金融工具交易监管法律制度研究［J］. 环球法律评论，2008（2）：41.

务规范发展的指导意见》的征求意见稿认为，金融机构在银行间市场等有组织场外市场开展的衍生品业务，金融机构与境内企业、个人等通过柜台开展的互为交易对手的一对一场外交易等柜台对客衍生品业务。场外业务的典型特点是不能集中交易，并且银行、保险机构不得通过柜台与个人客户直接开展衍生品交易。

原油宝在交易方面不具有场外一对一的特征，是中国银行与个人客户直接开展的衍生品交易，所以它不是场外衍生品。

从我国银行间市场场外衍生品的实践来看，银行间市场适用的协议有《中国银行间市场金融衍生产品交易主协议（2009 年版）》及《补充协议》《转让式履约保障文件》《质押式履约保障文件》《定义文化》组成①，而不是中国银行官网公布的协议。所以从现实的角度来看，原油宝也不是衍生品交易。

（二）原油宝没有基础资产支撑

金融衍生品是相对于原生性（基础性）资产而言的，在金融市场中，原生性资产可以是货币、股票、债券、外汇等金融资产或相应的价格。国际互换和衍生协会（International Swaps and Derivatives Association）将金融衍生品描述为有关互换现金流量和旨在为交易者转移风险的双边合约。合约到期时，交易者所欠对方的金额由基础商品、证券或指数的价格决定。巴塞尔银行监管委员会的看法是：衍生工具是一种金融合约，其价值取决于一种或多种相关资产和指数的价值。国内学者把衍生工具定义为：以另一（或另一些）金融工具的存在为前提，以这些金融工具为买卖对象，价格也由这些金融工具决定的金融工具。它由债券、股票、外汇等基础工具衍生而来，包括远期、期货、期权、互换四种基本工具和由其通过变化、组合、合成三

---

① 《中国银监会关于进一步加强银行业金融机构与机构客户交易衍生产品风险管理的通知》（银监发〔2009〕74 号）也是明确规范的是银行与机构客户之间的风险，从侧面说明银行的衍生品就是与机构进行交易的，不与个人进行交易。

种方式衍生出来的一些变种。①

从以上金融衍生品的定义，看出衍生工具都是以原生资产、基础资产为基础的。《办法》第 3 条也强调衍生产品作为一种金融合约，其价值取决于一种或多种基础资产或指数。据此要求银行评估与衍生产品交易直接相关的基础资产或基础负债的真实性。《办法》中也是按从"基础资产"衍生出金融衍生品的逻辑来定义衍生工具的。

《关于促进衍生品业务规范发展的指导意见》指出，衍生品是一种金融协议，其价值取决于利率、汇率、商品、股权、信用和贵金属等基础资产的价值变动。衍生品通常具备以下四项基本特征：（一）具有未来进行交割或行权的基础资产；（二）合约需明确未来进行交割的基础资产的数量和价格，或其确定方式；（三）具有明确的到期期限；（四）具有明确的交割方式。即每一个金融衍生品都基于基础资产（原生资产），或基于衍生品的衍生。如果逐层履行合约，最终都能取得实物，即石油、粮食、钢铁、黄金等大宗商品。

而中国银行的原油宝明确说不能取得实物，只是所谓价格"挂钩"，所以它不是金融衍生品。

（三）原油宝不具有金融衍生品的交易特征

《办法》规定，按照交易目的，银行业金融机构衍生产品交易业务分为套期保值类衍生产品交易和非套期保值类衍生产品交易两类。

套期保值，就是在银行持有某项资产的时候，如持有外汇，为了规避汇率风险，在国际市场上买入外汇期货，出现外汇风险的时候进行对冲。显然，原油宝不属于套期保值的金融衍生品。

非套期保值类衍生产品包括三种类型。

第一类，由客户发起的交易，为满足客户需求，银行业金融机构提供代客交易和为对冲前述交易相关风险而进行的交易。银行提供的

---

① 周立 . 金融衍生工具发展与监管［M］. 北京：中国发展出版社，1997：67.

代客交易，属于民事活动中的代理，或为了对冲该交易而银行自己
"再"进行的交易。原油宝明显不是客户发起的，也没有银行外的交
易对手，所以不是代客交易。

第二类，银行业金融机构作为做市商向市场持续提供市场买、卖
双边价格，并按其报价与其他市场参与者进行做市交易。做市商是一
整套交易制度，参与者包括交易所、股票发行企业、做市商、投资
者，形成一个交易体系。并不是《办法》中简单一句话就可以交易
的，《办法》只是为银行预先许可了一个交易方式。

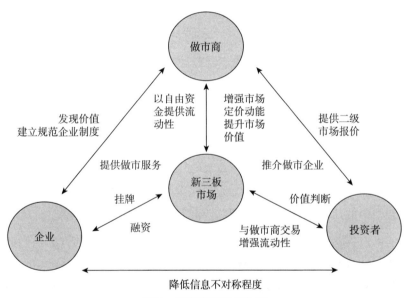

图1　做市商交易结构图

如果原油宝是一种中国银行做市交易，那么中国银行是做市商，
就与发行人和交易人合三为一了，四个主体变成了两个主体，做市交
易没有这样的创新。

原油宝不是做市交易不仅有法理、逻辑根据，也有法条依据：
《期货交易管理条例》禁止期货交易所直接或者间接参与期货交易。
《期货和衍生品法》也禁止期货交易场所直接或者间接参与期货交

易。所以，衍生品的发行者和交易者不能是一个主体，而在原油宝的设计中，它就合三为一了。

根据芝加哥商品交易所（CME）的要求，做市商必须获得 CME 授权，而中国银行并未出现在 CME 网站上的做市商目录中，中国银行的合资子公司 BOCI Commodities & Futures（USA）LLC 为 CME 的做市商。真正在 CME 进行交易的是 BOCI，中国银行在国内与客户签订"原油宝"合同，在 CME 把在中国的头寸轧差，以对冲在中国境内的风险。所以中国银行是在国内搞了一个虚拟盘，仅价格上挂钩 WTI，但与 CME 毫无关系①。从交易的逻辑上看，不是先从美国买入相关产品再在国内发行衍生品，而是先在国内做"原油宝"，再在 CME 做与国内净头寸相反的操作以对冲风险。

因此，原油宝不属于做市商交易。

第三类，银行业金融机构根据对市场走势的判断主动发起，运用自有资金以获利为目的进行的自营交易。很明显，原油宝交易不是银行运用自有资金进行自营交易。

总之，原油宝交易不是《办法》中规定的非套期保值类衍生产品类型中的任何一种，是超出监管部门规定之外的"四不像"。

银行现在"发行"的所谓"产品"，其实是想克隆期货交易，但期货交易有期货交易所、期货经纪公司、期货投资者等组成的交易体系，但在银行的产品设计里，它的交易结构是残缺、不完整的，也并没有形成一个完整的市场体系、结构。所以，从产品的结构设计角度来看，中国银行的原油宝，不是完整意义上的金融产品，即使没有监管的要求，它本身也不完整。银行的交易也只能依托于完整的市场体系下才能进行交易，这就是《办法》规定的真实内容，《办法》并没有为银行设计一个完整的交易系统，其实只是一个风险控制的要求，

---

① 李依琳. 中国商业银行金融产品市场的法律监管——以"原油宝"为例分析［J］. 中国外资，2021（19）：70.

《办法》也没有设计出一个场外金融衍生品的产品结构，银行以《办法》为依据说自己是做金融衍生品交易，是错误的。

四、原油宝交易结构分析

按中国银行官网的介绍，原油宝是中国银行面向个人客户发行的挂钩境内外原油期货合约的交易产品，具体如何挂钩就语焉不详了，本文分三种假设情况进行分析。

第一种是原油宝与国外原油产品关联。投资者境内买了原油宝就间接持有了国际原油，中国银行代投资者在国外购买并持有原油期货，即先在国内发行原油宝，用汇集的资金去境外买卖原油期货。但国际原油合约到期交割，是要交付真实的原油的，原油宝以人民币或美元买卖原油份额，只计份额，不提取实物原油，它与国际原油期货的联系是被切断的。所以，从交易的标的上看，不可能与国际原油直接挂钩。有研究指出，"中国银行的风险对冲策略和损益仅仅影响中国银行自身，本质上与原油宝产品市场上的客户损益并不直接关联。"①

由于外汇管制，我国投资者很难进行境外直接投资，监管政策也不允许个人投资者投资境外衍生品市场，商业银行也无经纪业务资质。中国银行对上述关于境外原油如何与境内对接，未做任何说明，实际上也没有看到任何相应的操作。

第二种是中国银行在国外买了原油产品，再把相关的头寸向国内投资者发售，即先在 CME 买卖原油期货，再转售给国内投资者。从现在了解的资料看，中国银行没有在 CME 交易，交易的是它的全资子公司 BOCI。而且，如果是 BOCI 先在 CME 交易，那国内的头寸（无论是空头还是多头，而且只能是多头中的或空头中的一种，因为

---

① 部慧，陆凤彬，魏云捷."原油宝"穿仓谁之过？我国商业银行产品任创新的教训与反思［J］. 管理评论，2020（9）：314.

一个交易商不能同时买多又买空）多少取决于 BOCI 的交易量，国内向投资者发售量不可能超过 BOCI 的持有量。另查美国交易所的官网，WTI 原油合约，每一手是 1000 桶，你至少买一手吧，国际上的一桶油是 42 加仑等于 158.98 升，1 吨约等于 7 桶。而原油宝交易数量起点为 1 桶，还可以 0.1 桶递增。另外，中国银行的原油宝交易合约分期次发布，每期次合约名称采取"交易货币"+"交易品种"+"合约期次（年份两位数字+月份两位数字）"的组合方式命名，如果每次在月初由 BOCI 在国际原油期货市场上交易了，也不可能在油价降低的时候又随时在国内市场上增发。如果是 BOCI 随买随时在中国境内发售，那它有境外买卖的对应记录吗？

如果真是国内的原油宝与国外 BOCI 的直接对应和关联，那在价格降到-37.63 美元的时候，我们就履行合约去提取原油现货，还能从现货的卖方那里赚 37.63 美元呢，等油价涨了以后再出售。实际上-37.63 美元，也只是很短的时间，原油价格马上又涨上去了，提取现货的操作是可行的。

第三种是仅是价格挂钩，即只在价格参照国外原油价格，其他与之无关。这样中国银行在境内发生的产品就完全是一种中国本土的"产品"，没有基础资产。客户与中国银行签订合同，进行虚拟交易，中国银行在 CME 的交易主要是为了对冲其在国内发行的"原油宝"而持有的头寸，避免国内原油宝的交易风险。可以说 BOCI 在 CME 做的是真正的期货或衍生品交易，是为了套期保值做的对冲操作。

换言之，不是先有了国外的原油期货交易才有原油宝的交易，而是有了原油宝，中国银行才需要 BOCI 在 CME 进行国际期货交易，对冲中国银行在国内发行原油宝交易的风险。国内的原油宝不是基于国际原油期货，与之没有法律和经济上的关联，只是参照其价格进行的"虚拟盘"①。有研究强调，中国银行运营的原油宝市场与其参与的国际期货市场本质上是两个无关的市场，两个市场唯一的联系是原油宝产品合约的报价与关联原油期货合约的价格有联结。②

有学者认为原油宝"其实质是挂钩域外原油期货合约的全收益互换（Total Return Swap，TRS）"，原油宝的内盘与外盘是可以完全分开的。更准确地说，原油宝本质上只是一笔纯粹的境内交易，是投资者与银行之间进行的柜台衍生交易。"内盘交易属于一种挂钩衍生品的再衍生品。""显然，银监部门在批准此类产品上市方面存在工作失误。③"

五、原油宝不属于"法无禁止即可为"的领域

民法里有法无禁止即可为的原则，《民法典》第153条表述为："违反法律、行政法规的强制性规定的民事法律行为无效。但是，该强制性规定不导致该民事法律行为无效的除外。"中国银行为原油宝辩护的另一个逻辑是没有找到禁止性的规定，银行就可以发行原油宝，原油宝不是金融衍生品，就是普通的合同，即所谓"金融合约"，而且这样的合约"金额取决于基础资产的价格，并不是直接进行的基础资产交易"。但这样的逻辑是错误的，金融合约的表述本身，就说明它不是普通的民事合同。

金融衍生品从经济上有监管的必要，在国际上普遍实行监管，我国也有银行间金融衍生品市场和相应的一些政策。即所谓场外金融衍生品也是有特定的产品和交易场所的，越来越接近场内交易的特点。

---

① 李依琳，康习风．中国商业银行金融产品市场的法律监管［J］．中国外资，2021（19）：70.

② 部慧，陆凤彬，魏云捷．"原油宝"穿仓谁之过？我国商业银行产品任创新的教训与反思［J］．管理评论，2020（9）：314.

③ 刘燕．横看成岭侧成峰——关于原油宝的一种法律叙事［EB/OL］．http：//www.sohu.com/a/392532525_100291228.

那银行所做的是不是非衍生品交易，还是就是普通的合同？

如前所述，根据我国的《商业银行法》，银行的经营范围是法定的，银行业不仅有商业银行法，还有《银行业监督管理法》等诸多银行监管政策，所以银行法有公法性质①，并不当然适用法无禁止即为可行的民法原则，体现在法律上就是它不能经营《商业银行法》第 3 条规定的范围以外的业务，它经营的业务都要纳入监管，具体而言，就是发行新产品要经过监管部门审核同意。没有经过监管同意的业务，并不适用民法中法无禁止即可为的原则，而是适用公法的原则，即没有政策许可就是无效的，即法无许可即是禁止。

从另外一个角度来看，如果在金融、银行法的角度，适用法无禁止即为许可的原则，那我国刑法规定的非法吸收公众存款罪就产生了逻辑上的悖论：既然法律没有禁止普通的民事借款合同，那行为人向大众借款就是可以的，既然在民法上是合法的，怎么在刑法上定性为犯罪②。由非法吸收公众存款罪，也能看出涉及银行业的贷款业务也是受到监管的，监管的理由就是金融法属于公法，没有经过许可不可经营类似银行的业务，所以吸收公众存款罪侵犯的对象是金融秩序，而不是出借人的资金。如果认为原油宝是金融衍生品之外的普通的民事合同，那原油宝的大量交易，就完全进入了非法吸收公众存款罪的范畴，也就造成了：本身能存款的银行，却陷入非法吸收公众存款这样的逻辑矛盾中。

衍生品从逻辑上就是由其他产品衍生的，《办法》中表述的叫基础资产，《指导意见》定义为"具有未来进行交割或行权的基础资

---

① 鲍晓晔. 场外衍生品市场法律监管制度研究 [D]. 上海：华东政法大学：54.

② 关于一个行为在民法上不违法，在刑事上就不能构成犯罪的理论，详见周光权：《刑民交叉案件的判断逻辑》，《中国刑事法杂志》2020 年第 3 期，5-6 页。文中指出：法秩序统一性原理，绝对不能偏离的规则是：在民商法上合法的行为，不可能成为刑法上的犯罪。还有学者提出二次违法理论，认为一次违法（违反民法）与二次违法（违反刑法）是二次违法的前提，没有一次违法，就不构成二次违法。详见：胡启忠：《非法集资刑法应对的理论与实践研究》，法律出版社 2019 版，第 91-104 页。

产"，《银行业金融机构与机构客户交易衍生产品风险管理的通知》要求由客户提供"与衍生产品交易直接相关的基础资产或基础负债的真实性"证明。那么，银行能不能发行一种或制作一种"金额取决于基础资产的价格，并不是直接进行的基础资产交易"的合同呢？即金融衍生品具有诺诚性、双务性、虚拟性和目的多重性的特点，原油宝如果是金融衍生品，可以这样设计吗？如果不是金融衍生品，是民事合同，可否具有这样的特点？虚拟性是指可以与其他资产无关吗？

对于金融衍生品，最重要的一个关注方面就是具有投机性在内的衍生品是否属于赌博的性质。1892 年英国关于赌博的判例中，法官确定赌博合同有两个重要认定标准：一合同当事人双方均能从合同中获益或受损；二合同双方都没有其他的任何合同利益。按这个标准，对于场内的衍生品而言，合约一旦达成，就会与交易所或清算公司成为总的交易对手，而代替原来的交易对手，交易所或清算公司并不存在获益或受损的问题，它是通过收取保证金来规避可能发生的交收风险，因此，场内衍生品显然不属于赌博合同。对于场外衍生品而言，可能更多的要援引上述第二个标准，即金融衍生交易还具有其他的合同利益，金融衍生合同除投机外的其他合同利益可以包括为了规避基础产品的风险而进行的套期保值、资产负债管理及投资组合等，当然，认定其他合同利益，也必须提供相应的证明①。

对于衍生交易是否属于赌博的问题，还可以从金融衍生交易的社会经济效果分析，就赌博而言，由于其盈亏发生在参与赌博的人之间，因此赌博的受益者通常为直接参与人和少数间接获利者②。

以上是关于金融衍生品是否属于赌博的判定，如果不是衍生品，而是普通的民事合同，原油宝的交易就完全符合"一合同当事人双

---

① 阙波. 国际金融衍生产品法律制度研究［D］. 上海：华东政法大学：26.
② 阙波. 国际金融衍生产品法律制度研究［D］. 上海：华东政法大学：28.

方均能从合同中获益或受损；二合同双方都没有其他的任何合同利益"的赌博合同标准了。

金融衍生品具有虚拟性，交易标的如中国银行所称"金额取决于基础资产的价格，并不是直接进行的基础资产交易"，即只是价格与基础资产无关。但如果是普通的民事合同，无论从法律规定上还是逻辑上，合同的要素都包括"标的"，那原油宝交易的标的是什么？如果没有标的，只是预期的利益博弈，那又回到赌博的范畴了。

第三专题　信托、破产法治

信托去通道化的法律构造

曹 汇[*]

摘 要： 信托通道业务存在明显的社会危害，但既往应对式的监管效果并不理想，没有着眼于通道化存在根源：金融抑制政策的市场应对；信托受托人法定权利的弱化；《信托法》的定位分歧；信托财产的主体性缺失。基于此进行去通道化构造。首先，对信托财产进行有限主体化改造从而赋予信托受托人更多独立的主动管理权。其次，在行业监管中嵌入功能监管，在不改变分业监管基本制度下不断统一监管口径，减少监管套利。最后，促进信托业的基金化转型与民事信托分流，即参照基金的监管标准为资管产品设置统一的监管口径，同时鼓励引导民事信托的发展，让信托业更富竞争力。

关键词： 信托通道业务 金融 功能监管 牌照

一、问题的提出

信托通道业务起源于银信合作，最早是银行为规避存贷监管红线，完成资产出表，故而借助信托的理财牌照，实现对特定企业的定向投资，在此过程中信托公司并不进行主动管理也不承担实质风险，

* 曹汇，安徽芜湖人，上海交通大学凯原法学院博士研究生，研究方向：经济法。

只是一个名义上的受托人，按照委托人或受益人、第三方的指令进行信托财产的管理以及信托利益的分配，信托结构成了资金供求双方的融资通道，因此被称为通道业务。随后通道业务又发展出证信合作、保信合作等多种模式。2019 年，最高人民法院发布的《全国法院民商事审判工作会议纪要》第 93 条正式定义了通道业务，即"当事人在信托文件中约定，委托人自主决定信托设立、信托财产运用对象、信托财产管理运用处分方式等事宜，自行承担信托资产的风险管理责任和相应风险损失，受托人仅提供必要的事务协助或者服务，不承担主动管理职责的，应当认定为通道业务"。《信托法》第 30 条规定，受托人"应当自己处理信托事务"，即使将信托事务委托他人代办也"应当对他人处理信托事务的行为承担责任"。可是在通道业务中，信托公司不仅不亲自处理信托业务，还往往会私下约定免除自身的信托责任，可以说是对《信托法》第 30 条规定的严重违背甚至是架空，背弃了信托最核心的信义义务原则。黄维平、李安安总结了通道业务的五点法律危害，包括形同虚设的尽职调查，层层嵌套的产品设计，产品不当推介与劝诱，多方转托诱致资金监管失控，合同约定不明确诱发责任认定难题。① 正因存在这些现实的危害，通道业务的法律监管机关对信托业务的治理也可谓费尽心力，自银监会 2010 年发布《关于规范银信理财合作业务有关事项的通知》正式将去通道化纳入监管目标至今，通道业务的治理工作已开展十余年，参与部门越来越多（司法机关加入），规章、司法解释也越来越多，吊诡的是，通道业务的规模却始终降不下去，纠纷也不见变少，这里面存在的问题值得深入研究。同时也可见，单纯的行政化、政策式治理并没有起到预期的效果，通道业务的存在仿佛成了对《信托法》第 30 条的无情嘲弄，为捍卫法律的尊严，保证制定法可以被真正贯彻实施，有必

---

① 黄维平，李安安. 风险防范视角下信托通道业务的法律规制 [J]. 学习与实践，2017（12）：58-60.

要将对通道业务的治理纳入法治化的道路上来。至此就引出了本文的核心问题：通道业务存在的法律问题是什么，如何通过法律手段来有效解决？

二、信托通道业务的根源

既往的研究对去通道化提出了一些解决方案。如黄维平、李安安从完善信息披露制度、重塑受托人信义义务以及细化穿透式监管规则三个方面给出了信托去通道的法治化路径。[①] 刘光祥认为通道业务中不应当只注重信托受托人的责任，还需要强化"转委托人"的责任才能解决责任难定的问题。[②] 郭金良认为应当在"资管新规"背景下，以《信托法》为基础，重新界定信托机构的尽调责任与信义义务范围。[③] 魏婷婷就通道业务中的刚性兑付问题给出了解决方案：在理念上由行政监管转向服务型监管，在制度上注重信托业监管与其他金融业监管的衔接。[④] 结合上述研究成果，笔者认为现有的研究主要存在三方面不足：一是治理通道化却忽视了通道化赖以生存的法律土壤，只就现实情况出具了对策建议，没有从根本上解决通道化存在的原因，从而导致治标不治本，难以达到预期的治理效果，事实上近年的政策中已经采纳了一些上述建议，然而效果有限。二是治理策略零散且缺乏系统化，现有的研究呈现出分割式规制的倾向，在国务院设立金融稳定发展委员会的背景下，现阶段的治理格局发生了重大转变，须要对现行规则重新梳理。三是未能指出去通道化后信托业的转

---

① 黄维平，李安安．风险防范视角下信托通道业务的法律规制［J］．学习与实践，2017（12）：58-60.

② 刘光祥．通道类信托业务之受托人责任分析——以《信托法》第30条第2款为中心［J］．经济法学评论，2016（2）：313-315.

③ 郭金良．资产管理业务中受托管理人义务的界定与法律构造［J］．政法论丛，2019（2）：76-78.

④ 魏婷婷．金融信托"刚性兑付"风险的法律控制［J］．法学杂志，2018（2）：130.

型方向，治病重在救人，治理通道化痼疾后若不能为信托业指明发展方向，任其自生自灭，无异于在政策上抹杀这个行业，最后扰乱金融秩序殃及实体经济。鉴于以上三点，下文将先从通道化的成因展开分析，再据此提出对应的法律建构策略。

（一）金融抑制政策的市场应对

信托通道业务是一种具有中国特色的资管业务，区别于国外以投资者为导向寻求金融产品，我国的金融产品主要是为融资方设计以满足其资金需求。① 因为行业间的监管规则存在差异性，所以为保障资金在各个节点的顺畅融通，交易结构往往作出适应性的安排。然而，这种适应性安排有时会出乎监管机关的意料，虽然形式上合法合规，但并不符合政策导向，于是这种形式上的适应性安排被称为监管套利。金融监管机关具有政策制定权，政策的制定必须要应对解决现实中普遍存在的不符合政策意志的金融现象。既然已经发展为普遍性问题也就意味着这种金融现象产生的危害性已经不容忽视。任何一个社会现象的产生都必须遵循"萌芽—发展—壮大"的规律，现象不应忽视至少意味着其已完全度过萌芽探索期，呈现出常态化的倾向。此外，政策的落地不仅此而已，金融政策制定权归属中央，这意味着只有地方监管部门将报告上呈中央，再经中央监管机关研究论证后才足以出台监管政策。就此可以得出结论，从现象的萌芽开始，至少要经过两期时间才能等到监管政策的出台，金融监管存在严重的滞后性，尤其是对于时间高度敏感的金融市场而言。监管部门每每出手治理一种金融产品却发现市场总能迅速找出替代策略，疲于应付却收效平平。金融市场外部性的存在固然不允许政府袖手旁观，然而过度干涉却又违背市场本意，使得政府全然走向了市场的对立面，政府的信息不过是间接从市场获取，又如何能与市场的一手信息获取速度相比，

① 夏小雄 . "得形""忘意"与"返本"：中国信托法的理念调整和制度转型 [J]. 河北法学，2016（6）：89.

于是就出现了这种金融监管慢半拍的现象。

政府的过度干涉实际上是政府过度担忧的体现。2008 年金融危机席卷全球以来，中国政府对金融危机的危害有了深切体悟，再加上当初实施外资资本封锁政策相当程度上缓和了金融危机对国内经济的冲击，使得政府认为国内的金融市场尚未成熟，需要严格限制其发展，防止资本脱实向虚，避免金融市场波动危及实体经济领域，中国的金融抑制政策就此延续多年。金融抑制政策背负着防范系统性金融风险及引导产业政策实施的双重使命，具有深刻的历史意义与价值，在全球金融市场翻起惊涛骇浪时为国内实体经济的发展营造了最稳定的局面。① 可任何政策都不是完美无缺的，也都需要顺应实践的发展，金融抑制政策在本质上是违背市场本心的。市场主体有着对资金的天然渴求，金融抑制政策在控风险的同时也抑制着市场主体对资金的需求。典型表现为银行苛刻的贷款条件，银行的贷款条件使得大量的小微公司无法通过正规渠道向银行融资，只有资本雄厚的国企、大公司才有这种资格，可是这些大公司对资金的渴求反而远不及小微民营企业。与此形成反差的是，恰恰是这些被金融机构拒之门外的民营企业撑起了中国经济的半边天。想融资的无资可融，可融资的不缺资金，投融资双方呈现出结构性不匹配的矛盾。即使对于投资方来说，缺乏高收益的投资项目也成了银行等金融机构的经营难题。② 于是诸如通道化之类的通过监管套利融通资金的方式就成了投融资双方一拍即合的选择，信托公司基于其横跨货币、资本、实体三市场的牌照优势就成了通道化最理想的载体。所以，信托的通道业务实际上既是金融市场在金融抑制政策下的自我救济，也是无奈的抗争。庆幸的是，中央已经意识到了民间融资难的问题，自 2013 年启动利率市场化改

① 杨秋宇. 信托通道业务的私法构造及其规制逻辑 [J]. 北京理工大学学报（社会科学版），2021（3）：121-123.

② 郭雳. 中国式影子银行的风险溯源与监管创新 [J]. 中国法学，2018（3）：220-221.

革，到《民法典》合同编将保理合同由金融保理拓宽到民事保理领域，无不彰显着中央纾解民间融资困局的决心。

（二）信托受托人法定权利的弱化

英美商事组织法的核心在于资产分割，其内涵包括两层：一层是消极层面的债务分割，如有限责任等；另一层是积极层面的财产权利分割，表现为法人财产与所有人财产的分割与独立。① 起源于英美法的信托制度正是一种商事组织法的形式。一方面委托人以信托财产为限承担责任实现债务分割，受托人承担的信义义务则与信托财产无关；另一方面信托人财产具备独立性，信托财产与委托人、受托人及受益人三方的固有财产实现分割。在资产分割的基本法律构造下，信托衍生出六种功能，包括财产名义所有权与财产利益及控制权的分离功能，受益人连续功能和受益权分层功能，财产长期管理功能，财产集合管理功能，转换功能，风险隔离功能。② 这六种功能成了商法信托制度与民法委托代理制度的最大的区别。六种功能所呈现的权利划分又实现了英美信托制度中的委托人、受托人、受益人的"三权分立"，其中主要管理权被赋予了受托人，委托人及受益人在信托财产独立后仅可对受托人的管理行为进行监督制约。同时为保障受托人可以便宜行事，对受托人实施了表见授权，并赋予其名义所有权。③ 我国《信托法》的制定借鉴了英美的信托制度，但对其进行了本土化的改造，如回避了双重所有权问题④，强化了委托人及受益人的权利等。⑤ 这一切改造实际上完全颠覆了英美信托制度以受托人为主导的"三权分立"结构，转化成了具有本土色彩的以委托人、受益人为权

---

① Hansmann H., Kraakman R. The essential role of organizational law [J]. *Yale Law Journal*, 2000, 110（3）：387-440.

② 赵廉慧. 信托法解释论 [M]. 北京：中国法制出版社，2015：22-33.

③ Morley J. The common law corporation：the power of the trust in anglo-american business history [J]. *Columbia Law Review*, 2016, 116（8）：2145-2198.

④ 参见《信托法》第 2 条。

⑤ 参见《信托法》第 20~23 条，第 49 条。

利核心，受托人权利为从属的双权附随结构。这与当下的信托通道业务何其相似！我们一味苛责信托业总是监管套利，总是在寻找规则漏洞，却忽视了我们的《信托法》本身就没有给予信托机构足够的重视，一方面没能给予受托人足够的法定赋权，另一方面又要信托机构承担积极的管理责任。就算信托机构愿意承担起这份责任，在现行的《信托法》框架下，受托人与委托人、受益人争夺管理权不过是螳臂当车罢了。这使得目前的信托通道业务变成了一种既非信托又非委托的尴尬中间业务。① 立足于我国实情的《信托法》之所以如此设计必然有其道理。具体来说，英美的信托法是立足于其传统的商事文化与发达的资本市场经济制度，所以其信托制度的设计大胆而独特。作为后进生的中国要想实现弯道超车，必须慎之又慎，设计出契合传统国情的法律制度。在国内传统的商事法律中，信托机构的持牌经营制度、国有资产背景都使得作为受托人的信托机构天然处于强势一方，为避免信托机构凭借其信息、资本、技术优势侵占委托人利益，《信托法》对处于弱势一方的委托人及受益人进行了倾斜式赋权，这构成了《信托法》的理念基础。而在通道业务中之所以出现了异化是因为通道业务中的实际委托人一般都是银行等更为强势的金融机构，此时的信托机构反而成了弱势一方，这与《信托法》的预设场景恰恰相反，倾斜式的赋权反而加剧了这种权利结构的不平等，进一步弱化了信托机构的主动管理权，通道化几难避免。

（三）《信托法》的定位分歧

英美视信托法为一种商事组织法，商事组织法的特点在于其结构由商事主体内部的权利主体决定，商事组织形式得以内部意定的方式进行任意转换，比如普通合伙向有限合伙的转换，有限责任公司向股份有限公司的转换。商事组织方式的设立与转换并不需要进行行政审

① 缪因知. 资产管理内部法律关系之定性：回顾与前瞻［J］. 法学家，2018（3）：111.

批而仅要履行行政登记义务即可生效。然而中国的信托制度却是一种专营制度①，同时央行与银保监会双重监管模式的设置又将信托业彻底限制于金融行业体系之中。于是中国的《信托法》从英美国家移植后从一个商事组织法演化成了一个须要行业准入的金融监管法。从立法背景来解读，21 世纪初的国家对西方发达的经济制度怀揣着无限憧憬，《信托法》的制定极大地仿效了英美的信托制度。然而对于金融监管机关而言，资金信托尤其是集合资金信托部分涉及大量资金的聚集，极易触犯非法集资的红线，更为重要的是，信托业的资金收放过程与银行的借贷功能极为类似，是典型的影子银行业务。如果不纳入金融监管范畴会加大央行对整个宏观经济的调控难度，削弱货币政策实施效率，加剧系统性风险的积聚。因为难以对资金信托业务和其他信托业务作出严格区分，金融监管机关干脆就将整个信托业纳入金融业之中。这就导致了《信托法》的"得形而忘意"，立法部门希冀将《信托法》制定成一部民事法律规范，所以其大量条文规范的都是民事主体间的权利义务关系，而行政机关本着防范金融风险的宗旨硬是将《信托法》限制在了金融领域。最后，《证券投资基金法》的出台，更在一定程度上将《信托法》的定位限制在了金融特别法的上位法依据范畴上，民事信托的功能被大幅虚置，其本身的法条适用功用也被下位法替代，《信托法》处在了被冷落的窘迫境地。

信托的通道业务就诞生在这样的信托制度背景之下，一方面其本身的民事信托功能被大幅限制，另一方面在金融信托领域又要与银行、保险、证券、基金等强势金融机构竞争。然而，中国的金融业态早已被瓜分完毕，各大金融机构在各自的领域上都有着不可撼动的行业优势，横空出现的信托机构又能从这片强者环伺的金融市场得到什么呢？存贷业务不及银行，证券保荐由券商专营，无论是公募基金还

---

① 在 2001 年国务院办公厅发布《关于〈中华人民共和国信托法〉公布执行后有关问题的通知》后确立了中国信托业的持牌经营的制度。

是私募基金在客源及技术优势上都比信托业强大太多，保险行业更是不容他人染指。有学者曾一针见血地指出："当信托公司津津乐道于自己的投融资范围横跨贷款、货币市场、资本市场和实体经济的全口径时，恰恰是这个行业的悲剧所在。"① 信托公司缺乏自己的主营优势，无论在哪个领域都少有一争之力。为了生存，信托公司选择了妥协，选择了成为强者的附庸，选择了出卖自己的牌照来获取市场上的一席之地，最终沦为了通道性的角色。然而，随着金融监管机关逐步放开各大金融机构的资管限制，随着中央政策对通道业务的长久打压，通道收益持续下降，成本却不断上升，信托的牌照优势对于各大金融机构而言越来越缺乏吸引力。信托牌照逐渐褪去了掩盖在其外表的政策优势，暴露出立法机关与行政机关对《信托法》定位的根本分歧。不过，随着近年来金融监管机关的理念转变，这种根本分歧有了渐趋统一的势头，届时信托牌照的优势就会荡然无存，信托业的未来又将何去何从？

（四）信托财产的主体性缺失

现行《信托法》规定了信托财产是一种权利客体，这是信托财产最基本的属性：一方面权利客体可以具备一定的独立性，这成了信托财产独立性的最重要依据；另一方面权利客体又必须依附于权利主体存在，这保障了作为信托财产所有人的委托人的权益。信托财产的权利客体论构成了《信托法》的基石，不容撼动，然而实践中的唯权利客体论又倒向了另一个极端，即完全不承认信托的主体性资格，只是认可信托财产对权利人的依附地位。这种观点给《信托法》的实施带来了很大障碍，有研究总结了唯权利客体论的八大弊病：一是信托受托人赔偿地位的重合，即在承认受托人财产所有权下当其自有财产与信托财产发生债权债务关系时会出现既是债权人又是债务人的窘境，此时难以保障受托人履职的中立性；二是信托财产权归属的两

---

① 沈朝晖. 企业资产证券化法律结构的脆弱性［J］. 清华法学，2017（6）：73.

难境遇，《信托法》的含糊其词实际上让信托实际管理权的归属陷入不确定中，进而使对外代表主体不确定，影响到民事法律关系的认定；三是导管纳税理论下征缴效率低下①，导管纳税理论可以穿透多层信托嵌套，符合实质课税原则，但会在面对众多纳税人时面临征缴低效的难题；四是民法平等思维的掣肘，信托各方主体在信息获取、责任承担、财产管理等多方能力上存在显著差异，民法形式平等思维难以导向实质公平裁判；五是信托财产破产缺乏理论依据，破产主体必须要具备商事主体资格，而仅作为权利客体的信托财产显然不具备，可若不在信托中嵌入破产制度又难以保障债权人及信托财产权利人的利益；六是信托股权投资变现难，作为权利客体的信托财产不具备 IPO 持股行权资格，导致信托股权投资退出渠道受阻②；七是信托受托人刑事责任成本过高，作为权利客体的信托难以通过刑事主体的身份分担受托人的刑事责任，致使受托人刑责畸重；八是信托登记制度的缺失，作为权利客体进行登记无前例可循，难以固定其形式要件，若作为商事主体，则可以比照公司、合伙组织的登记规则设计，制度成本较低。③

在通道业务中，信托的以上弊病也概莫能免，有些情况下甚至体现得较普通信托结构还更为明显。比如，在通道业务中，不仅存在机构投资者、融资人以及信托机构，还有信托财产的实际持有人即中小投资者，多种关系多层嵌套下使得中小投资人获取信息的速度严重滞后，更无法杜绝虚假夸大信息的传播以及故意隐瞒不利信息等事项的

①　导管纳税理论指以信托结构为导管，财产在受托人与受益人之间的流转不缴纳增值税，信托作为导管在计税时被穿透，只就受益人的实际信托财产增值部分征税，因符合实质课税原则故而为包括我国在内的多数国家采用。

②　证监会限制信托持股 IPO 有三方面原因：一是信托登记制度不完善，故难以确认股权代持关系；二是信托背后有众多投资人，有可能变相突破《公司法》对股份有限公司发起人人数的限制；三是信托具有私募属性，受托人负有保密义务，与资本市场的信息披露义务存在履行冲突。

③　陈一新. 论信托财产的主体性 [J]. 交大法学，2019（2）：68-70.

发生，此时如果仅基于民事主体间的平等地位，苛求弱势方的举证责任无异于堵上了他们寻求司法最后救济的途径。再如，登记制度的缺失使得大量信托财产在运营管理中的信息证据无法被固定下来，信托各权利义务主体之间法律关系的存灭变更也无迹可寻，而通道类信托中各主体又多会推诿责任，这大大加重了诉讼调查的难度，更难以避免真伪难辨、证据矛盾等情况的发生。信托通道业务中的很多乱象推本溯源都指向了信托财产的主体性缺失，所以对信托财产制度进行适当的主体化改造或许会成为信托去通道化的一条可行的法律路径。

三、信托去通道化的立法构想

现行的去通道政策面临着法律障碍，推本溯源，解决通道化的根本思路也应重构目前的规范体系。鉴于通道业务的法律障碍既有《信托法》自身层面的内部因素，又有分业监管制度下的外部诱因，故规则设立时应当双管齐下，做到内无设通之念，外有抑通之策。

（一）内部抑通：信托财产的主体化改造

信托财产的"唯权利客体论"制约着信托业的发展，更助长了信托通道业务的滋长，破除这一法律障碍的途径就是在不动摇信托财产权利客体的基础上对其进行适度的主体化改造。考察世界信托法立法经验，涉及信托财产主体化的规则大致分为三类：临时性赋权主体化、不完全权能主体化、特殊类型的完全主体化。[1] 临时性赋权主体化实际并不承认信托财产的主体性地位，只是为了在进入破产或开立账户等特定程序时，为达到主体化功效同时节省立法成本、便于操作，直接将某些商事主体规则移植到信托领域，一旦特定程序完结，则此主体性特征同时归于消灭。[2] 不完全权能主体化与临时性赋权主

---

[1] 陈一新. 论信托财产的主体性 [J]. 交大法学，2019（2）：72-75.
[2] 如 2006 年《日本破产法》即肯定了信托财产可以作为破产主体，我国《证券投资基金法》第7条、第8条准予契约型基金以自己的名义开立资金账户和证券账户也是临时性赋权主体化的体现。

体化的区别在于其永久保有部分主体化权能，主要是为了应对一些诸如税务、诉讼之类的常态化出现的法律事件，此时临时性的赋权已经不能解决这种不定期出现的问题，有必要进行长期赋权。实践中，英国最早将该理论应用于所得税课税中，即就信托本体课税从而克服导管课税的局限性①，日本则在其《民事诉讼法》第 29 条赋予了信托财产的诉讼能力。② 特殊类型的完全主体化发轫于日本学者四宫和夫的"实质的法主体说"，他认为信托制度因为与公司制度存在很大的相似性，因此可以假定是一种独立的实质法主体。③ 四宫和夫的理论虽未承认信托的主体性地位，但已对原先的"唯权利客体论"产生了极大冲击。《美国信托法重述》（第 3 版）认为现代信托已被默认为是包含财产及信义义务关系的法律实体。④ 这一观点也同时指出了信托主体的特殊之处，即介于人合的合伙企业以及资合的公司之间的信托财产与信义义务并重的人资两合法律主体。立法实践中《埃塞俄比亚民法典》第 516 条首次在法律层面肯定了信托财产的完全法律主体地位。⑤

　　信托的主体性缺失使得信托财产永远依附于委托人或受益人，难以达到真正的独立状态，主体财产无法独立则意味存在于财产之上的受托管理权无法真正独立，通道业务也无法真正转向主动管理型业务。在这种情况下，应当对信托财产的主体化进行立法重构，囿于现行的《信托法》，为维持法的稳定性与连续性，须考虑最小程度的改造。

---

　　① 张建棣. 信托收益所得税法的比较与借鉴［J］. 财税法论丛，2003（1）：267-269.
　　② 日本《民事诉讼法》第 29 条："非法人社团或财团有指定代表人或管理人的，得以其名义起诉或应诉。"学者根据判例总结出非法人财团成立要件：从个人财产分离出的独立财产，具备管理机构。循此逻辑，信托财产应构成非法人财团。
　　③ 赵廉慧. 信托法解释论［M］. 北京：中国法制出版社，2015：213.
　　④ Restatement（Third）of Trusts（2003）§ 2 Cmt. a.
　　⑤《埃塞俄比亚民法典》第 516 条："信托是用以将特定财产组成的一个由受托人根据信托人的指示进行管理的、自主的实体的制定。"

先从功能视角进行主体化改造，前文所述的信托六大功能中包含财产长期管理功能，学界认为该功能下衍生出另两个子功能，即意思冻结功能和受托人裁量功能。[①] 意思冻结功能是指信托应当满足的是委托人的长期意思，这种意思须要具备三个要件：一是明确性，信托意愿要被委托人明确地表达出并被受托人明确地理解，同时这种意愿在意思达成一致时可以被实现。二是稳定性，意思一旦达成一致，非经特别程序或出现特殊情况不可被改变，不仅受托人的行为受到该冻结的意思约束，委托人、受益人也是如此，不得随意指使受托人进行违背长期意思的行为，更不得随意更改自身的长期意思。三是持续性，信托的设立是为了完成特定的长期意思，所以严格来说与受托人、委托人的主体无关，但是鉴于信托是基于信义义务构成的，只要信义义务关系无法被切断，则信托就不能被终止，比如委托人不存在时，信义义务因为是长期凝结在冻结的意思中，即使在委托人不在时冻结的意思仍被保留了下来，故信托关系不应被切断，信托不能轻易终止。受托人变更时则要区分看待，如果受托人是特点信托机构，不存在的只是具体信托事务的管理者，此时法律主体未发生重大变更，信托仍应存在。如果受托人法律主体发生重大变化，影响到了委托人与受托人间的信赖关系，则基于特定信赖关系的信义义务被切断，信托应当终止。意思冻结功能则可使受托人遵守的义务从委托人意思变为委托人长期冻结的信托意思，这样能最大限度地避免委托人在信托事务管理过程中的不当干预，应当在《信托法》中得到体现。对此笔者给出的修改意见是：单独增设一条规定，明确信托意思应当作为信托设立的必备条件，信托意思应当具备上述三要件，不能同时满足的一律视为委托代理关系。受托人裁量功能实际是意思冻结功能在行为上的体现，指的是受托人在信托意思成立后在必要限度内有裁量权，因为二者密不可分的关系，笔者建议在上条立法建议的后半部分

---

　　① 赵廉慧. 信托法解释论［M］. 北京：中国法制出版社，2015：27-30.

加上："受托人在信托意思成立后享有必要限度内的自由裁量权，非经特殊程序或有特殊情况，委托人及受益人不得随意干涉。"至此，信托的主体功能已具备，以冻结的长期信托意思为核心，具备独立性，不受委托人、受益人背离信托意思的干涉。再从结构上构建，考察前文临时性赋权主体化、不完全权能主体化、特殊类型的完全主体化理论，临时性赋权不具有长效性，无法应对信托存立期间的各种变动，不宜被采纳，特殊类型的完全主体化较为理想，但要将信托完全独立成为与公司、合伙类似的商事主体，一方面使得其设立变更程序过于繁复，丧失了信托灵巧轻便的结构优势，另一方面在当下信托登记制度尚未完善的情况下贸然进行完全主体化的改造也不具备可行性。所以，笔者认为折中的不完全权能主体化更适合我国国情。商事主体化改造的核心在于构建起内部科层式的治理结构，其结构应该是以信托财产为限承担责任，以信义义务为信托主体间纽带，以信托意思为主体意思。鉴于信托不具备组织化的治理的经验，具体构建时可以借鉴公司法或合伙企业法的相关规则，即应当具有章程式的可行规定，并得到受益人、委托人和受托人三方的认可。对此，笔者的立法建议为在《信托法》中增设一条条款："信托应当有关于内部监督、治理的可行章程，章程的规定仅对信托相对人有约束，章程中涉及的内部机构及其权利义务关系可比照《公司法》或《合伙企业法》的相关规则设计。"至此，基于功能和结构的有限主体化重构即告完成，对于通道业务而言，主体化的改造给了信托最大的独立性，同时以章程为表现的内部监督治理机制的完善也限制了委托人、受益人任意干涉的行为，在制度上为信托受托人留下了必要的主动管理权限，足以一改通道业务中信托机构无足轻重的局面，激励其由消极管理转向积极管理。而且前文提及的信托受托人法定权利弱化及信托财产主体性缺失的问题也可一并得到解决。

（二）外部治通：分业监管中嵌入功能监管

通道业务是在我国目前分业监管的治理格局下产生的。金融机构总能找出各大金融监管机构各自为政下的监管真空地带，并架设信托通道作为掩护进行规避监管的交易。分业监管有其存在的历史意义与价值，在明晰法定监管职责、避免责任推诿与权力交叉重叠、快速积累监管经验上，分业监管的模式都证明了其治理优势。然而分业监管的弊病也是其自身难以克服的，即难以避免出现监管空隙。中央也意识到了目前的金融监管模式已经并不完全适应于我国的金融实践，于是，2018年国务院机构改革中将银监会与保监会合并，组建成新的银保监会。此项改组可以视为中央改革目前金融监管格局的一步尝试，逐渐在行业监管中嵌入功能监管。功能监管理论最早由美国经济学家莫顿和博迪提出。其核心内容为：金融功能比金融机构更稳定，金融功能优于组织结构，金融监管机构的形式也应当随功能变化而改变。① 功能监管与行业监管最大的区别在于功能监管视金融功能为既定，金融机构或其监管部门应当适应于金融功能，而行业监管视金融行业为既定，各金融功能应当服从于各自对应的以行业划分的金融监管机构。现代金融产品越来越呈现出脱媒化与去中心化的特征。② 这意味着产品的推出不再依赖于特定金融机构，更多是靠各种金融工具与机构间的配合，此时的金融产品存在跨行业特征，分业监管的弊病也随之显现，功能监管正体现出监管理念转变的现实因应。

就外部治理通道业务而言，引入功能监管也有其必要性：首先，功能监管有利于应对金融机构合作下的金融创新，现代金融业越来越呈现出交叉性、互补性、合作性的特征，在通道业务中这一点体现得尤为明显，而行业监管囿于机构间的职责独立，难以建立起常态化的合作机制以应对跨行业的金融创新，功能监管则正可统合各大监管机构的监管职权，使其令出一致。其次，功能监管可以给予信托业足够

---

① 李成. 金融监管学 [M]. 北京：高等教育出版社，2019：37.

② Schwarcz S L. Regulating shadow banking [J]. Review of Banking & Financial Law, 2012, 31（2）：619-642.

的重视，分业监管下信托业原先被置于银监会监管范围下，然而信托的大量业务涉及的并非银行业务，而是横跨保险、证券、基金等市场的业务，其他金融监管机关因为并不具有对信托业的法定监管职权，为维护自身监管行业的利益，常常对信托公司从事跨行业业务施加诸多限制，如《信托公司管理办法》第 16 条第 8 项允许信托公司从事证券承销业务，但在实践中并不被证监会许可，信托公司也可承销债券，但份额有限且不可担任主承销商。① 功能监管则可有效改善行业利益保护的现象，将各金融机构下的金融功能纳入同一监管标准，不再让信托机构被"歧视"。最后，功能监管可以提升监管效率，行业监管下存在监管重叠与监管空缺并存的缺点，信托通道业务正是诞生于这种监管空缺之中，而功能监管因不存在行业划分的桎梏，可以高效地运用监管职权，从而弥补行业监管的缺陷，真正使通道业务暴露在阳光下。

从法律上建构功能监管最重要的是明确国务院金融稳定发展委员会的职责。目前的金融稳定发展委员会职权尚未得到明确确定，到底应该是具有规章制定权的监管机构还是类似于反垄断委员会仅是一个议事协调机构？② 笔者认为这两种定位都不妥当，如果视为一个具有规章制定权的国务院部门，则在效力位阶无法体现出对其他部门规章的优先性，更重要的是不能在部门规章制定阶段就介入，无法阻止瑕疵规章的出台；如果视为一个议事协调机构，则其权力更是大大受限，只能出台类似监管指南之类的文件，无法有效约束其他监管机关的职权。鉴于以上原因，笔者认为金融稳定发展委员会应当被定义为一个金融规章制定指导机构，其职权在于：出现跨机构间金融事项需要制定规章等文件时，有关金融监管部门必须在金融稳定发展委员会

---

① 张同庆. 信托业务法律实务 [M]. 北京：中国法制出版社，2018：18.
② 朱慈蕴. 中国影子银行：兴起、本质、治理与监管创新 [J]. 清华法学，2017 (6)：23.

的指导下联合发布规章，这样就可以在规章制定的过程中嵌入功能监管的理念，避免瑕疵规章的出台，同时明确委员会的指导权——一方面其职权高于各金融监管机构，又有别于领导权，各大金融监管机构依然具有独立地位，不必完全改变目前分业监管的基本制度；另一方面指导权又可以对其他金融监管机构进行约束，从而立足于宏观视角产生功能监管的实效。具体法律制定上建议在《金融稳定法》中加上明确金融稳定发展委员会定位、职权的条款以及对指导权进行解释的条文。

（三）未来展望：基金化转型与民事信托分流

当下的信托业缺乏主营优势，通道业务占比较大，此时一味地抑制通道业务势必会大幅压缩信托业的利润。信托业在金融市场本就处于被边缘化的弱势一方，法律政策上的严控严管很可能会成为"压垮骆驼的最后一根稻草"。金融业之间同气连枝、损益与共，信托业的衰落势必会殃及其他金融机构甚至对整个金融市场造成无法预计的震荡。所以无论是为了保障信托业自身的健康持久发展，还是为了维护整个金融市场整体稳定，都有必要对信托去通道化后的行业走向进行引导。国家对市场的干涉应当秉持谦抑性原则，其出发点必须且只能是市场失灵。[①] 去通道化后，原先的市场秩序被打破，市场机制必定会在一定程度上发生自体调整的失灵，此时国家必须履职就位。因为通道业务是在市场内部自发产生的，所以其商业动因会长久存在，对于长久存在的问题就应当用效力层级最高且最稳定的法律去调整。去通道化后必然面临着信托业转型的问题，这与信托的去通道化密不可分，因此对信托业的转型引导也应当采用法律的形式。对于促进、引导类的法律也并不鲜见[②]，因此以法律的方式引导、促进信托业转型发展不仅有其必要性，也具备可行性。

---

① 侯利阳. 市场与政府关系的法学解构［J］. 中国法学，2019（1）：198.
② 如《民办教育促进法》《中小企业促进法》《基本医疗卫生与健康促进法》等。

《信托法》制定之初的目的是规范民事信托领域，然而我国的民事信托市场非常小，一方面是因为信托在进行本土化移植的过程中，出于宏观金融监管的视角以及防范影子银行风险的考虑，信托业被定位为须要牌照管制的金融业，民事信托虽于法有据却无实施的可能；另一方面中国人传统的保守思想认为将自家财产完全交由外人打理总归难让人放心。这两方面导致我国的民事信托市场非常狭小。在信托业去通道化后，单纯进行金融商事信托业务，信托公司依然难与其他金融机构竞争，而且随着信托通道这个合作纽带被剪除，信托机构很可能再一次站在其他金融机构的对立面，不得不面临着同业竞争的困境，这对于经历了去通道化"阵痛"的信托公司而言无异于雪上加霜。若想避开竞争激烈的金融市场，那么依据信托的定义，唯一可以开垦的就是民事信托这一片"荒地"。鉴于我国民事信托非常弱小，有必要用法律对其进行培育。其实民事信托并非完全没有市场，例如父母为残障子女设立信托，以确保子女可以在自己不能亲自照料时能够得到基本的生活保障①，还有越来越受到高净值人群青睐的家族信托，② 这些都说明民事信托仍然是一个朝阳产业。所以培育民事信托市场的核心就在于去除当前阻碍民事信托领域发展的两大障碍。笔者认为在具体的法律设计上应当注意两方面：一是在《信托法》中增设"国家鼓励、培育民事信托的发展，并给予政策上的扶持"之类的条款，以法律条文来改变国人质疑的心态，同时在政策上通过给予金融、财税上的优惠，将信托机构扶上民事信托这匹"快马"。二是要降低民事信托的牌照准入条件，从而为市场引入更多的经营者和竞争者，培育出有活力的民事信托市场。

除却民事信托领域，信托机构也可以经营资管业务，与民事信托

---

① Tensmeryer S. Modernizing Chinese trust law［J］. New York University Law Review, 2015，90（2）：710-745.

② 李智，徐元强. 家族信托功能演绎与建构的法理审视［J］. 云南师范大学学报（哲学社会科学版），2015（5）：85-86.

分流经营，尝试着与金融机构同台竞技，这也有助于激活整个资管市场的活力。然而，为了不让信托机构重蹈通道覆辙，应当对信托经营资管业务进行有效的法律调整。有学者曾提出中国的集合投资计划应当采取横向统合规制的形式，并借鉴英、日、韩等国的立法经验制定我国的《金融商品交易法》或《金融服务法》。① 这一构想极具远见，事实上《资管新规》的制定宗旨也是与该理论一致的，资管业务监管标准应当设定一致，这样才能避免分业监管下的监管套利，也是去通道化的根本之举。结合《资管新规》制定原则，笔者认为较合适的做法是将资管业务先纳入《证券投资基金法》过渡，时机合适时再制定法律。理由有三：其一，资管业务与基金经营业务在经营实质上是一致的，形式上也有颇多相似之处，在现行法缺位的时候最适合参照适用的法律。其二，借用现行法现行调整，既可以帮助找出现行法的漏洞，又可以为立新法积累经验，可谓一举两得。其三，以法律的形式统合资管业务监管标准可以避免各大金融监管机关对不同资管业务进行差异化监管，进而诱发架设通道的动机，出现文件越来越多，市场越治越乱的窘境。综上所述，在具体法律建构中，笔者认为可以在《证券投资基金法》中增设一条："资产管理业务中没有其他法律、法规可予适用的，或者业务中部分无法适用的，应当参照本法适用。"该条规定即使在我国的《金融服务法》或《金融商品交易法》出台后仍可以作为兜底条款保留。

四、结语

信托的通道业务有诸多存因，单方面、单部门的治理很难产生理想的效果。《资管新规》正是在这一背景下出台的，第一次试图将资管产品纳入统一口径监管，通道业务也因此受到的了前所未有的压

---

① 杨东. 市场型间接金融：集合投资计划统合规制论［J］. 中国法学，2013（2）：66-69.

缩。然而需要注意的是，市场对资金的需求并不会就此下降，去通道后是否会将资金流向倒逼进更难以监管的灰色渠道仍未可知。本文的研究价值就是在短期内有效去通道的基础上构建引导信托业转型的法律制度。长久来看，信托通道业务要想完全解决还是需要信托法回归其作为商事组织法的本质，只有放松对信托的牌照管制，不再一味打压民间融资，而是将它们放在阳光下监管才是信托监管的应取之道。

关联企业实质合并破产异议债权人权利救济

李润凡[*]

摘　要： 关联企业实质合并破产中异议债权人权利救济在实质合并规则中的地位极其重要，关乎异议债权人基本权利的保障，对其展开研究具有重要意义。我国关联企业实质合并复议案件实证分析研究表明，我国现行实质合并规则中异议债权人救济措施存在诸多困境，故应在实质合并规则制度框架内结合较法视角分析，构建有限实质合并规则等实体救济机制与裁定异议上诉权等程序救济机制来全面对异议债权人予以保护。完善我国关联企业实质合并规则，切实维护异议债权人的利益。

关键词： 关联企业　异议债权人救济　有限实质合并　裁定异议上诉权

引　言

近年来，关联企业实质合并破产案件日益增多，纵观该制度在我国的发展脉络，经历了从禁止关联企业实质合并破产[①]，到在实践中

---

* 李润凡，山东省青岛市人，青岛大学法学院2021级法律硕士，研究方向：民商法学。
① 《最高人民法院关于审理企业破产案件若干规定》（法释〔2002〕23号）第79条。

逐步放宽①，再到最高人民法院发布《全国法院破产审判工作会议纪要》（以下简称《纪要》）②对关联企业实质合并破产的审查标准以及程序进行了框架性的规定，如今关联企业实质合并破产制度在海航集团有限公司等 321 家企业实质合并重整案③中得到广泛适用。在推进供给侧结构性改革的今天，如何在兼顾重整效率、化解关联企业间复杂交织的内部关联关系、兼顾实质合并正当性和保障债权人及债务人各方利益均衡的前提下，精准适用该制度，从而实现避免或减少金融动荡、维护经济体制整体稳定，实现推进不适新经济市场的关联企业群体顺利进入破产重整或清算程序，是当下我国市场经济体制需要面对的问题。笔者利用全国企业破产重整案件信息网，采取四种检索手段反复对比检索 2017 年 1 月 1 日至 2022 年 1 月 1 日数据库中公开的关联企业实质合并复议案件，剔除检索结果中不涉及关联企业实质合并复议的案件，并对其中重复的案件部分进行梳理合并，形成检索结果，通过分析检索结果并结合我国司法实践和美国、联合国等域外理论与实践，从实证分析入手，剖析实质合并中异议债权人权利保护的现实困境，以探究实质合并规则下的异议人权利救济措施，以盼能为我国整体营商环境发展和未来法律修订提供参考。

一、我国关联企业实质合并破产异议债权人复议案件实证分析

笔者在全国企业破产重整案件信息网搜索栏中输入关键字：破监；发布人身份：法院；内容类别：裁判文书；发布开始日期：2017-01-01；发布结束日期：2022-01-01。共搜索出裁判文书 27 条，其中有效检索 11 条，通过整理裁定书中的裁判理由，分析复议

---

① 2006 年 7 月 12 日深圳市中级人民法院正式受理南方证券破产案等。
② 最高人民法院关于印发《全国法院破产审判工作会议纪要》的通知法〔2018〕53 号。
③ 海南省高级人民法院于 2021 年 3 月 13 日依法裁定对海航集团有限公司等 321 家公司进行实质合并重整。

法院对于异议债权人提起复议案件的审判结果及要素，如表 1 所示。

表 1　关联企业实质合并破产异议债权人复议结果统计

案号	裁定结果	裁定理由
（2021）云破监2、3号	驳回异议债权人申请	1. 两个企业的经营办公场所、人员、财务、资产、债权债务等多方面广泛混同，存在互相无偿使用对方资金、相互负担债务。 2. 实质合并可有利于云龙县银铜矿名下的采矿许可证续办，化解债务危机，提高整体清偿率及重整效率，有利于从整体上安排财产调查、债权申报、审计评估等工作，最大限度地缩短重整周期，降低重整成本，最大限度地保护债权人利益。 3. 听证会程序不违法
（2021）冀10破监1号	驳回异议债权人申请	1. 两关联企业间法人人格高度混同。 2. 两关联企业财产调拨具有肆意性、任意性和无限性，各种担保物权无法厘清，区分成本过高，损害债权人全体利益。 3. 不进行实质合并会严重损害债权人的公平清偿利益。 4. 管辖无问题，不属于虚假诉讼
（2020）鲁05破监1号	驳回异议债权人申请	1. 一审法院虽未阐述关联关系，审理存在瑕疵，但不影响各关联企业间存在法人人格高度混同、财产无法区分的情形。 2. 同一审判组织两次裁定问题不属于回避事项，且裁定书认定事实清楚，程序合法并无不当。 3. 为两关联企业指定同一管理人不违反相关法律规定
（2019）苏01破监1号	驳回异议债权人申请	1. 两关联企业资金拆借严重，经营一体，关联互保、连带担保、财务管理不分，账目混乱、未独立建账导致财产混同严重。 2. 经营场所、经营范围、对外交易过程中存在混同，法人人格混同。 3. 实质合并有利于维护全体债权人利益，实现公平清偿。 4. 一审法院根据个案判决认定两公司实质合并虽有不妥，但结果正确

续表

案号	裁定结果	裁定理由
（2020）鲁 05 破监 2 号	驳回异议债权人申请	1. 各关联企业间存在法人人格严重混同情况，丧失法人意志独立性。 2. 审计报告、评估报告合理正当，不存在鉴定程序违法等问题，不存在应当重新审计评估的情形。 3. 本案管辖权不存在问题，现行法律未赋予债权人就管辖权异议向上级法院申请复议的权利。 4. 其他权利可通过其他途径解决
（2019）苏 13 破监 1 号	驳回异议债权人申请	1. 两关联企业法人意志独立性完全丧失，存在人员、财务、经营业务混同。 2. 送达程序合法
（2021）鲁 07 破监 1 号	驳回异议债权人申请	1. 听证程序合法，并无不当。 2. 两公司之间存在严重的财务管理混同、资产混同、人员混同、融资担保及债权债务混同等法人人格高度混同情形，各自已不具备独立的法人人格。因两公司财产等难以区分，严重损害了债权人的公平清偿利益
（2021）豫 07 破监 1 号	驳回异议债权人申请	1. 联达纱线公司已无独立的财务账册、纳税资格、组织机构，虽然其工商登记未进行变更，仍为企业法人，但已失去了自主经营和独立承担民事责任的能力，不再具备公司法要求的企业法人条件。在此情况下，应认定联达纱线公司丧失了独立的企业法人人格，其与联达纺织股份公司法人人格高度混同。 2. 财产、债权债务、职工实质上无法区分。 3. 不进行实质合并会损害本案破产程序的效率正义和债权人公平受偿利益，并影响企业破产制度在市场主体出清和优化资源配置方面的功能作用
（2019）鲁 11 破监 4 号	驳回异议债权人申请	1. 管理人具备申请关联企业实质合并的主体资格。 2. 听证程序合法。 3. 鉴定意见合法有效，不存在重新鉴定事由
（2021）渝 03 破 1 号	支持异议债权人申请	听证会未召开；财务混同情况、人格混同情况缺乏专业机构的全面严格审计

通过对表 1 的整理，笔者总结了复议制度在关联企业实质合并破产制度中的实施情况，不难发现仅在（2021）渝 03 破 1 号案件中复议法院支持了异议债权人的异议申请，在绝大多数情况下，复议法院会基于实质合并存在正当性，不存在程序违法为由驳回异议债权人的复议申请，而较少涉及异议债权人信赖利益等实质权利方面的表述，这体现了我国在实质合并中异议债权人的权利救济措施方面仍存在较大缺位。

二、我国关联企业实质合并破产中异议债权人权利救济的困境

一旦法院批准了申请人对于关联企业实质合并的申请，在所有关联企业现有资产合并为一个整体对各个关联企业的债权人进行统一清偿的情况下，就一定会产生部分原先享有较高清偿率的债权人的债权因实质合并而产生了实质意义上的降低，但是法院往往基于保障绝大多数债权人的利益的考量，在进行利益衡量后会批准实质合并的申请，即使这一裁定会导致部分债权人的债权受到较大的损害。而二审法院在面对该类申请复议的异议债权人时，出于减少破产成本、司法成本、恢复成本的考量往往也难以支持这类复议的申请，我国实质合并规则在立足于保护整体债权人的角度，以实现全体债权人的公平清偿的同时，往往忽视了实质合并所需考量的底层逻辑即"异议债权人的信赖利益即使在实质合并中也应当得到考量"。异议债权人的权利救济目前还存在诸多困境。

（一）异议债权人合理信赖利益补偿机制与保全措施缺位

实质合并规则在保护大多数债权人公平清偿的基础上不可避免地减损了部分债权人的利益，虽然无法排除部分该类债权人存在利用不当关联关系取得较高清偿率的可能，但同时在实践中该类债权人也确有因对关联企业中部分企业存在独立的信赖而产生的相应的债权的情形，所谓异议债权人的合理信赖利益是指相信债务人是一个独立法人

而与之交易的所产生的信赖利益，此类合理信赖利益理应得到保护，如将该类债权不加审查简单归入破产财团，对该部分债权人是极不公平的，也难以实现所谓全体债权人公平清偿的制度目的。但是现行实质合并规则中并未规定相应的补偿制度，这也导致了该部分异议债权人的合理信赖利益难以得到补偿和实现。

与此同时，因《纪要》效力位阶较低且属框架性的规定，出于立法的考量其中并未对异议债权人权利救济进行具体的规定，而实质合并裁定效力存在即时性，人民法院在告知异议人复议期限的同时，往往会明确不停止裁定的执行①或者表明本裁定自即日起生效。例如，南京建工产业集团等 25 家公司实质合并重整案②中便进行了如此表述。如无相应的保全措施，在一审裁定立即生效的前提下，如果管理人径行对异议部分债权进行分配抑或处分，一旦二审复议推翻一审实质合并，则会导致难以挽回的损害，同时可能导致管理人承担相应责任，这就要求必须完善异议部分财产的保全机制，规范管理人履职程序，全面保障破产相关人的异议权利，否则会出现民事诉讼中经常出现的"赢了官司，拿不到钱"的局面。

（二）异议债权人复议权存在流于形式的可能

我国《纪要》中第六部分第 34 条赋予了异议债权人就实质合并裁定不服的复议权，即对于实质合并审理裁定不服的利害关系人，可以自裁定书送达之日起 15 日内向受理法院的上一级人民法院申请复议。但是在笔者收集的实证案例中，仅有一起案件复议法院支持了异议债权人的复议申请③，裁定解除了实质合并程序，但是其裁判理由聚焦于听证会未召开、人格混同及财产混同未进行专业审计等程序性事项，即以程序违法为由裁定驳回实质合并申请，这也意味着只要再

---

① （2020）渝 05 破 245 号。
② （2021）苏 01 破 20 号之一至 44 号之一。
③ （2021）渝 03 破 1 号。

进行一遍合法的程序，仍然会导致实质合并程序的启动，异议债权人的权利并未得到实质意义上的救济。其余案件中法院更多地聚焦于实质合并本身是否应当进行，而非考虑异议债权人的异议债权是否存在基于企业独立性而产生的信赖利益。从实证案例可以看出，复议权在实质合并破产司法实践中发挥的作用是有限的，其不但存在难以推翻实质合并的先天倾向，更可能导致司法资源的重复浪费，也难以做到在实质上实现包括异议债权人在内的全体债权人之间的利益均衡，因为民事复议制度所救济的主要是程序性权利，而实质合并裁定不仅仅涉及程序性权利，还包括了债权人和债务人的实体性权利，《纪要》也规定其申请复议期限为裁定送达之日起 15 日，与一般诉讼的上诉期无异，且司法实践中部分法院在二审裁定书中亦表述为"上诉人、向本院上诉、驳回上诉"等内容①，在此种情况下，异议债权人的权利仅通过复议权进行保障是不够的。

（三）异议债权人听证权利保障不足

《纪要》第 15 条、第 33 条中对于听证会制度进行了初步规定，规定了听证会的参与主体，即申请人；被申请人；包括债权人、出资人、重整投资人在内的利害关系人，但是其规定在实质合并中，利害关系人是否参加听证会的权利由法院通知来决定，那么一旦未被通知到的债权人很大程度上便丧失了听证的权利。同时《纪要》并未提及实质合并听证会具体流程，破产实践中往往比照民事诉讼程序进行，但是基于破产案件属于非诉案件，管理人并无一般民事诉讼中的对抗方，且异议债权人因对关联企业内部信息掌握不足，故实践中法院往往更多地考量掌控大量关联企业内部信息的管理人的陈述，仅有极个别案件裁定中会明确表述，听证会中对于有关利害关系人提出的异议和关注的其他重整事项及进展情况，管理人作出相关说明②，但

---

① （2021）鄂 01 破终 7 号。
② （2021）苏 01 破 20 号之一至 44 号之一。

也仅仅局限于对于异议事项进行了说明，并无所谓实质性的辩论及质证审查环节。听证会往往难以成为解决异议债权人异议的有效平台，其价值更多地体现在证明实质合并裁定程序的正当性上。

（四）管理人选任制度不全面

关联企业实质合并案件相较于一般的破产案件所涉及的法律关系更为庞大、繁复，对管理人素质和能力水平要求也就更高，但是我国随着实质合并规则的发展，并未从立法层面上对管理人制度进行更新，现行立法层面仅有《企业破产法》中规定的单一企业破产管理人制度，而《纪要》中也仅仅提出了原则性的方针，不具有明确的实操性，实质合并中债权人作为实质利益和损失的负担者理应享有充分的知情权，而仅仅通过复议及听证制度难以周延地保障债权人的知情权，因为无法排除管理人对企业内部信息进行选择性陈述的情形，而管理人作为掌控关联企业内部信息的最全面主体，理应在一定条件下赋予债权人参与选任管理人的权利。

三、构建我国关联企业实质合并破产异议债权人实体性与程序性救济机制

我国破产法的立法宗旨随着当今经济的发展，逐渐由"债权人本位"向"破产主体间利益均衡本位"发展，这意味着实质合并规则不但要给全体债权人带来高于部分受损债权人部分的利益，而且还要赋予有条件的债务人自救的机会①，在各方均因实质合并规则而获得更多利益的同时，配套的异议债权人的救济措施也应当得到充分考虑，这也成为推进实质合并审判工作的要点问题，而当下我国司法实践中对相关异议人的权利保护仍存在很大不足，笔者将从实体和程序两方面提出异议债权人的救济措施的设想，以求能为相关法律的出台

---

① 薛炎佳. 关联企业实质合并破产的法律适用研究［J］. 上海商业，2022（3）：189-192.

提供参考。

（一）异议人实体性权利救济措施

1. 构建有限实质合并规则和异议债权人合理信赖利益补偿机制

实质合并中异议债权人提出异议往往出于自身实际所得利益相较实质合并前明显降低，而在此种情形下可以参考域外法构建有限实质合并规则和异议债权人合理信赖利益补偿机制，从实体角度均衡异议债权人和各方破产参与人之间的权益，从而实现异议债权人实体层面救济。

所谓有限实质合并规则是指允许在适用关联企业实质合并规则的同时，例外对部分财产进行单独清偿的规则，即允许实质合并不适用于全部关联企业的全部财产[1]。联合国国际贸易法委员会《破产法立法指南》也对有限实质合并提出了构想[2]，同时美国上诉法院会将异议债权人的信赖利益作为是否允许实质合并进行的一个重要标准进行审查，例如，经典的 Auto-Train 案[3]至 Augie/Restivo 案[4]中无不体现了美国破产司法实践对异议债权人信赖利益的保护。本文认为可以探索构建具有中国特色的有限实质合并规则，即应当允许部分财产不纳入实质合并规则，其中应当包括可证明确属某一关联企业单独所有的财产[5]和专属于某一关联企业的需经行政审批确认的部分财产或特种经营权，如采矿权和成品油零售许可经营权等。因为债权人在当初无疑是对该部分财产确信独立属于该关联企业自身所有而与其产生了债权债务关系，如让该部分债权人承担该财产纳入破产财团的结果，无疑超出了商事活动中交易相对方所需尽到的注意义务范畴。

① Christopher K. Griers on: Shareholder Liability, Consolidation and Pooling, in Current Issues in Cross-Border Insolvency and Reorganization, edited by E. Bruce Leonard and Christopher W. Basant, Grahanm&Trotman, London, p. 300 (1994).

② 《贸易法委员会破产法立法指南》第三部分: 70-71, 135, 136.

③ In re Auto-Train Corp, 8 10F. 2d, 1987.

④ In re Augie/Restivo Banking CO., LTD. 860 F. 2d, Oc24, 1988, p. 515.

⑤ 王欣新，蔡文斌. 论关联企业破产之规制 [J]. 政治与法律, 2008 (9): 29-35.

同时，我国当下关联企业实质合并破产中对异议债权人信赖利益保护仍存在一定的不足，我国并未对因实质合并明显受损或对实质合并中部分关联企业存在独立信赖的债权人规定特殊的补偿机制，而是进行"一刀切"，但凡适用实质合并，就将全部关联企业视为一个整体，统一对全体债权人进行清偿。这对存在独立信赖利益的债权人来讲是不公平的。本文认为，在全部财产纳入实质合并时，对于因实质合并突出受损债权人和对于部分关联企业存在独立信赖的债权人在实质合并之外可以进行适当的补偿，前者的范畴需排除关联企业内部之间的债权债务关系，后者则需债权人自行举证证明其在交易时存在对部分关联企业的独立信赖利益。由法院对此类异议债权人进行综合认定，对于通过法院认定的异议债权人可在全体债权人因实质合并裁定获得的利益大于或等于给异议债权人造成的损害时，在利益各方充分协商和充分考虑各关联企业之间关联关系的基础上，结合客观市场现状，在各方协商和法院的指导下，在清偿率上给予异议债权人一定程度上优于实质合并后统一清偿率的待遇，以实现各方的利益均衡。①通过构建信赖利益补偿机制，平衡各方利益冲突，以实现缓和实质合并裁定的刚性、实现各方利益平衡的追求，同时也有利于保证实质公平，进而促进后续可能存在的实质合并重整草案的顺利通过。

2. 完善异议人异议债权保全机制

异议人因实质合并而对部分债权所享有的权利受到减损，而异议申请并不停止实质合并的进行，虽然管理人在司法实践中往往就有争议的债权预留部分份额，但实质合并中因为工作体量大，处理周期长，而异议人多是针对整个实质合并提出的异议，因此笔者认为在未来的企业破产法修订中应当通过设立具体法律条文的形式明确规定这一破产审判司法实践中较为广泛适用的方式，即异议债权保全机制。通过对异议债权人可能在未来因异议成立而享有的债权进行暂缓分配

---

① 王静. 听审请求权在破产程序中的保障与实现［J］. 人民司法，2021（28）：87-91.

并进行保全，同时在保全期间不计算利息且正常参与收益分配，但是对应的收益同时应当予以预留，一旦异议人异议成立，二审法院据此撤销实质合并裁定，则可极大地减少因异议成立追回财产所造成的损害，同时提高管理人的履职风险可控性。如若异议不成立，则可就相关财产进行分配，同时其余部分的分配方案不受影响，在保证效率的同时，实现管理人履职风险可控和实质合并异议人权利实体救济的统一。

（二）异议人的程序性救济措施

1. 完善探索构建异议债权人的裁定异议上诉权

实质合并因其对部分债权人造成的损害明显较大，故复议率一直居高不下，但是因为更改关联企业实质合并的裁定往往会导致破产成本明显提高、破产财产一经执行难以恢复、导致破产或重整期限届满等情形，异议人的复议申请往往难以得到支持，即使是相关异议人以国有资产流失、相关企业不具有关联控制地位等理由复议也难逃被驳回的命运，异议人的复议救济途径往往流于形式。

例如，在（2020）湘破监1号，国家开发银行湖南省分行（以下简称国开银行）以"将祥云公司纳入合并重整存在逃废债务的风险，将严重损害金融债权人国开行的权益，导致国有资产流失""三家公司每年都出具有独立的审计报告，并未发现有财务混同难以区分的情况"① 为由申请复议，但湖南省高级人民法院以三家关联企业关联往来金额大、频率高，资金调拨随意性大，区分财产耗费人力、财力高，效率低下，需要公司或管理人适用破产法上的多种司法程序，如行使撤销权、取回权、对外追收债权等方式进行实现，势必导致重整成本过高，甚至采取上述措施后仍然无法区分相关财产实际归属，结合分开处置将导致资产价值大幅贬损，损害债权人利益的客观情况，同时以不会导致国有资产流失为由裁定驳回了国开银行的复议申

---

① （2020）湘破监1号。

请。湖南省高级人民法院的裁定明显体现了实质合并裁定难以更改的价值取向，尤其是因一审裁定作出到复议裁定作出期间存在着不停止实质合并执行的期间差，贸然更改一审裁定会进一步扩大重整成本，损害整体债权人利益，故实质合并在司法实践中越发难以通过复议取消。

在美国，异议债权人对于实质合并裁定不服享有司法程序上的上诉权。最早起源于 Chemical 案①，在该案中，虽然纽约南区法院的一审以及第二巡回法院的二审中均支持了该案中关联公司的实质合并，但纵观该案的发展，其中体现了非常重要的一点就是作为异议债权人的 Chemical 是享有对实质合并裁定不服的上诉权的。因我国《企业破产法》中明确对破产案件上诉权进行了限缩性的规定，仅在裁定不予受理破产申请时和驳回破产申请时才赋予相关当事人上诉权，且上诉期限适用民事裁定的上诉期限，为 10 日，而实质合并裁定异议的复议期限为 15 日，与一般民事诉讼上诉期相同。上诉权与复议权具体到我国关联企业实质合并案件中的一个最大的区别就是异议期间裁定是否生效的问题，我国司法实践中不难发现二审复议被过分拉长的情形，而由于复议不停止实质合并裁定的执行，过长的复议审理期限在实质上给实质合并裁定的变更提供了客观的阻力，上级法院在审查复议时也难免考虑实质合并裁定已经部分执行，更改裁定会导致重整成本上升的问题从而维持实质合并裁定。实际上，我国破产审判实践中部分法院对实质合并复议的期间作出了规定②，并通过列"破监""破终"等案号的方式进行审查，同时在审查过程中也会通过组成合议庭，召开听证会，通知异议债权人、破产申请人、管理人等各方当事人参与复议审理，同时亦会明确各方享有的权利，实质合并裁

---

① Chemical Bank New York Trust Co. v. Kneel, 369 Federal Report, 2d Series, Dec 2, 1966, p. 845.

② 广东省高级人民法院规定上级人民法院应当在受理之日起 30 日内作出复议裁定。

定的复议程序与不予受理破产申请的二审程序并无本质的不同。笔者建议在今后破产法的修订中打破原有的限缩性规定，赋予异议债权人就实质合并裁定上诉的权利，同时以立法方式明确二审审理期间、审判程序等问题，为实质合并案件的复议或二审审理提供明确标准化的程序，强化实质合并的程序正当性。

在实质合并异议之诉二审的实质审查上，应当形成据以量化和程序化的标准，如司法实践中应当综合考虑实质合并的正当性，如关联企业债务混同是否由专业审计或会计师事务所出具相应报告，而非管理人单方陈述且无其余相关证据链条佐证，同时是否存在管理人欺诈或隐瞒部分事实的情况，二审法院应当就上述事实进行实质审查。虽然效率即是公平，有时没有效率、过度损耗的公平反而会损害当事人的实际利益①。但这不应当是二审复议据以维持一审实质合并裁定的充分条件，同时二审法院推翻一审实质合并裁定的同时应当配套相应的财产追回机制，实现异议人正当权利的维护。

2. 完善发展听证会机制

《纪要》第 33 条明确规定了人民法院在收到实质合并申请后应当及时通知相关利害关系人并组织听证，但是《纪要》并未对听证会的细节进行规定，且司法实践中实质合并裁定书对是否举行听证会以及听证会的内容仅一笔带过，因为裁定中听证会细节的缺失很难使其成为作出实质合并裁定的依据，听证会制度过多地流于形式。

通过将听证会制度化，将其视为实质合并的"预庭审"从而进一步赋予实质合并裁定的正当性，实质合并的裁定往往出于拯救企业、平衡利益的目的，涉及的关联企业数目众多且直接导致的成本较大，不具有朝令夕改的价值取向，故应当符合"审慎适用"原则，而听证会作为"预庭审"可以从程序方面进一步验证实质合并的正当性，首先应当明确参加听证会的主体范围，为"债权人、债务人、

---

① 王欣新. 关联企业的实质合并破产程序［J］. 人民司法，2016（28）.

管理人、关联企业实际控制人与出资人、专家机构、其他利害关系人与政府部门"，并允许债权人及其他利害关系人通过申请加入听证会；同时通过建立管理人和异议债权人双轨道的举证责任分配机制，明确债务人承担部分事实的证明责任，如是否存在违规担保、交叉持股以及其他不正当利益分配等；听证会流程细节化，形成可视化的程序流程；明确如申请人无故不参加听证会视为撤回实质合并申请①等方式增强听证会过程的可操作性、程序的规范性和结论的正当性，从而保障各方利益平衡。

具体到个案来说，首先，要建立规范的通知制度，采取多种通知方式保证通知送达的准确性。其次，要规范听证会的流程，开创多种参会方式，如通过线上网络会议结合线下现场会议的方式，确保与会债权人享有充分陈述意见的权利，并应当明确听证会中的异议债权人享有证明权和辩论权。再次，要规范听证会记录工作，应当将听证会内容据实予以记录，形成完备可考的会议记录，作为裁定依据的客观材料予以使用。最后，要在裁定书中对于听证会中存在争议的焦点部分予以进一步的释明，以提升实质合并裁定的程序正当性和法理正当性。

3. 完善债权人参与管理人选任及联合管理人机制

我国实质合并案件中对实质合并裁定提出异议的多是债权人，集中表现为个别债权人拒绝实质合并，仅有极个别的情况下债务人会与债权人持利益同向态度②。而实质合并中关联企业的信息多掌控在管理人手中，无权选任管理人的债权人将面临信息差不对等、关联企业内部信息不透明等客观情形，由此产生了部分债权人对实质合并持异议态度，而建立债权人参与管理人选任机制是有效的异议人救济措施，山东省淄博市中级人民法院于 2020 年发布的《关于规范企业破

---

① 参见青中法〔2021〕80 号第 6 条。
② （2020）渝破终 11 号。

产案件管理人选任工作的实施办法（试行）》是全国首例、也是迄今为止唯一一份明确赋予债权人参与管理人选任的规范性文件。建立债权人参与管理人选任机制不但能够在一定程度上消除这种"异议债权人"，而且从国际层面来看，世界银行营商环境评价体系中将债权人有权选任管理人作为一项倡导性的要求，继续推进债权人参与管理人选任机制的完善和普及不但能够实现实质合并规则下的利益均衡，而且能优化营商环境，接轨国际标准。

实质合并案件案情复杂，债权债务关系混乱，案件涵盖法律、税务、管理、会计等多个领域，单一管理人难以满足实质合并破产的现实需要，同时实践中关联企业往往存在进入破产程序的先后顺序，存在多个关联企业有各自的管理人的情况。对于此种情形，应当在实质合并案件中继续发展联合管理人机制①，具体来说，在数个关联企业分别存在不同的管理人的情形下，但又决定进行实质合并的，应当将全部管理人纳入联合管理人。同时联合管理人应不局限于同一类别，可以将多领域专业机构统合纳入联合管理人②，构建"混搭"联合管理人，通过发挥各管理人专业优势，降低破产成本，提高破产效率，达到工作共赢。

四、结语

关联实质合并制度作为近年来我国破产审判司法实践中普遍存在的集团企业破产审理形式，其正当性证成在当今社会中已经经受了实践的检验和确认，但是与之相应的复议机制和异议人配套补偿机制仍

---

① 浙江省高级人民法院《关于规范企业破产案件管理人工作若干问题的意见》第13条、山东省高级人民法院《企业破产案件管理人管理办法（试行）》第8条、河北省高级人民法院《破产案件审理规程（试行）》第28条、山西省高级人民法院《破产案件审理规程（试行）》第250条。

② 娄奇铭，王永建. 对破产联合管理人模式利弊问题的思考——以浙江省破产联合人管理规定为中心［J］. 人民论坛·学术前沿，2017（16）：86-89.

处于相对缺位的状态，这就导致了实质合并规则难以做到审慎使用且难以被二审推翻，该审理程序存在被滥用的可能。虽然我国破产法起步较晚，商事经济环境仍在改进之中，但是随着商品经济的发展，关联企业实质合并中异议债权人的权利救济必然是我国下一阶段经济发展所需考虑的重点问题，如何能够在维护效率的同时尽可能保证实质公平的实现，需要就审查事项进行实质审查，注重异议债权人信赖利益考量，构建我国的裁定异议上诉权和有限实质合并规则，并将复议乃至二审作为据以论证实质合并正当性的另一轨道而非简单的程序重复。从实体路径和程序规则上确保相关异议债权人的权利救济，推动实质合并规则的公平适用，在以市场为导向的关联企业实质合并破产案件中实现各方的权利平衡，确保所有债权人的应有权利在整个破产流程中均能得到充分保护。

企业破产重整涉税法律问题研究

白壮华[*]

摘　要：企业在破产重整的过程中，无法避免税收问题，合理适用我国规定的关于破产重整的相关税收优惠政策有利于帮助企业减轻纳税负担，帮助企业顺利渡过难关，更顺利地实现重整。破产重整税收优惠影响着重整程序中的各个环节，在破产重整程序中发挥着不可替代的作用。本文通过分析企业破产重整中存在的税负问题，对我国破产重整企业的税制提出具体的对策和建议，主张统一、规范税收优惠政策，建立破产重整税收优惠法律制度，帮助破产重整企业适用不同的税收优惠政策，在不违反税法的基础上，减轻企业的税收负担，帮助其实现"涅槃重生"。

关键词：破产重整　税收优惠　破产制度　税法

引　言

破产重整制度是破产法的一大创新，它的确立，使得破产法的价值从只注重债权人利益转变到兼顾债权人和债务人的利益，拥有破产清算制度和破产和解制度不可比拟的独特价值。重整制度既可以使得

---

* 白壮华，山东省青岛市人，青岛大学法学院2021级法律硕士，研究方向：民商法学。

破产企业"涅槃重生"，又能最大限度地清偿债权人的债权，被公认为是最有力的破产制度①。中央经济会议曾提出，化解产能过剩必须多进行兼并重组，而不是破产清算，可见，破产重整制度显得格外重要。但是在破产重整中，税收问题一直是一个非常棘手的问题，严重增加了已经失去经营收入能力企业的负担，制约破产重整企业"涅槃重生"。税收问题直接影响着破产重整能否顺利进行，必须加大对破产重整涉税法律问题的研究，明确重整企业享受税收优惠的必要性，结合实际提出具体建议，帮助破产企业重整的顺利进行，最大限度地发挥破产重整制度的价值。

一、税负问题严重制约破产重整企业"涅槃重生"

企业不仅仅在正常的经营状态下会产生纳税义务，其在进入破产重整程序之后也会产生一定的税收，主要包括企业所得税、增值税、房产税、印花税、契税等税种。对于一个处于破产境地的非正常经营企业，按照正常经营中企业的纳税标准缴纳税款的话，无疑会加大重整企业的压力，更有可能影响到破产重整的顺利进行，甚至结束重整程序。破产重整的过程当中，根据税收产生的性质可以将其分为两个阶段，分别为进入破产重整程序前产生的税收和进入破产重整程序后产生的税收，不同阶段税收的性质以及优先性也大不相同。虽然其税收债权的优先性也有所不同，但都对破产重整企业造成了一定的经济负担。

（一）进入破产重整程序前产生的税收

第一阶段是企业因资不抵债或者无法偿还债务，向法院申请破产重整②。企业在进入破产程序之前，是一家能够正常经营的企业，就必然会在生产经营中产生一定的税款。企业申请破产重整之后，虽然

---

① 王新欣. 破产法（第三版）[M]. 北京：中国人民大学出版社，2011：243.
② 叶丽娴. 论我国破产重整税收优惠法律制度的构建 [D]. 广州：暨南大学，2018.

没有充足的资金来缴纳历史欠税，但是这部分税款仍然是存在的，并且也应当是及时足额缴纳。此类税收债权大多数国家都赋予了其优先权，如日本的《公司更生法》将欠缴税款中的所得税、增值税、酒税等税收债权归入共益债务。美国则将税收债权置于一种相对优先权的地位，又称其为相对优先权模式。在美国的破产法当中，有担保的债权处于优先受偿的地位，而无担保的债权则按照一定的受偿顺序划分了十类，税收债权仅排在第八类的清偿顺位。除此之外，税收债权的优先顺位有可能也会丧失，如所得税税收债权只具有 3 年的优先顺位①。在德国历史上第一部破产法当中，税收债权是一种绝对优先权，但在德国现行破产法即 1999 年破产法中，税收债权与普通债权清偿并无不同，不再享有绝对的优先权。澳大利亚也在 1993 年正式将税收债权优先权制度废除。事实上，除了德国和澳大利亚取消了税收优先权外，奥地利和英国也采取了类似的做法。而西班牙、意大利、南非等国家则对特定的一些税收保留了税收优先权，如所得税、增值税等。我国破产法也规定了税收债权优先于普通的债权受偿，但是劣后于破产费用、共益债务、职工债权以及医疗伤残补助金等费用受偿。虽然税收债权的优先顺位在我国破产法规定中不是第一顺位，但是这些税款对于已经资不抵债且进入破产程序的企业来说也是很大一笔负担。现阶段，我国无法向德国、澳大利亚一样，完全废除税收优先权制度，因为我国企业所得税、增值税、消费税占据企业税收债权的很大一部分，完全取缔税收优先权制度，会对我国的税收收入造成很大影响，不利于税收秩序的稳定。因此，我国企业在进入破产重整程序前所产生的税收具有优先权，企业必须背负此部分税收。

（二）进入破产重整程序后产生的税收

从法院裁定受理债务人公司破产重整，至重整计划通过、法院裁

---

① 美国《破产法典》第 507 条第（a）款第（8）项第（A）（i）目。

定终结破产重整程序，为第二阶段①。破产企业在破产重整的期间会产生一些不可避免的经济活动，如处置财产、并购重组、债权人减免债权、管理人因维持企业的持续经营而销售产品等，这些经济活动必将产生新的纳税义务。例如，处置财产必须缴纳税款，并购重组会产生企业所得税，豁免债务也需缴纳所得税，签订合同会产生印花税，企业的不动产还会产生房产税和城镇土地使用税等。这些新生税款无疑增加了破产企业重整期间的压力。这类税款在实务当中通常划分到破产费用和共益债务中，这也是破产重整企业享受税收优惠政策的一个盲区，如四川省高级人民法院曾发文明确规定在破产程序中，处置财产产生的税款属于破产费用②。

二、我国解决税负问题的实践探索

（一）自由市场路径：不同交易结构的设计实现合理避税

企业破产重整可以设计不同的交易结构以实现合理避税，在实践当中，企业运用最多的重整模式是比较传统的存续式重整模式，其次是出售式重整模式。两种重整模式各有利弊，企业需要根据自身的特点和面临的问题来选择不同的重整模式。存续式重整是一种保壳型的重整模式，其最主要的目的是保障企业现有业务的持续性经营，通过协调各方债权人的权益来减免债务或者延期清偿，来实现债务以及资产的重组。存续式重整在大规模的企业当中应用的比较广泛，存续式重整的特点是有在原有企业的内部进行重整，在外部原有企业的法人资格不发生变化，企业继续承接原来的债权债务关系，但是不保证原有企业的股东会发生变化。出售式重整指的将企业当中具有重整价值的优质经营资产整体进行转让，通过转让资产所得来清偿债务。出售

---

① 齐明. 破产法学：基本原理与立法规范［M］. 武汉：华中科技大学出版社，2013：221.

② 四川省高级人民法院《关于审理破产案件若干问题的解答》川高法〔2019〕90 号。

式重整的特点主要是将债务人企业的优质资产进行转让，与债务人破产企业相分离，那么就会避免存续式重整中的一些复杂问题，主要适用于具有优质财产且具有挽救价值的企业。在实践中，企业往往面临着严重的债务问题，需要债务减免、债转股、债务展期、资产处置等多种措施综合应用，才能够协调多方的利益，从而实现重整的成功。因此，破产重整的方案非常灵活，决定了重整企业涉税问题的复杂性。

1. 存续式重整

存续式重整模式中企业原本就拥有良好的资质、品牌，在其重整后仍然可以得到保留和延续。债务重组主要包括以非货币资产清偿债务、债转股、债务豁免三种形式①。除此之外，在实践中只要企业的主体得以保留，其他债务重组的方式如债务展期、豁免利息、违约金、赔偿金等也属于存续式重整的模式。选择存续式重整模式除了要充分评估企业壳资源外，还要重点关注企业的欠税问题和企业可以享受的税收优惠政策等。企业还需充分测算各种税种的税负情况，在此基础上再与债权人或者战略投资人进行磋商和谈判。存续式重整中，用好相关的税收优惠政策，能够很好地帮助破产重整企业减轻税负问题，促进重整的顺利进行。在企业所得税方面，企业采用债务重组时，可以适用特殊性税务处理。债务重组确认的应纳税所得额占该企业当年应纳税所得额百分之五十以上，债务人可以在 5 个纳税年度内，均匀计入各年度的应纳税所得额。债务人选择适用递延纳税政策的，不影响债权人损失的税前扣除。企业发生债权转股权业务，对债务清偿和股权投资两项业务暂不确认有关债务清偿所得或损失，股权投资的计税基础以原债权的计税基础确定②。如果企业未弥补亏损的

---

① 乔博娟. 企业破产重整税收优惠政策研析 [J]. 税务研究，2014，（3）：63-67.

② 《财政部　国家税务总局关于企业重组业务企业所得税处理若干问题的通知》（财税〔2009〕59 号）第 5 条。

金额较大，可以适用一般性税务处理的税务处理方式，这样可以降低税收成本。在增值税方面，非货币资产偿债业务在计算增值税是需要确认视同销售收入，企业需要转变重组的形式来减少增值税的缴纳。

2. 出售式重整

与存续式重整模式相比，出售式重整成本较低并且效率很高，可以更好地解决余债负担。出售式重整模式的核心是对有价值的财产进行转让和对转让的事业持续经营。一方面，破产重整企业在符合条件时可以适用改制重组的税收优惠政策，另一方面，企业采用出售式重整，在对债权债务进行合理地安排和清偿之后，企业法人主体资格消灭①。采用出售式重整，企业可以将其优质的财产进行转移，原壳的余债等会因企业注销而得到豁免，企业以一个新的面貌重新经营，降低了成本，提高了效率与利润。出售式重整中，采用不同的转让方式，其税收的成本也可能会不同，如采用资产收购的转让方式时，亏损可以由资产处置所得来弥补，而受让方可以按较高金额确认划入资产的计税基础。另外，如果优质资产直接进行资产收购，此时的企业不能适用企业所得税的特殊性税务处理，这是因为重整主要是通过变现来清偿债务，主要使用现金支付，而资产收购主要使用股份支付。出售式重整模式在增值税方面的优惠主要是重整企业通过出售方式将实物资产、不动产、土地使用权以及与其相关联的债权、负债和劳动力一并转让给其他单位和个人，其中涉及的货物转让，不征收增值税。笔者认为，如果破产重整企业增值税留抵税额较高，受让企业的增值税销项税额也很高，那么直接进行资产转让，更有利于降低税收成本。除此之外，如果破产重整企业同时存在有价值的优质资源和价值不高的劣质资源，可以将优质资源与劣质资源分离，转让优质资源中具有活力的营业事务，来降低增值税。

---

① 王新欣. 重整制度理论与实务新论 [J]. 法律适用，2012 (11)：10-19.

3. 反向出售式重整

除上述两种重整模式外，在实践中还逐渐延伸出了一种新的重整模式，叫作反向出售式重整，也称为分离式重整。即设立一个新公司，将优质资产如市场准入资质、行政许可、政府扶持、优惠措施、人员结构等留在原公司，剩下的不良财产剥离至新设的公司，然后将剥离出去的财产变现后用来清偿所欠债务，并注销新公司，达到保留优质壳资源的重整目的。该重整模式主要有三个特点，第一，保留了企业的主体资格与优秀的壳资源。第二，保留优质资质与资产剥离清算相结合。第三，设立新公司承接资产。反向出售式重整模式虽然在实践中一直饱受争议，破产法也没有明确规定，但是的确能很好地保留破产企业的良好资质，已经成为实践中的一种重要的重整模式，在实践过程中取得了良好的效果。在反向出售式重整种，处置财产必然会伴随税收问题，如何利用好目前的税收政策来避免或者减少处置财产的过程中产生的税负是影响企业重整的一个重要问题。笔者将以浙江振越建设集团有限公司破产重整案为例，对反向出售式重整中如何避税或者节税进行详细介绍。浙江振越建设集团有限公司是一家综合性质的建筑公司，拥有下属企业9家，拥有房屋建筑施工总承包一级资质、市政公用工程施工总承包二级资质、建筑装修装饰工程专业承包二级资质等多项优秀资质。在增值税和营业税方面，根据国家税务总局发布的《关于纳税人资产重组有关增值税问题的公告》和《关于纳税人资产重组有关营业税问题的公告》的规定，纳税人在资产重组的过程中，通过合并、分立、出售、置换等方式，将全部或者部分实物资产以及与其相关联的债权、债务和劳动力一并转让给其他单位和个人的行为，不属于增值税或者营业税征收范围。因此，浙江振越建设集团有限公司充分考虑此政策对税收优惠方面的影响，对资产负债进行了甄别后，在资产剥离时，将优质资质和在建工程等交给重整投资人管理，其余的资产和债务等则按照账面原值剥离至新设的公司。这个重整方案在多次与税务机关进行沟通协调之后，得到了税务机关的认可，免征了该公司进行资产剥离过程中产生的增值税。在所得税方面，破产企业在重整的过程中无法避免所得税问题，那么需要利用好现有的税收优惠政策尽可能少地产生所得税或者不产生所得税。税务处理分为一般性税务处理和特殊性税务处理。在浙江振越建设集团有限公司破产重整案中，如果采用一般性税务处理，剥离的资产和负债应以公允价值为计税基础缴纳所得税。如果采用特殊性税务处理，剥离的资产、负债则以账面价值为计税基础，暂时不确认所得或者损失。在本案，该企业只是将剥离的资产、负债平移到一个新的公司，其权属实际上并未转移，显然采用特殊性税务处理能更好地减少缴纳所得税，减轻企业的负担。在土地增值税方面，根据《关于企业改制重组有关土地增值税政策的通知》的规定，本案在资产剥离的过程中，对国有土地、房屋暂不征收土地增值税。在契税方面，根据《关于进一步支持企业事业单位改制重组有关契税政策的通知》的规定，本案中新设的公司属于全资子公司，在资产剥离过程中也不征收契税。

（二）府院联动机制：地方减免税条例或个案减免税

目前，我国税法暂时还没有专门针对破产重整企业的税收优惠政策，大多数都是针对一些个别的破产案件进行税收优惠的批复，但是对于一些企业重组、改制税收优惠的规范性文件，同样也可以适用于破产重整当中。根据税收优惠政策的适用范围不同，可以将与破产重整有关的税收优惠政策分为一般规定和特殊规定两类。对于一般规定，主要体现在企业所得税、增值税和契税方面。对于特殊规定，主要针对的是金融机构以及特定的国有企业。从目前与破产重整有关的税收优惠政策来看，主要是针对破产企业的整体转让，将资产、负债、劳动力等一并转让，如果破产企业将优质资产与不良资产分离，单独出售优质资产，那么破产企业则难以享受这些税收优惠。

王欣新教授曾指出，破产法是理论与实践紧密联系、双向外部性极强的法律，它的市场化实施受限于相关配套法律制度。在破产重整程序中引用府院联动机制，法院得到政府各部门对破产工作的支持，使得政府与法院工作联动，能更好地解决破产重整所衍生的外部性问题，推动破产企业重整顺利地进行。2018年3月6日最高人民法院发布了《最高法院破产审判会议纪要》，府院联动机制在全国的层面上得到了落实，认可了府院联动机制对推进破产审判的意义，也推动了全国各地的法院在破产程序中引进府院联动机制。目前，浙江省在总结温州、绍兴、江山等地区法院的经验之上，率先在省级层面形成了府院联动机制规范文件《关于成立省级"僵尸企业"处置府院联动机制的通知》，在推动企业破产重整方面带来了良好的效果，在政府和法院的联合之下，也出台了许多政策来减轻破产重整企业的税负问题。温州市中级人民法院与税务部门在破产实践中积极实践，在温州市人民政府办公室出台的《企业金融风险处置工作府院联席会议纪要》中，对于执行程序处置财产，但处置所得由破产程序分配的案件，暂不预征企业所得税，该会议纪要对破产企业的税负减轻有重大的影响。温州市中级人民法院联合温州市地税局、国税局发布了《关于支持和服务企业改制重组破产重整税收优惠政策操作指南》，该操作指南明确了企业发生债权重组、股权结构变化、以物抵债等方面的税收优惠政策。之后又颁布《关于破产程序和执行程序中有关税费问题的会议纪要》，再次细化了破产程序中的税费优惠。温州市中级人民法院还与税务机关通过多次沟通，还在纪要达成共识，明确未在重整计划中受偿的税收滞纳金依法核销，无需继续清偿。除此之外，江山市政府召开了府院联席会议，江山市政府与江山法院联合出台《关于"府院联动"加快处置"僵尸企业"助推经济转型省级的意见》，该意见就包含关于税收减免的相关政策。在实践中，其他各地也出台了许多减免税条例，主要在所得税、契税、增值税等方面。

在企业所得税方面，如柳州市规定了破产程序中的企业不得预缴企业所得税。在契税方面，如佛山市规定一些减免征收契税的情形。在增值税方面，上海市明确规定企业在破产程序中符合条件的不征收增值税。在房产税和城镇土地使用税方面，青岛市则规定了企业进入破产程序后可申请减免房产税和城镇土地使用税。

另外，在府院联动的机制下，也有很多对个别破产重整案件通过个案批复方式进行税收优惠减免的例子。例如，在温州中诚建设集团有限公司破产重整案件中，税务机关既要保证一定的税收收入，又要保证经历过重整后的中诚建设集团有限公司不因税务问题的处理不当而影响重整后的持续经营，因此在同温州市中级人民法院、瓯海区人民法院进行沟通、协商之后，对于该企业申报债务豁免的收入以及重整完成后所产生是巨额企业所得税，最终以个案批复的方式将该税负问题暂时搁置，以保证该企业的持续顺利经营。在山西联盛破产重整案之中，联盛集团是吕梁市的纳税大户，其流动资产为 28.2 亿元，但是税收债权却有 27.1 亿元，如果一次性还清税款，必然会对该企业重整的顺利进行带来阻碍，最终对联盛集团所欠的税款采取分二十年偿还的方案。在龙涤公司重整案中，由于该公司的流动资金较少，税负较大，经过法院与政府部门的协调沟通，也采取了三年内按比例偿还的税收优惠政策。又如，大连证券破产重整案中，经国务院批准，对该企业破产程序中产生的且符合条件的印花税、房产税、城镇土地使用税、车船使用税、契税、土地增值税、营业税等予以免征。除此之外，我国对特定的国有企业或者金融机构也有税收优惠政策，如对于被撤销的金融机构及其分设机构，免征清理和处置财产时所产生的税收。这些都是个案当中对破产重整的税收优惠政策，不具有一般的适用性，仅仅对个别破产重整企业或者符合条件的破产重整企业适用。

三、优化我国破产重整企业税制的对策建议

（一）比较法视角下解决重整企业税负的立法模式选择

日本关于破产重整企业税收优惠的立法模式，推动了经济的迅速发展。日本不仅在一般的税法当中规定了税收优惠制度，而且还有一部专门的《租税特别措施法》来辅助税收优惠制度。这部法律是基于各种政策的需要而特别指定的课税法律，包含了多种租税的特别措施，与法人税有关的就有 26 种，该法有针对性地对各种税种设置优惠制度，如果把这些租税措施按照租税免税的方式分类，可以分为永久免税、实际课税滚存和在特殊条件下允许缓和规定的条件三种类型①。这种统一规范化的税收优惠立法模式可以使破产重整企业准确、系统的适用税收优惠政策。韩国也颁布了《租税减免规制法》，在该法中充分考虑到了不同行业、不同领域对于税收优惠的不同需求，没有局限于单独的税种，有针对性地对不同类型企业制定了税收优惠政策。美国对于各类税收优惠按照财政预算的方式进行管理②。美国政府首先设立了一个专门的账户，然后按照财政预算制定一套税收优惠预算方案。再根据客观实际上的税收优惠项目的支出，依据税收支出理论，将税收优惠的预算纳入财政预算中。美国实则将税收优惠的预算作为财政预算的一部分，将税收优惠预算的管理上升为一种法定的义务，更有利于国会和人民的监督，更好地落实税收优惠政策。除此之外，美国还建立了一种信息化的税收优惠管理系统，符合条件的申请人可直接通过此系统申请税收优惠，减少了行政审批的烦琐环节，并且信息系统审核成功之后可直接绝对给予企业税收优惠。德国建立了一种财政专项补贴制度，与税收优惠制度相匹配。具体而

① 刘文. 有关日本租税特别措施法准备金制度的简介 [J]. 黑龙江财专学报，1985（2）：130-145.

② John D. Wilson, David. E. Wildasin. Capital Tax Competition [J], Journal of Public Economics, 2004 (88).

言，首先，德国建立了一种针对特殊项目的预算管理制度，德国与我国一样，也没有建立统一、规范的税收优惠制度体系，税收优惠政策大多都只针对国企、特殊行业，也没有建议相应的税收优惠监督体系。其次，德国的中央政府和地方政府独立实行两套预算制度和分税制，中央和地方各自负责相应的地区，根据当地的不同情况作出不同的税收优惠政策，这使得税收优惠的范围更加广泛。最后，德国破产企业申请税收优惠的条件比较明确，申请程序比较简便、高效，优惠力度较大，更有利破产企业实现重整利益的最大化。英国在税收优惠的立法模式上更注重对税收优惠的普遍性，不仅包括各种各样的税种，如企业所得税、资本利得税、公司税、遗产税、土地开发税、增值税、资本转移税等，还包括多种多样的税收优惠方式，如减税、免税、降低税率、延期缴纳、税费加计扣除、未来收益抵扣所欠税款等。根据不同国家关于破产重整税收优惠的实践，建立统一高效、程序明确、适用性强的税收优惠法律制度是破产重整顺利进行的首要前提。我国虽然具有一定的税收优惠政策，但基本上都是以通知、公告、个案批复的形式出现的，文件规范级别很低，缺乏稳定性，使得税收优惠政策极其混乱，背离了我国的税收法定原则，因此，统一规范税收优惠政策的立法模式非常值得我国借鉴，对个案批复中的税收优惠政策进行归纳、整理、总结，通过严格的立法程序，出台具有更高效力的规范性法律文件，形成系统、稳定的税收优惠政策法律体系，为破产重整企业的"涅槃重生"保驾护航。

纵观世界各国，对于破产重整中的税收债权大多将其进行减免或者置于劣后的地位，给予破产重整企业以税收优惠，来减轻破产重整企业的税收负担。越来越多的国家意识到，税收优惠政策的重要性，其不仅能提高税收部门的行政效率，更能有效地帮助破产企业走出困境，顺利实现重整。综观日本关于税收债权的规定，首先，在日本新破产法的规定当中，调整了财团债权的范围，涉及税收债权的附加税等被规定为后顺位的破产债权①。其次，留置权是特殊的担保物权，留置权的顺位高于税收债权，这充分保证了留置权人的权益，此条规定值得我国在立法上借鉴。再次，日本在税收优先权与担保物权以及其他债权的清偿顺位的问题用了将近20条的法条来规制，税法的立法精细也值得我国在立法上学习。最后，日本《公司重整法》中规定，公司破产重整期间，在征得债权人同意之后，裁判所可以规定3年内对征税或者换价予以延缓，甚至可以减免税款至3年以上。美国关于破产重整中税收的优惠，体现在美国（Bankruptcy Tax Act）对美国国内的税法第108条（Section 108 of the Internal Revenue Code）进行了修改，对债务豁免所产生的税款进行了免除。该税收优惠制度并不是永久的免除债务人的应缴税款，而是将本次税收延期至债务人有纳税能力的时期，即重整完成、恢复生产经营时再缴纳，此税收优惠政策对美国破产重整企业影响很大，帮助更多破产企业顺利重整。美国《破产法典》还将税收债权分为了不同的优先级别，在公司破产重整的过程中，破产申请之后发生的税收享有第八类优先权。此类优先权的税收可以延迟一定的期限偿还，此期限从税收核定之日起不得超过6年。中国台湾企业并购法规定，企业破产重整程序中因并购或者营业所产生的税款，可以免予征收。除了美国、日本等发达国家破产法规定了破产重整中的税收优惠政策之外，一些发展中国家也颁布了一系列的税收优惠政策来帮助破产企业"涅槃重生"，如乌兹别克斯坦总统签署的《关于2011—2015年进一步改革金融银行体系、提高稳定性及获得高级国际评级指标的优先方向》总统令中规定，自2011年1月1日起，对于上述企业进口政府批准的清单中乌兹别克斯坦本国不生产的、用于企业现代化改造和扩大生产的原材料和配件2年内免除海关税费。通过比较世界各范围内对破产重整企业税收

---

① 石川明. 日本破产法［M］. 何勤华，周桂秋，译. 北京：中国法制出版社，2000：159.

问题的立法，都体现出世界范围内税收优先权不断弱化，普通债权和职工债权的保护不断加强，对破产重整企业进行税收优惠，这恰好与我国"以人为本"的理念相契合。

（二）功能视角下解决重整企业税负的具体规则设计

我国对于解决破产重整企业的税负问题的立法，必须从我国实际出发，一切实事求是，坚持原则性和灵活性相结合，汲取和借鉴外国的立法，综合考虑我国的政治、经济和历史，作出具有中国特色的立法选择。

1. 协调破产法与税法的冲突

由于破产法与税法的价值目标不同、法域定位不同、理念不同，决定了它们在理念和实践中的差异。税法属于公法领域，而破产法属于私法领域，这必定会导致破产法与税法价值理念上的冲突①。但是随着历史长河的演进，公法与私法的界限越来越模糊，破产法与税法也出现了许多冲突的地方。破产重整与税收优惠之间当然也存在制度设计的冲突和价值理念之间的矛盾。如果不能协调或解决这种矛盾，不仅耗费破产企业的经济资源，影响重整的顺利进行，而且还会破坏税收管理制度以及影响国家财政的收入。笔者认为，想要更好地发挥破产重整制度和税收优惠的作用，应当协调破产法与税法之间的冲突。即以破产重整制度为基础，建立专门的破产重整税收优惠法律制度，确立适合破产重整制度的特殊法域，使得破产法与税法更协调地发展，更好地发挥税收优惠对破产重整的作用。

2. 对破产重整企业税收优惠政策进行法治化、规范化

正如上文所述，我国关于破产重整的税收优惠政策，大多以通知、公告或者个案批复的形式出现，这样不仅会在适用税收优惠政策时发生混乱，更有悖于税收法定原则。因此，必须统筹破产法与税法

---

① 徐阳光，范志勇，徐战成. 破产法与税法的理念融合及制度衔接［M］. 北京：法律出版社，2021：5-6.

等相关法律，落实税收法定原则，整理现有的税收优惠政策，结合破产重整的实践特点，对破产重整企业税收优惠政策进行法治化、规范化，建立统一、有效的破产重整税收优惠法律制度，才能提高税收优惠的规范层级，确保税务机关、法院、政府各部门严格按照法律给予破产重整企业税收优惠政策，保障破产重整企业的顺利进行。

3. 扩大破产重整税收优惠政策的适用范围

在适用上述对税收优惠政策进行法治化、规范化的立法模式之下，还必须扩大破产重整企业税收优惠政策的适用范围，增加适用方式。据上述分析与总结可以得知，我国现行的破产重整税收优惠政策主要是针对特定的国有企业或者金融机构等垄断性企业，税收优惠政策的受惠主体很小。破产重整税收优惠政策应当适用于所有的有可能进行重整的破产企业，而不是仅适用于小部分对国家影响力大的破产企业，否则有违税收平等原则。因此，要将税收优惠政策的适用范围扩大为所有有持续经营价值与能力的企业，而不去考虑企业的规模、类型、影响力等。除此之外，破产重整税收优惠的方式也很单一，应当丰富税收优惠的方式，根据不同破产企业的不同情况采取减税、免税、延期征税、退税等不同的优惠税收方式，帮助破产重整企业"涅槃重生"。

4. 加大破产重整税收优惠的力度

目前，除了特定的国有企业或者金融机构的税收优惠政策较大之外，整体来看，我国其他破产重整企业的税收优惠的力度很小。想要加大税收优惠的力度，首先，要提高税收优惠的比例，在保证国家一定税收收入的基础上，尽可能地降低破产重整企业在破产程序中所产生税款的税率，减轻破产企业的负担。其次，要扩大优惠税种的范围，对破产重整企业破产程序中所有涉及的税种给予不同的优惠，设定不同税种优惠的条件和优惠的内容。最后，在税收优惠政策的申请方面，应当明确申请的条件，减少烦琐的程序，从而提高企业破产重整的效率。

5. 对破产重整企业免征债务豁免所得税

破产企业重整期间对于债权人的债务豁免会产生债务所得税，债务豁免的金额往往较大，所产生的税款对于重整企业来说也是一笔不小的负担。在实践中，是否对破产重整企业征收债务豁免所得税一直争议不断。其实，我国破产法并没有明确规定破产重整企业因债务豁免要征收所得税，我国税务机关主要是根据企业重组的相关政策来征收因债务豁免所产生的所得税。结合税法发达地区或者国家对破产重整企业免征债务豁免所得税的立法例的分析，笔者认为，我国的税收政策应当支持破产企业的重整，破产重整企业已经举步维艰，对其征收大额的税款可能阻碍其重整的顺利进行，应当免征债务豁免所得税，至少要区分不同的情况来决定是否征收债务豁免所得税或者延期征收。

6. 制定重整不同阶段的不同税收优惠政策

破产重整的不同阶段会产生不同的税收，因此，要考虑破产重整不同阶段的特点，有针对性地制定税收优惠政策。在重整计划表决期间，主要针对的是历史欠税，在此期间，管理人和法院可以与税务机关协商进行税收减免，税务机关同意后再对含有税收减免计划重整草案进行表决，以此实现税收优惠。税收减免计划的会议表决机制很大程度上影响了破产重整的进程，但未经法定程序减免税收是对税收法定原则的破坏，因此有必要制定规范的税收优惠政策[1]。在重整计划执行期间，不可避免地会产生各种新生税收，这部分税收债权对处于重整阶段的企业也是很大的负担，应当制定规范的税收优惠政策对新生税款予以减免，明确新生税收债权优惠的条件、种类、程度等。

---

① 刘佳. 税收优惠政策对破产重整的法律调整及优化进路 [J]. 税务与经济，2014（2）：77-82.

7. 税务机关参与预重整

预重整制度起源于美国，规定在美国法典第 11 章之中。预重整是一种在申请破产重整之前，债务人与债权人意思自治占主导的一种庭外协商的非司法性程序。我国破产法并没有规定预重整，但是在实践中，预重整已经得到了广泛的应用，提高了企业破产重整的效率。预重整当中债务人需要充分披露与破产有关的各类信息用于制作重整计划，此时，税务机关可以充分利用职权，通过债务人披露的信息，了解到债务人的欠税数额，并且考虑可减免税的种类和数额，使税收问题得到高效地处理，从而推动破产重整程序的进程。

8. 将税收优惠写入重整计划

重整计划是以清理债权债务关系为目的的多方协议。重整计划直接关系到债权人和债务人具体利益，在法院通过重整计划后，对债务人和债权人都具有约束力，破产重整中所适用的税收优惠政策直接导致了债务人和税务机关权利义务的变化，这也应当在重整计划中有所体现，明确破产重整企业根据税收优惠政策减免的税收债权金额，此举既赋予税收优惠在破产法上的效力，又保证了债权人的知情权，使得优惠后的税收债权对债权人、债务人、税务机关都具有法律效力。

四、结语

综上所述，破产重整制度的优势不言而喻，但是税收问题也是影响破产重整顺利进行的一个很大的阻力。破产企业在破产程序的各个阶段都会产生一定的税款，这些税款都对破产企业造成了极大的压力，因此，税收支持性政策的实施对破产重整顺利进行至关重要。通过整理分析现行的税收优惠政策，虽然各部门已经承认税收优惠的积极意义，但是在政策的制定方面仍存在很大问题，必须将破产重整中的税收优惠政策予以规范化和法律化，才能更有效地缓解破产企业的财务困难，帮助破产企业顺利实现重整。

应收账款债务人责任的司法认定研究

——从基础合同抗辩（权）的角度

庄雪莉* 　王露爽**

摘　要：目前的民法典体系中，未规定应收账款质押对应收账款债务人的效力问题。这导致审判实务中对应收账款债务人责任认定的裁判标准不统一，不仅应收账款债务人基于基础合同的抗辩（权）是否及于质权人存在不同的裁判观点，在责任承担方式上，也存在不承担责任、承担违约责任、承担补充责任等几种形式。应收账款债务人基于基础合同的抗辩（权）是否及于质权人的问题应参照债权转让的规定。同时，应收账款债务人亦应履行相应的义务，否则其妨害了质权人享有和行使权利质权，应承担相应的侵权损害赔偿责任。

关键词：民法典　应收账款债务人责任　抗辩（权）　侵权责任

引　言

中小企业是建设现代化经济体系、推动经济实现高质量发展、形成以国内大循环为主体、国内国际双循环相互促进的新发展格局的重

＊　庄雪莉，山东日照人，山东法官培训学院讲师，研究方向：民商法、民事诉讼法。
＊＊　王露爽，山东菏泽人，山东省高级人民法院研究室法官助理，研究方向：民商法。

要基础之一，在支撑就业、稳定增长、改善民生等方面发挥着重要的作用。中国的市场大多是买方市场，作为大企业供应商的中小企业都必须接受一定的账期，一般为 30~120 天不等。将这些应收账款充分利用起来，无疑有助于解决中小企业面临的融资难问题。相对于其他的权利质押，应收账款质押作为权利客体进入法律的时间相对较晚，但其在企业融资中正发挥着越来越重要的作用。世界银行每年出版的《全球营商环境报告》中"获得信贷"项下的"信贷权利保护指标"是衡量一国企业融资环境的主要因素。① 营商环境越好的经济体，法律制度赋予市场主体的融资能力就越强。② 提高市场主体的融资能力，就要扩张其可用于担保的财产范围。③ 应收账款虽已被列入担保财产的范围，但尚缺乏具体的法律规则，不处理好质权人与应收账款债务人之间的法律关系、不平衡好质权人与应收账款债务人之间的利益，势必会影响应收账款质押制度的发展，在一定程度上影响整个市场的营商环境。

一、应收账款债务人责任认定之现状

应收账款是指权利人因提供一定的货物、服务或者设施而获得的要求义务人付款的权利。应收账款质押具体是指为担保债务的履行，债务人或者第三人将其合法拥有的应收账款出质给债权人，债务人不履行到期债务或发生当事人约定的实现质权的情形，债权人有权就该应收账款及其收益优先受偿。应收账款质押不像不动产担保抑或动产担保，有现实的担保物存在，也不像汇票、支票、本票等有权利凭证可以交付。因此，质权人对应收账款质押权利客体的控制力比不动产担保、动产担保以及其他权利担保要弱得多。应收账款质押通常的操

---

① 张韶华. 动产担保、营商环境与信贷市场［J］. 北方金融，2019（1）：4-7.
② 高圣平. 担保物权司法解释起草中的重大争议问题［J］. 中国法学，2016（1）：228-246.
③ 裴亚洲. 民法典应收账款质押规范解释论［J］. 法学论坛，2020（4）：33-44.

作是：债权人与债务人签订借款合同、与出质人签订应收账款质押合同，由质权人在中国人民银行征信中心办理应收账款质押登记，并通常由质权人部分案件中也由出质人向应收账款债务人发送询证函及止付通知抑或由质权人、出质人与应收账款债务人签订三方封闭回款协议（见图 1）。

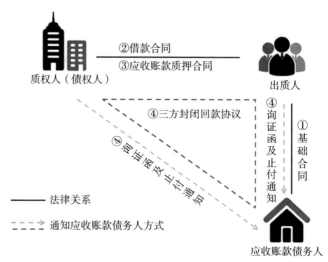

图 1 应收账款质押主体关系

以"应收账款质押合同""抗辩"为关键字在中国裁判文书网上进行搜索，截至 2021 年 6 月 9 日，共搜到 238 篇二审判决书，其中金融借款案件判决书为 86 篇，7 篇文书认为质权人和应收账款债务人之间形成合同关系；仅有 6 篇文书提及了应收账款债务人基于基础合同的抗辩（权），而该抗辩（权）能否及于质权人也出现了不同的认定。

（一）应收账款债务人承担违约责任

[**案例一**]① 2014 年 12 月 1 日，甲公司与乙公司签订购销合同。

---

① 中信银行股份有限公司济宁分行诉山东海虹电力器材有限公司等金融借款合同纠纷案。

2015 年 1 月 15 日，银行与乙公司签订借款合同，并签订《应收账款质押合同》，约定乙公司以其享有的对甲公司的应收账款为上述借款提供质押担保，并在中国人民银行征信中心办理了登记。同日，甲公司向银行出具《应收账款付款通知书（回执）》。2015 年 6 月 23 日，甲公司向乙公司发出《关于中止购销合同的通知函》：因乙公司两次供货均不合格，甲公司决定终止购销合同，乙公司在该通知函上盖章。后乙公司未依约偿还银行贷款。

法院认为银行与甲公司之间基于《应收账款付款通知书》与《应收账款付款通知书（回执）》形成合同关系，甲公司未按照"回执"要求将应收账款款项付至指定账户，即构成了违约，甲公司应在应收账款金额范围内向银行承担违约责任。法院还认为甲公司也应及时去中国人民银行征信中心进行异议登记。

（二）因应收账款不存在，应收账款债务人不承担责任

[案例二][①] 2013 年 10 月 31 日，银行与乙公司签订综合授信合同，同日，银行与乙公司签订《应收账款最高额质押合同》，乙公司同意将对甲公司所产生的现在及未来全部应收账款进行质押担保。同日，乙公司与银行签订《应收账款质押登记协议》并在中国人民银行征信中心进行了初始登记。银行、乙公司与甲公司签订有封闭回款协议。后乙公司未按期还款。

审理中，银行与甲公司、乙公司均认可未依据《四方合作协议》向甲公司发货的事实。因此，法院认为，甲公司对乙公司不可能存在应收账款债务，银行主张对乙公司提供质押的应收账款享有优先受偿权的主张没有事实依据。

---

① 中国民生银行股份有限公司武汉分行诉咸阳彬煤实业有限公司等金融借款合同纠纷案。

（三）应收账款债务人的抗辩理由不成立，其以应收账款为限承担补充责任

[案例三]① 2013 年 5 月 17 日，银行与乙公司签订了综合授信合同，并于同日签订《应收账款最高额质押合同》，银行在中国人民银行征信中心办理了动产权属统一登记，质押财产为乙公司在甲公司现在及未来所有贸易合同项下所有合格的应收账款。银行与甲、乙公司签订三方封闭回款协议，甲公司同意乙公司将以甲公司为付款人的应收账款（含已产生和将来会产生的应收账款）质押给银行作为授信担保。

法院认为，根据甲公司签订的封闭回款协议及银行向甲公司递送的《应收账款确认书》、甲公司签章确认的《应收账款确认书（回函）》可以认定，甲公司应付给乙公司应收账款金额是明确的，并明确表示将按封闭回款协议约定方式履行付款义务，并未附加任何条件，故对甲公司认为应支付给银行的应收账款未实际产生的抗辩理由不成立。判决乙公司未履行上述第一项确定的还款义务，银行有权就乙公司质押的对甲公司的应收账款在质押范围内享有优先受偿权。

（四）应收账款债务人享有抗辩权，其无需向质权人承担责任

[案例四]② 2014 年 5 月 20 日，乙公司与银行签订借款合同。同日，乙公司与银行签订《应收账款质押合同》，质押物为乙公司在甲公司自 2014 年 5 月 20 日至 2015 年 11 月 30 日已发生和即将发生的全部应收账款。银行向中国人民银行征信中心进行了登记。后乙公司未按期还款。

法院认为，应收账款权利只是一种请求权，应收账款债务人相应的享有抗辩权，其不但包括"现有的"债权，而且还有"未来"的

---

① 中国民生银行股份有限公司武汉分行诉中国平煤神马集团物流有限公司等金融借款合同纠纷案。

② 中国银行股份有限公司济南市中支行诉济南牛氏农产品有限公司等金融借款合同纠纷案。

债权。因此，应收账款是否能够最终确定地成为出质人的一种现实权利，其本身具有不确定性。申请应收账款登记的是质权人，在应收账款质押纠纷中，质权人需要对应收账款本身是否存在、是否存在瑕疵、应收账款债务人的抗辩权是否成立等进行全面审查。

（五）小结

可以看出，应收账款质押案件中，法院对于应收账款债务人责任认定不统一，基于对应收账款债务人与质权人法律关系的认定及应收账款债务人是否具有基于基础合同的抗辩（权）的不同裁判观点，在应收账款债务人责任认定上出现了不承担责任、承担违约责任、承担补充责任等责任承担形式，导致应收账款质押案件出现了类案不同判的现象，影响了司法公信力。

二、应收账款债务人责任认定偏失之原因

相对于传统的民商事案件，应收账款质押案件是一类新型的案件，所积累的司法审判经验较少。加之，目前法律关于应收账款质押相关规则的空白，导致了应收账款质押案件中应收账款债务人责任认定存在偏失，而2020年颁布的民法典及司法解释对应收账款质押具体的司法适用规则也采取了回避的态度。

（一）应收账款质押权利客体厘定不清

应收账款是一个会计学上的概念，属于货币性资产的一种。货币性资产包括现金、银行存款、应收账款、应收票据以及准备持有至到期的债权投资等。我国法律虽未对何为应收账款作出规定，但民法典规定的应收账款的范围远宽于会计学上的应收账款。①

根据《应收账款质押登记办法（2019）》（以下简称登记办法）第2条的规定，可以将应收账款分为现有的应收账款和将有的应收账

---

① 最高人民法院民事审判第二庭. 最高人民法院《民法典》担保制度司法解释理解与适用［M］. 北京：人民法院出版社，2021：518.

款。现有的应收账款是指在质权设立之时，已有合同基础，至于履行期限是否已经届满抑或能否请求履行在所不问。现有的应收账款中，按照出质人是否已经无瑕疵履行完毕自己的义务，可分为两种情形：第一种情形的现有的应收账款，如甲（买方）、乙（卖方）两公司之间仅签订了买卖合同，乙方还有部分货物未向甲提供，未来乙方所供货物验收不合格，甚至在履行买卖合同的过程中，甲乙双方解除合同，都会影响到质权人质权的顺利实现。第二种情形的现有的应收账款，如甲（买方）、乙（卖方）两公司之间存在贸易往来，乙方业已供货完毕且货物验收合格。此时，乙方仅剩向甲方收取应收账款的权利。会计准则对上述两种情形的现有的应收账款进行了较为清楚的界定，《企业会计准则第 14 号——收入》（财会〔2017〕22 号）规定合同资产是指企业已向客户转让商品而有权收取对价的权利，且该权利取决于时间流逝之外的其他因素，与上述第一种情形的现有的应收账款相吻合。而会计上的应收账款是企业无条件收取合同对价的权利，在合同对价到期支付之前，仅仅随着时间的流逝即可收款的权利，与上述第二种情形的现有的应收账款的外延相同。质权人是只接受会计上的应收账款作为质押客体还是也接受合同资产作为质押客体对其质权的顺利实现影响很大。

（二）对应收账款债务人效力规范的缺失

2007 年，我国物权法第 223 条将应收账款列为权利质权的客体，除此之外，并未对应收账款质押的其他方面作出规定。民法典基本上继受了物权法应收账款质押的内容，只在文字上做了一些修改。民法典 440 条第（六）项，将列举的权利质权的客体从《物权法》中的"应收账款"变更为"现有的及将有的应收账款"，除此之外，民法典中再无关于应收账款质押的规定。担保制度司法解释第 61 条回应司法实务中迫切需要解决的以现有的应收账款质押的应收账款真实性等的问题，对其作出了较为详细的规定，可操作性很强。关于对应收账款债务人的通知、应收账款债务人对质权人的抗辩权和抵销权等关键性问题，民法典和担保制度司法解释均未作出规定。

（三）个案裁判引导作用发挥不足

个案的裁判行为虽是独立进行的，但对于法律规范空白的案件，相似的案例其实具有很强的引导作用。应收账款质押案件在司法实践中并不少见，有的判决，尤其是最高人民法院的判决①，已经在文书的说理部分清晰明确写出了应收账款质押案件的审理思路和裁判规则，具有很强的借鉴意义。这些案例虽然没有上升为参考案例或者指导案例，但已总结出一些有益的裁判规则，但由于全国范围裁判尺度尚待统一、案例指导制度尚在发展，个案裁判的作用并未得到充分的发挥，导致包括应收账款质押纠纷在内的新型案件在审理过程中仍然纠结。

三、应收账款债务人之责任认定

民法典及司法解释对应收账款质押的相关规则未作出具体规定，基于质权人与应收账款债务人利益的平衡以及促进应收账款制度发展的目的，从目前的法律框架下出发，我们总结出一些审理应收账款质押案件的裁判规则。

（一）应收账款债务人之抗辩（权）及于质权人

应收账款质押事先无须征得应收账款债务人的同意，事后是否需要通知应收账款债务人，民法典及其司法解释也无明确规定。因此，应收账款质押亦不可实质性加重应收账款债务人的义务和责任。从质权人利益的角度出发，应收账款债务人的清偿行为应配合应收账款质押，以确保其质权的顺利实现；而从应收账款债务人的角度看，己方的利益在应收账款质押中不应受到任何实质减损。民法理论对质权人

---

① 广发银行股份有限公司本溪分行与满孚首成（本溪）实业有限公司金融借款合同纠纷案。

与应收账款债务人各自需求的回应与折中就是应收账款债务人保护制度，其中之一为应收账款债务人基于基础合同的抗辩（权）。

1. 应收账款质押准用债权转让规范

比较法上，权利质权通常准用债权转让的相关规则，应收账款债务人基于基础合同的抗辩（权）亦不例外。

（1）从比较法角度

第一，大陆法系。例如，中国台湾民法典规定，权利质权准用权利让与的规定①，该法第 299 条规定，债务人于受通知时，所得对抗让与人之事由，皆得以之对抗受让人。若非应收账款债务人放弃抗辩（权），其基于基础合同的抗辩（权）是可以及于质权人的。而我国的民法典第 446 条规定，权利质权适用动产质权的规定，这一点与日本的民法典相似，日本民法典规定权利质权②准用动产质、不动产质的相关规定，而未规定权利质权准用债权转让的规定。因此，关于应收账款债务人抗辩（权）的问题，我国民法典与日本民法典均未作出明确的规定。

第二，英美法系。《美国统一商法典》是采取了将债权转让和应收账款担保适用同一套规则的模式，2016 年《联合国国际贸易委员会担保交易示范法》的规定与此相同，明确规定此法适用于应收账款让与（第 1 条和第 2 条)③。《美国统一商法典》第 9 篇是关于"担保交易"的规定，在适用范围上包括应收账款让与和应收账款担保。除非应收账款债务人和出质人之间签订了放弃索赔或者抗辩的协议，质权人的权利受制于应收账款债务人与出质人之间签订协议的全部条

---

① 中国台湾民法典第 902 条规定，权利质权之设定，除依本节规定外，并应依关于其权利让与之规定为之。

② 日本民法典第 362 条规定，权利质的标的，（一）质权，可以以财产权为其标的的；（二）前款质权，除本节规定外，准用前三节的规定。

③ United Nations Commission on International Trade Law，UNCITRAL Model Law on Secured Transaction，United Nations Publication，2016，p. 1.

款，以及从合同之基础交易中产生的抗辩或者扣减。①

（2）从立法体系角度

抗辩（权）是固有的权利，并不因为权利的转让而消灭。按照债的同一性原则，债发生变更、移转等情形时，其法律效力依旧不变，其原有利益及各种抗辩（权）不因此而受影响，其从属权利原则上亦仍继续存在。

相对于以债权设定质押，债权让与中的法律关系变动更为显著，因此，债权质押中的应收账款债务人的法律地位可以参照债权让与中的债务人的法律地位。② 因为债权转让因标的物转让而发生了受让人全部转移占有的效力，而在权利质押中，标的物债权仍属于出质人所有，不发生转移。在这样的情况下，如果只认可债权转让中债务人的抗辩（权）及于受让人而认为债权质押中应收账款债务人的抗辩（权）不及于质权人违反立法的本意。③ 在以应收账款出质的担保关系中，理论上，应收账款债务人除需按照付款安排支付相关的款项之外，其他的权利均不受影响。既然债务人可以将对抗出让人的抗辩（权）向受让人提出，以对抗受让人的请求权，那么，除应收账款债务人放弃"抗辩（权）"的，以应收账款质押的，应收账款债务人基于基础合同的抗辩（权）均可向质权人主张。

（3）从功能主义的角度

虽然债权转让和债权质押的概念不同，在民法典中也处于不同的"编"，但是，就二者的内部体系而言，其本质相同或相近，法律上应作统一或相近的评价，否则难免在价值判断上自相矛盾。④ 虽然不

① UNIFORM COMMERCIAL CODE § 9.404 Rights Acquired by Assignee; Claims and Defenses Against Assignee.

② 谢在全．民法物权论（下册）［M］．北京：中国政法大学出版社，2011：1052.

③ 史尚宽．债法总论［M］．北京：中国政法大学出版社，2000：703.

④ 李宇．民法典中债权让与和债权质押规范的统合［J］．法学研究，2019（1）：56-77.

是所有的债权转让都以融资为目的，但是民法典亦并未区分债权转让的不同目的而规定不同的法律规则。诚然，债权转让和债权质押在破产、税务、会计等方面有一定的区别，但从二者的交易的实质来看，债权转让和债权质押往往都发挥融资功能，很难将二者明显区分开，尤其是在民法典第 766 条明确规定有追索权的保理的情况下。

2. 应收账款质押本无益于应收账款债务人

从司法角度来说，法是为解决社会现实中发生的纷争而作出的基准，成为其对象的纷争无论何种意义上都是利益的对立和冲突。[①] 作为法官来说，其直接面对的是当事人，其要处理的是当事人之间的利益分配问题。对于法律已有明确规定的案件，无须进行过多利益衡量，而对于法律规定模糊或者法律规定空白的案件，对当事人的利益衡量是很重要的法律解释方法，也是实现实质正义的重要方法论。

应收账款质押案件中，由于对应收账款债务人效力规范的缺失，无法根据民法典及其司法解释的规定得出应收账款债务人基于基础合同的抗辩（权）是否及于质权人。但从质权人与应收账款债务人利益平衡的角度，认定质权人的质权不受应收账款债务人基于基础合同抗辩权的限制，显然对应收账款债务人的利益是一种损害，会降低其愿意配合质权人行使应收账款质押权利的积极性。且将应收账款设立质权，本就是给应收账款债务人徒增烦恼，理论上不会为其增加半分利益。另外，从法理的角度来说，应收账款质押本就是出质人和质权人之间的权利安排，应收账款债务人无被约束的理由。质权人以质押合同及质押登记为依据向应收账款债务人主张债权的，并不能以此约

---

① 梁慧星. 民法解释学（第四版）[M]. 北京：法律出版社，2015：316.

束应收账款债务人，其仍可以此抗辩，阻却应收账款质权的成立或实现。①

3. 质权人处于更能防范应收账款质押风险的地位

现实中，接受应收账款作为质押物，对于质权人来说存在很大的风险。既然法律未对可以进行出质的应收账款作出进一步限制和分类，那何种应收账款可以出质主要依赖于质权人与出质人的协商以及达成交易的意愿，只要质权人对出质人提供的应收账款不存异议，二者之间就可以达成应收账款质押协议。因此，对于应收账款的风险把控主要依赖于质权人本身。例如，质权人若接受用会计准则中的"合同资产"作为质押物，其就应预见到该类应收账款存在的相应风险。相对于应收账款质押关系中的其他当事人，质权人处在更为主动的地位，尤其像银行这类专业的金融机构，对能接受何种应收账款作为质押物应该有明确的标准和审核体系，以防范应收账款作为质押物的法律风险。

（二）应收账款债务人之侵权行为认定规则

在民事活动中，当事人之间发生纠纷起诉到法院，法官首先应确定当事人之间的法律关系，根据其法律关系适用相关法律规范，进而认定当事人应承担的责任②。在应收账款质押关系成立之初，应收账款债务人与质权人不存在任何民事法律关系。但若应收账款债务人未履行相关的义务，便妨害了质权人享有和行使担保物权③，应收账款债务人应承担相应的侵权损害赔偿责任（见图2）。

---

① 张晓磊. 应收账款质押制度的司法认知［J］. 人民司法（应用），2016（34）：25-28.

② 邹碧华. 要件审判九步法［M］，北京：法律出版社，2010：54.

③ 陈明. 应收账款债务人收到质押通知后的义务及责任［J］. 人民司法（案例），2018（32）：68-73.

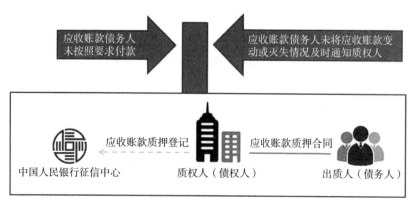

图 2　应收账款债务人与质权人之侵权法律关系

侵权责任的认定一般应从侵权行为、主观过错、损害后果以及因果关系四个方面分析，限于篇幅，后三个方面在此不予赘述。我们重点分析应收账款债务人侵害质权人权利质权的侵权行为的认定规则。应收账款质权的设立只需质权人和出质人签订应收账款质押合同并在人民银行征信系统登记即可，通知应收账款债务人并非设立应收账款质权的要件。应收账款债务人在应收账款质押关系中发挥辅助作用，类似于民法典第 546 条规定的债权转让中的"债务人"。应收账款质押中不通知应收账款债务人，便不对其发生法律效力，但是不影响应收账款质权的设立以及质权人和出质人之间的关系。当然，这也并不意味着在应收账款质押关系中，应收账款债务人无须履行任何义务。为了质权人质权的顺利实现，应收账款债务人应当履行如下义务：

1. 应收账款债务人接到通知后按照要求进行付款

民法典第 546 条规定了债权转让对债务人效力的问题，是否通知债务人不影响债权让与人与受让人之间债权转让的效力，但未通知债务人的转让不对债务人发生效力。而对于应收账款质押是否需要通知应收账款债务人以及通知的效力问题，民法典并未作出规定。从民法典及担保制度司法解释的规定可以看出，在我国现行应收账款质押的制度框架内，"通知"应收账款债务人对于质权的设立没有任何意义。

而在司法实务中，对于是否通知应收账款债务人也存在截然相反的两种观点。支持不应当通知的观点认为，从法条主义出发，认为法无明文规定就不应增加民事主体的义务；而支持应当通知的认为，从实质主义出发，虽然法无明文规定，根据应收账款质押的逻辑结构，应当给相关主体课以通知的义务。① 而我们认为质权人与出质人达成应收账款质押协议之后，是否应通知应收账款债务人以及如何通知，应视情况而定。

　　对于应收账款债务人是不特定人的情况下，如以基础设施和公共服务项目的收费权作为质押标的的，因质押时，应收账款债务人还无法完全确定，亦无法逐一通知应收账款债务人，且个别基础合同存在问题亦不影响应收账款质押权的实现。因此，通知应收账款债务人的意义不大。但是在银行贷款债权的情形下，如资产证券化或保理等涉及大量银行贷款转让或质押时，因为债务人众多，在实践中，多采用"公告"的方式通知应收账款债务人，司法实践中对该做法亦予以认可，② 如《最高人民法院关于审理涉及金融资产管理公司收购、管理、处置国有银行不良贷款形成的资产的案件适用法律若干问题的规定》第6条第1款规定。

　　对于应收账款债务人是特定人的情况下，通知其应收账款质押的情况较为简单，尤其是当事人之间存在长期稳定的交易往来的情况。此时，我们认为质权人与出质人达成应收账款质押协议之后，应通知应收账款债务人，否则对其不发生法律效力。中国台湾民法典第297条③亦作出了类似的规定。因为应收账款是一种债权，应收账款质押

---

① 赵海永.法治化营商环境视域中应收账款质押裁判标准的统一［J］.人民司法（应用），2020（22）：83-87.
② 王兵兵."物权编"与"合同编"体系化视角下的应收账款质押制度重构［J］.2019（3）：98-109.
③ 中国台湾民法典第297条，债权之让与，非经让与人或受让人通知债务人，对债务人不生效力。但法律另有规定者，不在此限。

涉及应收账款债务人的利益，其顺利实现依赖于应收账款债务人的配合。应收账款即使已在登记机构登记，具有了对抗第三人的效力，但是未经通知不得当然对应收账款债务人发生效力，且应收账款债务人偿还应收账款时也无义务主动查询该笔应收账款的质押情况。担保制度司法解释第 61 条第 3 款亦采取了这样的思路。

2. 应收账款债务人将应收账款减损或者灭失情况及时通知质权人

在应收账款债务人为不特定多数人的情况下，实践中，即使部分应收账款的基础合同存在问题，亦基本不影响质权人质押权的实现，当事人之间也不会产生纠纷，因此在此种情况下，应收账款债务人无须将应收账款减损或者灭失情况及时通知质权人。但在应收账款债务人为不特定多数人的情况下，一旦出质人和应收账款债务人之间的基础合同出现问题，很有可能会影响质权人权利的实现。

（1）出质人的道德风险

现实中，出质人一般是债务人抑或与债务人有密切利害关系的第三人，出于自己利益的考虑，当出现应收账款变动或者灭失的情形，出质人一般不会主动通知质权人。因此，我们认为可以给应收账款债务人课以将应收账款变动或者灭失的情况及时通知质权人的义务。

在应收账款质押中，应收账款债务人处于相对被动的地位，其按照质权人和出质人的约定付款。但是在应收账款债务人与出质人之间的基础合同关系中，其拥有与出质人同等的法律地位，并拥有相应的权利。在案例一中，因乙公司提供的产品质量不达标，致使合同目的不能实现，甲公司可以行使单方解除权。合同解除后，甲公司已经没有支付货款的义务，应收账款也已经不存在，应收账款质押的客体已经灭失。若出质人善意，其应及时通知质权人，以便让债务人与质权人另行协商担保方式；反之，若其不善意，作为质权人的银行就未能及时知晓应收账款的灭失情况，导致质权人的债权与担保权均难以实现。

（2）未给应收账款债务人增加过多负担

质权人通过通知或者签订封闭协议的方式告知应收账款债务人其对应收账款拥有担保物权，通知或者封闭协议上一般会有质权人的地址或者联系方式，因此，给应收账款债务人课以通知质权人应收账款变动或者灭失的情况通知质权人的义务，并未给应收账款债务人增加过多的额外负担。

（3）举证责任分配

根据民法典第 390 条的规定，担保物灭失的，担保物权人可以就获得的保险金、赔偿金或者补偿金等优先受偿。具体到案例一，应收账款灭失后，并没有对应的保险金、赔偿金或者补偿金，但是有替代物，即甲公司与乙公司所签订的购销合同的标的物。合同解除之后，若甲公司还控制乙公司的部分货物，甲公司将解除合同与占有货物的情形及时通知银行，银行可以及时控制应收账款的替代物——购销合同的标的物，即使在乙公司没有另行提供担保的情形下，银行也可以部分实现担保物权，挽回部分损失。

具体到举证责任的分配，应收账款债务人应举证应收账款变动抑或灭失时，其是否依然控制出质人的货物。一是未控制出质人的货物，应收账款债务人未及时通知质权人应收账款变动抑或灭失情况的行为就未侵害质权人的担保物权。二是控制着出质人的货物，应收账款变更抑或灭失时，应收账款债务人应及时通知质权人应收账款发生变动的情况以及其控制出质人货物的情况，以便质权人及时采取措施。否则，质权人无法就应收账款的替代物实现担保物权。应收账款债务人应承担与应收账款变动或者灭失时其所控制货物的价值相应的责任。

（三）应收账款债务人责任承担的方式及判项

在抵押和动产质押案件中，债务人与抵押和动产质押客体的所有人履行义务是不分先后的，债权人可以先就抵押物或者质押物优先受偿，不足部分再向债务人追偿。应收账款债务人与债务人的履行顺序，应类比抵押和动产质押。应收账款债务人在应收账款质押案件中承担侵权损害赔偿责任不应是补充责任，其与债务人承担责任不分先后。具体到判项应为"判令应收账款债务人在……范围内向质权人支付本金及利息"。

四、结语

民法典及担保制度司法解释于 2020 年 1 月颁行，短时间内再进行修改法律抑或颁布司法解释不利于法律稳定性。因此，可通过指导案例等方式来明确应收账款债务人在应收账款质押关系中所处的法律地位。这些规则的建立有助于保障质权人应收账款质权的实现，亦有助于质权人和应收账款债务人利益的平衡，进而有利于应收账款质押担保制度发展。法官在审理应收账款质押等新型案件时，在坚守公平正义的同时，亦应兼顾有利于市场经济发展、资金流通和中小企业发展的目的，为形成以国内大循环为主体、国内国际双循环相互促进的新发展格局提供司法保障。

稿　约

　　《齐鲁金融法律评论》是由山东财经大学睿扬资本市场法治研究中心创办，以金融法制研究为特色的法学类学术文集。

　　本论文集将本着"繁荣学术、服务实践"的宗旨，关注金融领域的热点问题，深化金融法制研究，服务社会经济发展。

　　本论文集将设立"理论研究""金融法制实务""域外金融法制"与"地方金融监管"等栏目，涵盖银行法、证券法、基金法、保险法与信托法等领域的研究内容。

　　本论文集实行专家匿名审稿制。不收取版面费、审稿费等费用。

　　本论文集热诚欢迎法学院师生、律师、金融业从业人员赐稿，特别欢迎博士研究生赐稿。稿件一经录用，即视为作者同意将稿件的复制权、发行权、信息网络传播权、汇编权转让给本论文集。

　　为便于稿件的采用和编校，敬请遵循以下约定。

　　1. 本论文集通过中国知网《齐鲁金融法律评论》投稿平台接收稿件。

　　2. 作者应保证无署名争议，无知识产权纠纷，无抄袭剽窃等学术不端行为。每篇稿件（含作者信息、正文、摘要等）在0.8万字—1.5万字为宜。

　　3. 作者署名与工作单位。多位作者的署名之间用逗号分隔；不同工作单位的作者，应在姓名右上角加注不同的阿拉伯数字序号，并在其工作单位名称之前加注与作者姓名序号相同的数字。工作单位应标明全称、所在省市及邮政编码，加圆括号置于作者署名下方；各工作单位之间以分号分隔。

4. 作者简介。包括姓名、出生年月、性别、籍贯（具体到县市级）、职称、职务、学位、研究方向。

5. 中文摘要。中文摘要以 200—300 字为宜，能客观地反映论文的主要内容，具有独立性和概括性。以与正文不同的字体、字号排在作者署名与关键词之间。

6. 关键词。3—5 个为宜，关键词排在摘要下方，多个关键词之间用空格分隔。

7. 基金项目。应以"基金项目"标明项目名称，并在其后的圆括号内注明其项目编号。

8. 本论文集奉行文责自负原则，但编辑对所有来稿拥有删改的权力。作者若有异议，务必在投稿时申明。

9. 注释体例。采用脚注形式，阿拉伯数字（1，2，3……）每页单独编码。

（1）期刊类。

【格式】序号. 作者. 篇名 ［J］. 刊名，出版年份，卷号（期号）：起止页码.

例：刘少军. 信托业经营的法律定位与公平竞争 ［J］. 河南省政法管理干部学院学报，2011（1）：87。

（2）专著类。

【格式】序号. 作者. 书名 ［M］. 出版地：出版社，出版年份：起止页码.

例：李永祥. 委托理财纠纷案件审判要旨 ［M］. 北京：人民法院出版社，2005：45.

（3）报纸类。

【格式】序号．作者．篇名［N］．报纸名，出版日期（版次）．

例：李大伦．经济全球化的重要性［N］．光明日报，1998–12–27（3）．

（4）论文集。

【格式】序号．作者．篇名［C］．书名．出版地：出版者，出版年份：起始页码．

例：史德保．法学会二三事［C］．探寻法治的岁月．上海：上海人民出版社，2006：124.

（5）外文类。

按该语言的注释习惯。

10. 凡向本论文集投稿的，均视为同意上述约定。

自本论文集收到稿件之日起，一般30天内给出处理意见，未收到处理意见者可自行处理稿件。

11. 本稿约常年有效，欢迎赐稿！

《齐鲁金融法律评论》编辑部